子どもの育つ力をひきだす

保育環境の実践アイデア

田澤里喜・亀ヶ谷元譲/共著

子どもの育つ力をひきだす 保育環境の実践アイデア

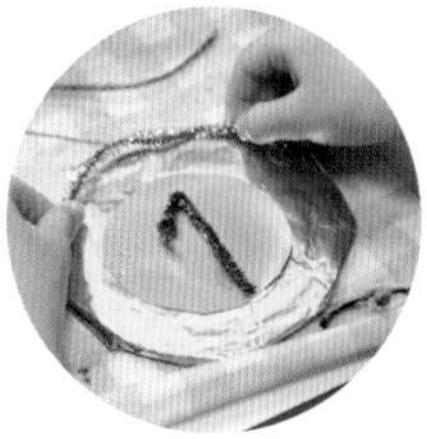

はじめての
きょうしつ

はじめに

本書は月刊誌「PriPri」（世界文化社）の以下の連載を中心に構成しています。

○子どものあそびをひろげる保育者のアイデアと工夫（2021 年度）

○保育を記録して振り返る―　10 の姿につながる保育（2022 年度）

○子どもの育ちを応援する環境構成（2023 年度）

2021 年度の連載では 11 園の保育者のアイデアと工夫を、2022、2023 年度は著者２名の園である宮前幼稚園・宮前おひさまこども園と東一の江こども園（2022 年度以前は東一の江幼稚園）の実践を中心としています。

これらの連載はもともと３カ年計画でスタートしたわけではないので、年度ごとに異なるテーマ、内容になっていて、それぞれのつながりは希薄かもしれません。けれど、１冊の本にまとめるにあたって振り返ってみると、いくつかの共通点が見えてきました。

ひとつは「環境構成の大切さ」です。保育は「環境を通して行う」（幼稚園教育要領）ものですから当然といえば当然ですが、３年間の連載では「環境構成の多様な工夫」を伝えることを目的のひとつにしていました。

次の共通点は「保育者の思い」です。環境構成は、ただものを置けばいいわけではありませんし、面白いアイデアを形にするだけでいいということでもありません。保育者の思いがあってこそ、環境となるのです。この本に登場する保育者は日々の保育の中で「○○ちゃん、△△さんの思いは？　興味は？　関係は？」など、子どもを理解しようとし、よりよく育ってほしいという思いを持ったうえで環境を工夫しています。ですから、読者の皆さんにも、目の前の子どもたちの興味や関心を大切にした環境構成を、この本を参考に考えていただきたいと思います。

そして最後の共通点は「あそびのプロセス」です。あそびの中にはたくさんの学びや育ちがありますが、それは試行錯誤したり、自分たちで考えたり、次はこうしよう！とチャレンジしたりするなかで培われるものです。保育者は結果を急ぐのではなく、あそびのプロセスを大切に、またプロセスが生まれるように配慮しながら環境構成を工夫しています。

３年間の連載をまとめるにあたり、タイトルに「子どもの育つ力をひきだす」ということばを入れることにしました。これは、子ども自身に育つ力があり、それを引き出すひとつに環境構成があることを示しています。大人が育てよう、教えようとするのではなく、子ども自身の育つ力を信じて、その力を十分に発揮できるような環境の工夫やアイデアを考え出すこと。その大切さを、本書から少しでも感じていただけたら、とてもうれしいです。

田澤里喜

1章

環境構成の工夫とアイデア

本章では、保育の基本である「環境構成」を物的・人的・空間的・時間的・文化的の５視点から捉え直し、宮前幼稚園・東一の江こども園の２園の工夫とアイデアを紹介しています。

幼稚園教育要領では、保育者の役割のひとつとして「幼児と共によりよい教育環境を創造するように努めるもの」と書かれています。保育者が全部を準備し、子どもがそれに取り組むのではなく、子どもと「共に」環境を創造すること。つまり子どもの声を聞き、子どもが主体となって関わる環境を子どもと共に構成することが大事なのです。

そして、子どもが直接関わる環境が重要なのはもちろんですが、それ以外の間接的な環境（たとえば、管理しやすい環境や保育者間の連携など）もとても大切です。本章にはこれら、直接、間接双方の環境構成の工夫とアイデアが示されています。ぜひ参考にしてみてください。

環境構成の工夫とアイデア・物的環境 ❶

廃材利用の工夫

空き容器、空き箱、ラップなどの芯……。廃材は子ども達にとって身近で手軽な教材です。

では廃材はどのように子ども達のあそびを支えているのか？

そして廃材を扱うときに保育者はどんな配慮が必要なのでしょうか？

ほんもののジュースやさん　東一の江幼稚園の事例

1 ドリンクの空き容器にカラフルな色水を入れて、ジュースやさんごっこが始まりました。でも、「ジュースやさんは、こんなのじゃない！」

2 イメージしていたのは駅などにある、ミキサーが並んだジューススタンドでした。保育者と一緒に廃材倉庫で必要な材料を探します。

3 廃材を組み合わせて、ジューススタンドが形になっていきました。

4 ジューススタンドにはいろいろなジュースだけではなく、レジもあります。

5 ジュースやさんにはたくさんのお客さんがやってきました。やり取りしながら新しいアイデアが浮かびます。

そのひとつがトッピング。紙粘土でタピオカやサクランボを作ったり、モールを細かく切ってカラーシュガーにしたり。

街作りから部屋作りへ　宮前おひさまこども園の事例

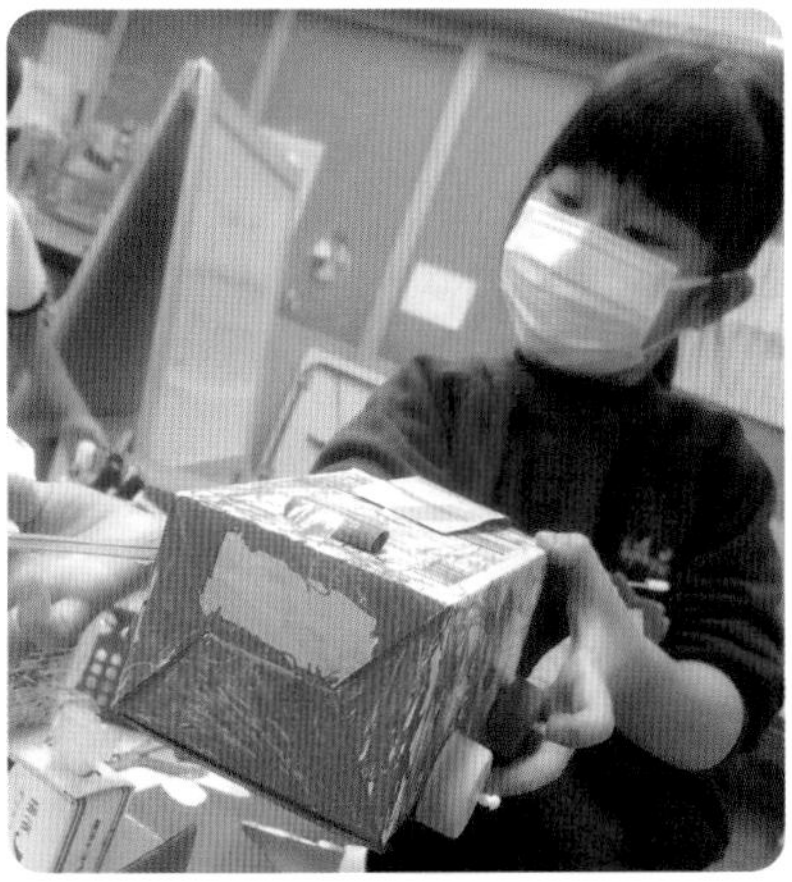

1 子ども達は廃材を組み合わせて救急車や家、ブランコなど、思い思いに作ることを楽しんでいました。

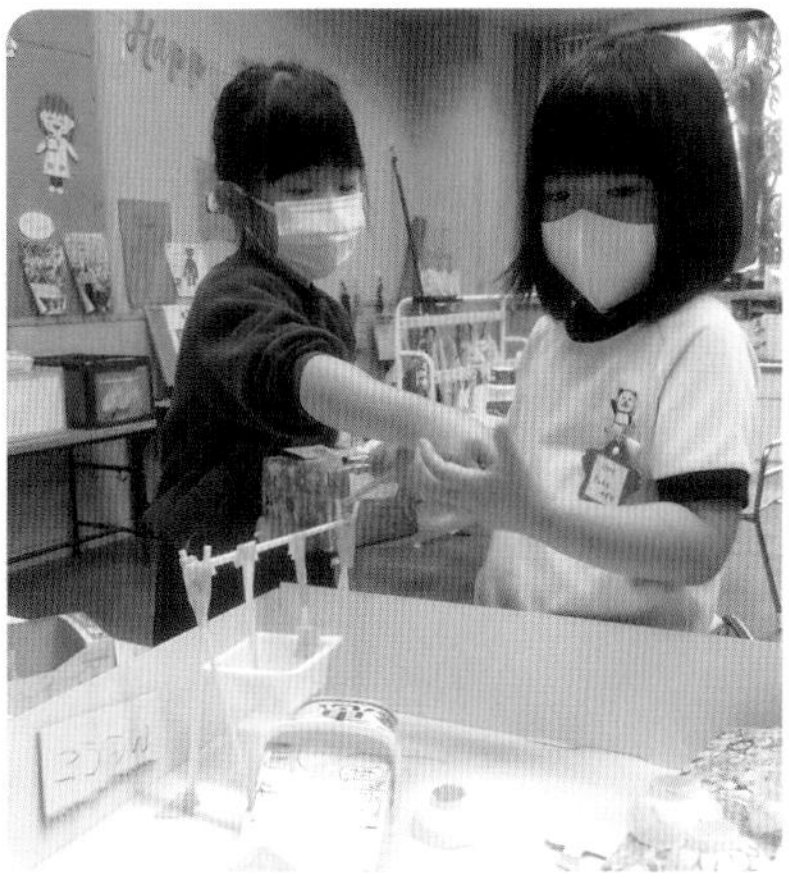

2 作ったものであそべるように保育者が囲いを作ると、家が建ち、公園ができ、モノレールが走り……街のようになりました。

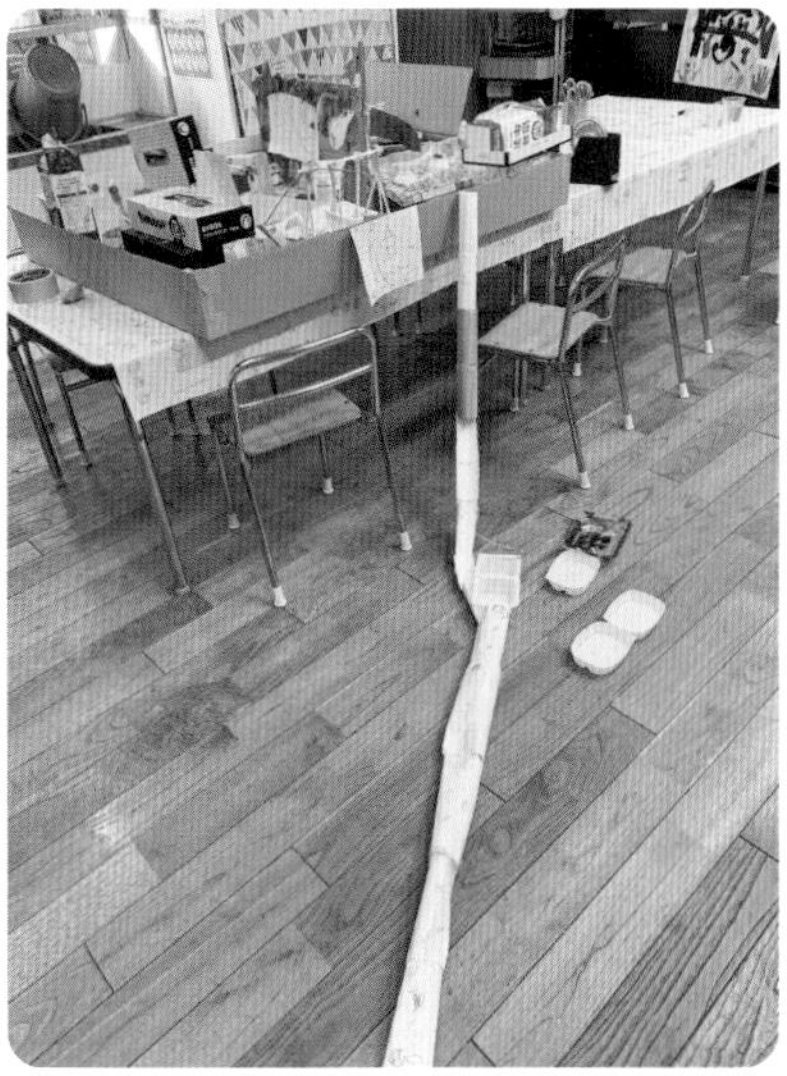

3 街の囲いから飛び出す滑り台もできて、子ども達の工夫がいっぱいのダイナミックな街が完成！

4 街が賑やかになると、「自分だけの部屋」を作りたくなりました。

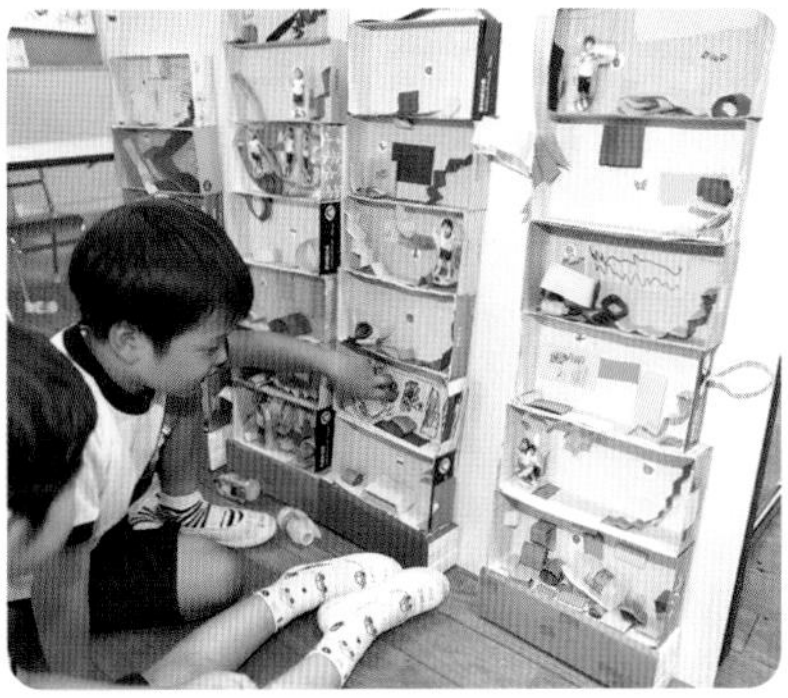

5 部屋と部屋をつなげたら、大きなマンションみたいに。ミニチュア人形と一緒に、今日は誰の部屋にあそびに行こうかな？

ミニチュア人形はお気に入りのポーズで撮影した写真と廃材を組み合わせたもの。

どちらの事例でも、廃材や製作素材がたっぷり用意されているからこそ、子どもがイメージを実現したり、もっとこうしたいというアイデアを生み出したりすることを可能にしています。次ページでは、廃材利用のポイントを整理します。

のポイント

1 管理の工夫

廃材は子ども達のあそびに欠かせない教材なのでたくさん集めたい、けれど保育室のスペースには限りがある。そんな悩みを解決するには、空き部屋や倉庫を廃材置き場にして、クラス単位ではなく、園全体で管理することもひとつのアイデアです。

プレハブ倉庫を転用した廃材置き場。あそびに必要なものを見つけて保育室に運ぶ

2 集める工夫

廃材を集めるためには保護者の協力が欠かせません。その際、生活用品の廃材だけでなく、保護者の仕事や職場で生まれる廃材を募ると、思いがけない魅力的な廃材が集まります。

繊維関係の仕事をしている保護者から提供された布を巻くための芯。ボールころがしの長いレーンを作るときなどに役だつ

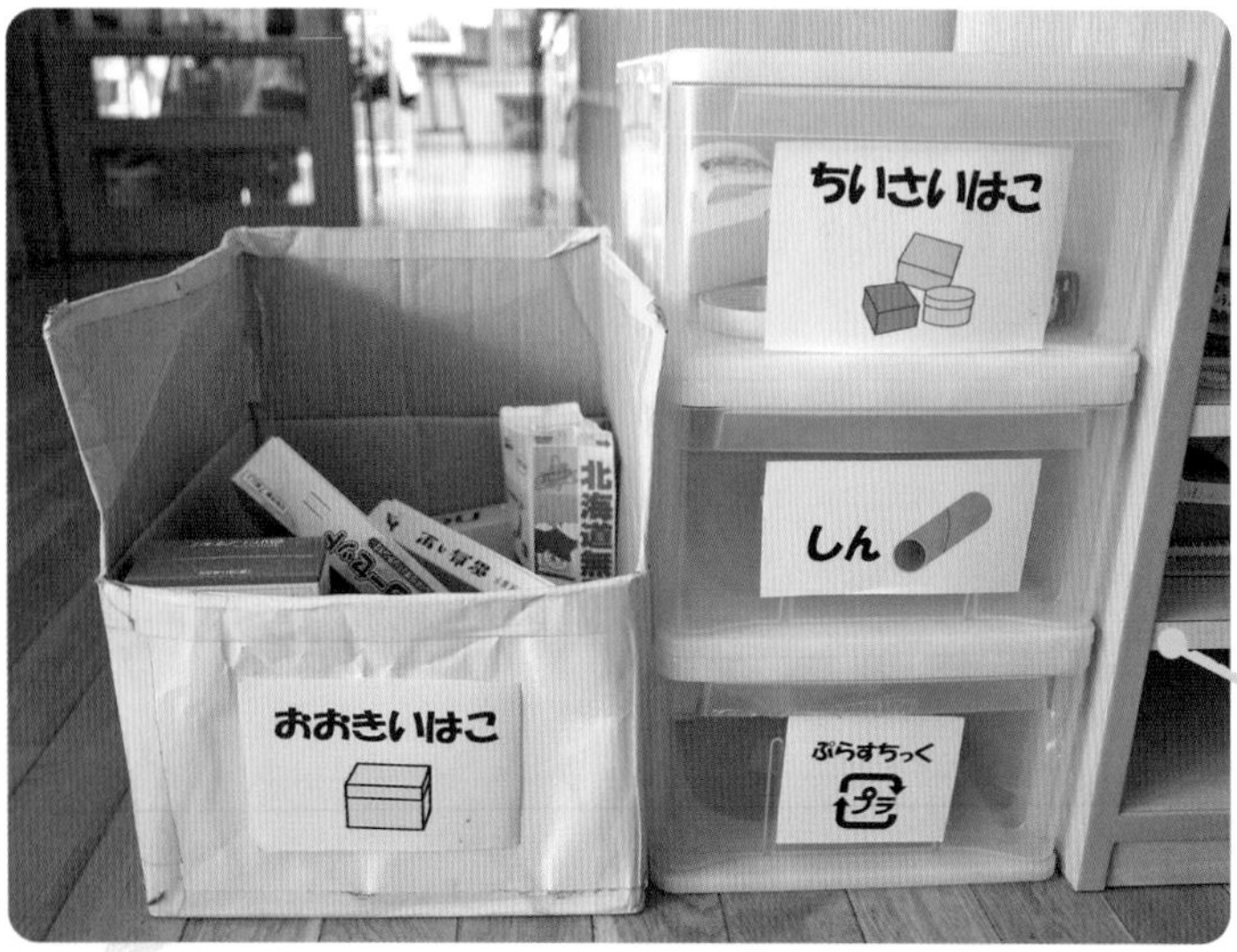

3 整理の工夫

集まった廃材は種類ごとに整理ボックスなどに収納し、絵や文字で表示しましょう。使いたいものが見つけやすいと、子どものやりたい思いが中断されることがありません。

廃材をどう分類するかは、子どものあそぶ場面を思い描きながらわかりやすく

環境作りの工夫

廃材利用

4 組み合わせの工夫

モールやすずらんテープなど、廃材と組み合わせてあそぶことが多い製作素材が近くにあることも、子どものやりたい思いを実現しやすくなるでしょう。

すずらんテープはクラフトテープカッターで必要な長さを切り取りやすく

布の切れ端や段ボールの破片なども子どもの自由な発想を支える素材

5 教材研究

保育者が様々な廃材の特徴を知っていることも大事です。その特徴を生かすとどんなものが作れるか、保育者同士でアイデアを出し合うのも楽しい教材研究になるでしょう。

レジボタンはスポンジを使って。押したときのほどよい柔らかさがうれしい

保育者自身が廃材に親しむことから

子ども達はイメージに合った廃材を探すこともあれば、廃材の形に触発されてあそびが始まることもあります。廃材はただ置いておけばいいわけではありません。事例や「ポイント」などを参考に、園やクラスでできることを探してみてください。

保育者自身も日頃から廃材に触れるようにするといいでしょう。いざというとき、楽しいアイデアがひらめくはずです。子どもも保育者も一緒になってアイデアを出し合えるといいですね。

田澤里喜

多様な廃材に触れられるように

廃材は手に入りやすく、気兼ねなく使うことができます。子ども達がイメージをふくらませたり、自由に創作したりするためにも、たくさんの廃材に触れられることが大切です。まずは園にどのくらいの種類の廃材があるかを確認してみましょう。廃材の集め方も様々な方法があるでしょう。家庭から募ったり、保護者の仕事に関連するものを持ってきてもらったり、近隣のお店にもらいに行ったり……。家庭や地域に協力を仰ぎながら、子ども達が多様な廃材に触れられるようにできるといいですね。

亀ヶ谷元譲

環境構成の工夫とアイデア・物的環境 ❷

自然物の活用と工夫

空、風、土、花、におい……。園の近くには必ず自然があるはずです。保育者がそれに気がつくかどうかで子どもの自然との関わりは変わってきます。そこで、今回は自然物の活用と工夫をご紹介します。

種を集めたい 東一の江こども園の事例

1 A 君が園庭で種を見つけました。「他にもあるはず……」。クラスで種探しがはやり始めました。見つけた種は壁に掲示することに。

2 種はどんどん増えていきました。そこで「たねけんきゅうじょ」というコーナーを作りました。

3 「たねけんきゅうじょ」には図鑑や虫眼鏡を置きました。形や色の細部の違いも調べられます。

4 廊下の壁の掲示を見て、保護者が家から種を持って来てくれるようになりました。中には種の絵を描いてくれた保護者も。種集めはさらに盛り上がっていきました。

5 近所の公園に種探しに行ったりして、集めた種は 150 種類を越えました。ずらりと壁に並んだ様子は見事でした。

色水作り

宮前幼稚園の事例

1 園庭の自然が豊かになってきました。子ども達はピンクに色づいたオシロイバナ摘みを楽しんでいます。

2 オシロイバナと水をビニール袋に入れてもむと、鮮やかな色水に。

3 色水作りが楽しくなった子ども達。すり鉢やすりこぎなど、道具を使うようになりました。

4 すり鉢やすりこぎは、葉っぱや茎など、硬いもので色水を作る時に大活躍。カラフルな色水ができました。

5 色水作りは楽しいけれど、園庭の花なら何でも摘んでいいわけではありません。「元気のないしおれた花」を、熱心に探しています。

子ども達の自然への興味が家庭にもつながるよう掲示を工夫したり、子ども達の気づきを促すような道具や素材を工夫したり……。保育者の工夫やアイデアで子ども達は自然をより身近に感じることができます。

のポイント

マリーゴールドやコスモスなど、育てやすい花の栽培活動。どんな花が咲くか絵を描くことで、生長への期待がより高まる

1 興味・関心を広げる工夫

子ども達が、身近な自然の「何のどんなことに」興味を持っているのかを把握し、その興味・関心が広がり、深い学びへとつながっていくように環境を用意します。

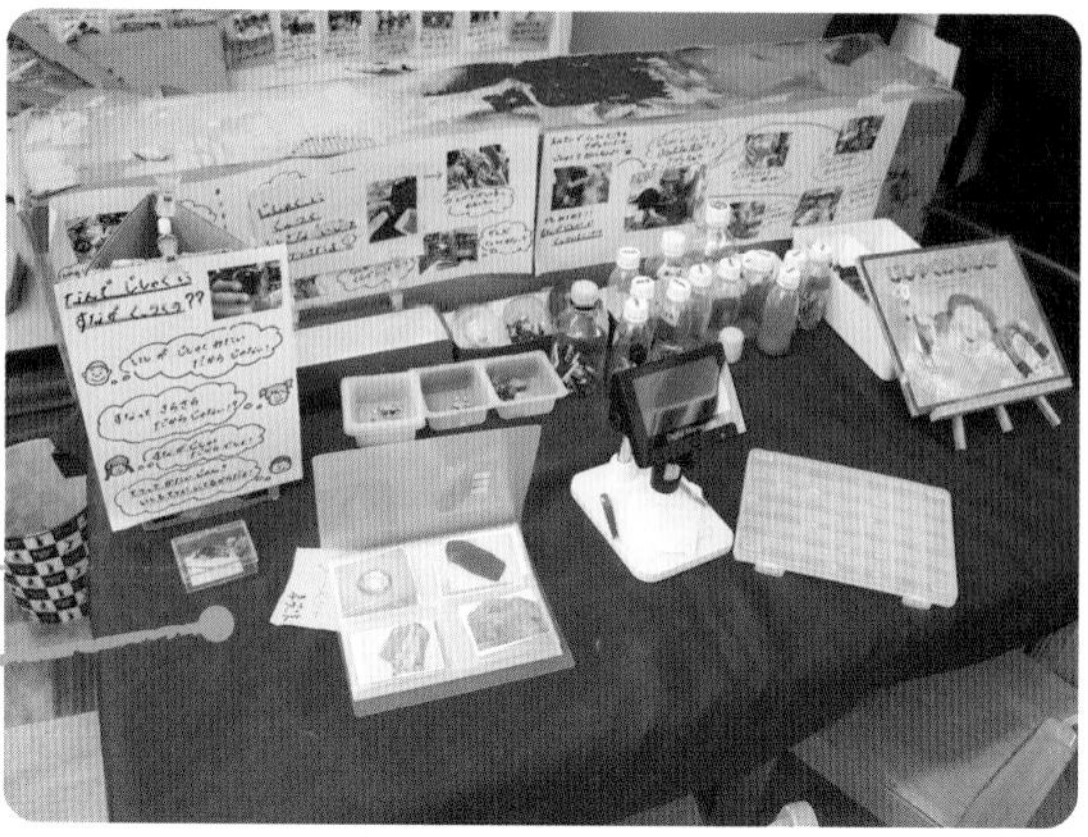

砂鉄や石のどんなことに興味を持つかは子どもによって様々。そこで顕微鏡、石の収納ケースや絵本など、多様なコーナーを設定

2 変化を楽しむ

自然物はその時々の姿が目をひきますが、日々変化していく様子を追うのも楽しいもの。子どもが観察しやすい工夫が必要です。

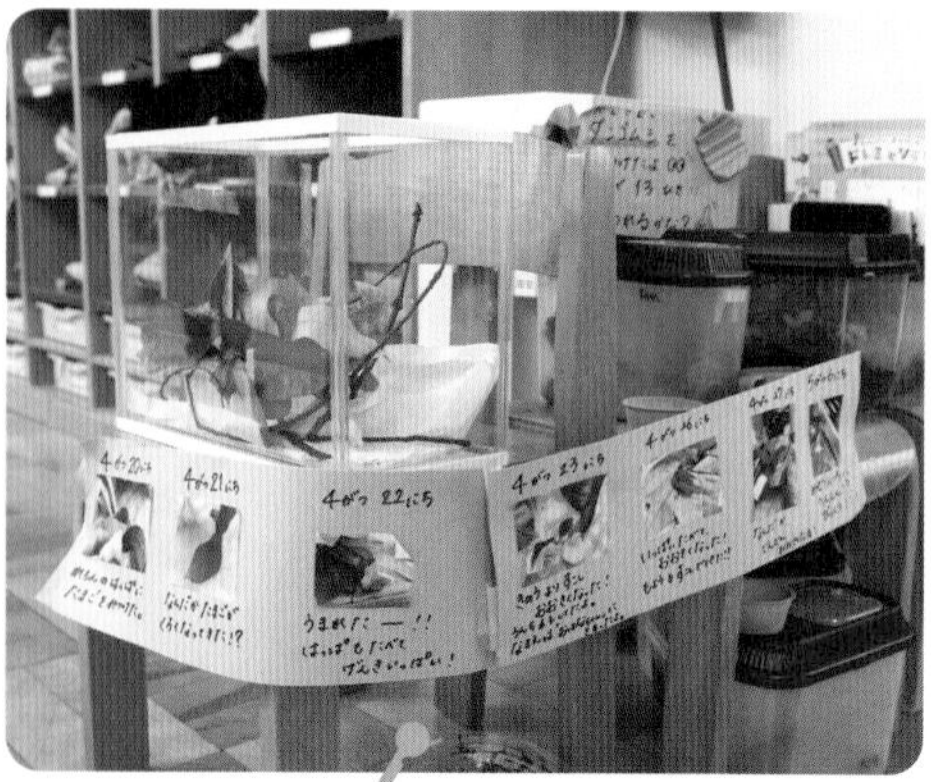

チョウの変態の様子を、時系列で写真で示す

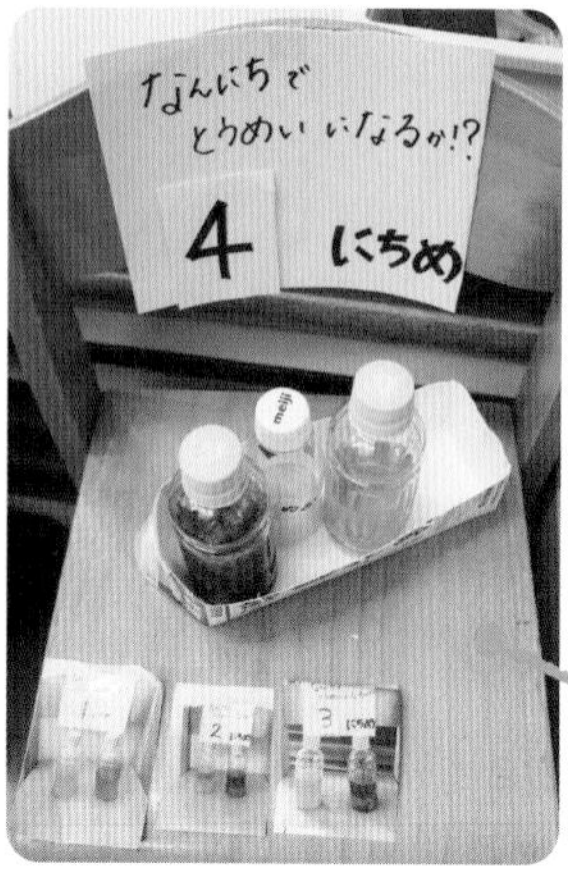

色水は何日で透明になるか？　日ごとの写真を並べると変化がよくわかる

ドライフラワー作り。摘んできた花を麻ひもに結びクリップで吊るせば準備完了

3 環境作りの工夫 自然物の活用

比べる楽しさ

植物が生長する姿の比較、見つけた幼虫が何になると思うかの比較……。自然物では、いろいろな視点で比較ができ、考える楽しさがいっぱいです。

似たような野菜の種を並べて栽培し、生長速度や形の違いを楽しむ

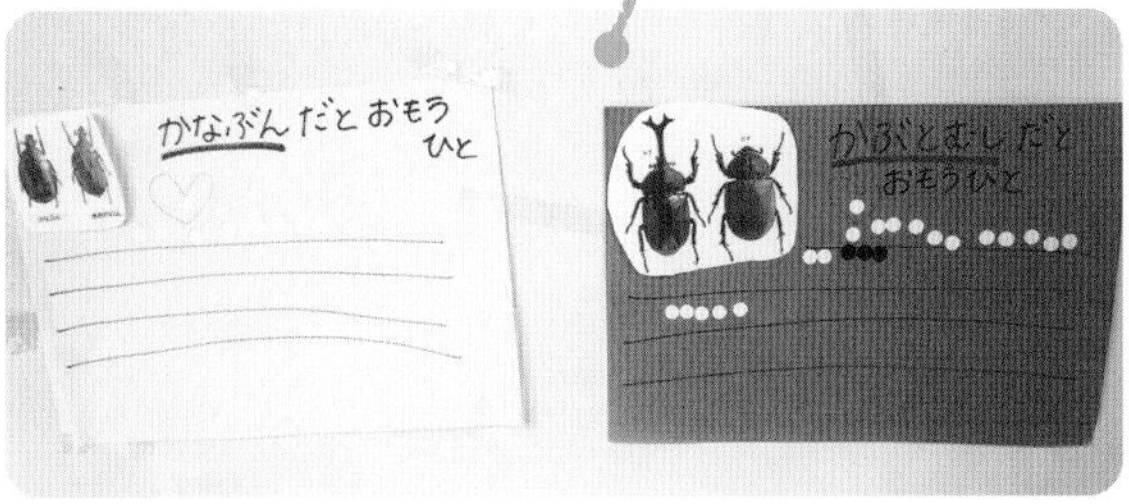

カブトムシになるのかな？　カナブンかな？　シールの多い、少ないで投票した数が簡単に比較できる

4 写真の活用でわかりやすく

自然物の活用全体に関わりますが、写真を活用することで活動が大いに盛り上がります。スマホやデジカメで撮影すれば印刷も簡単。

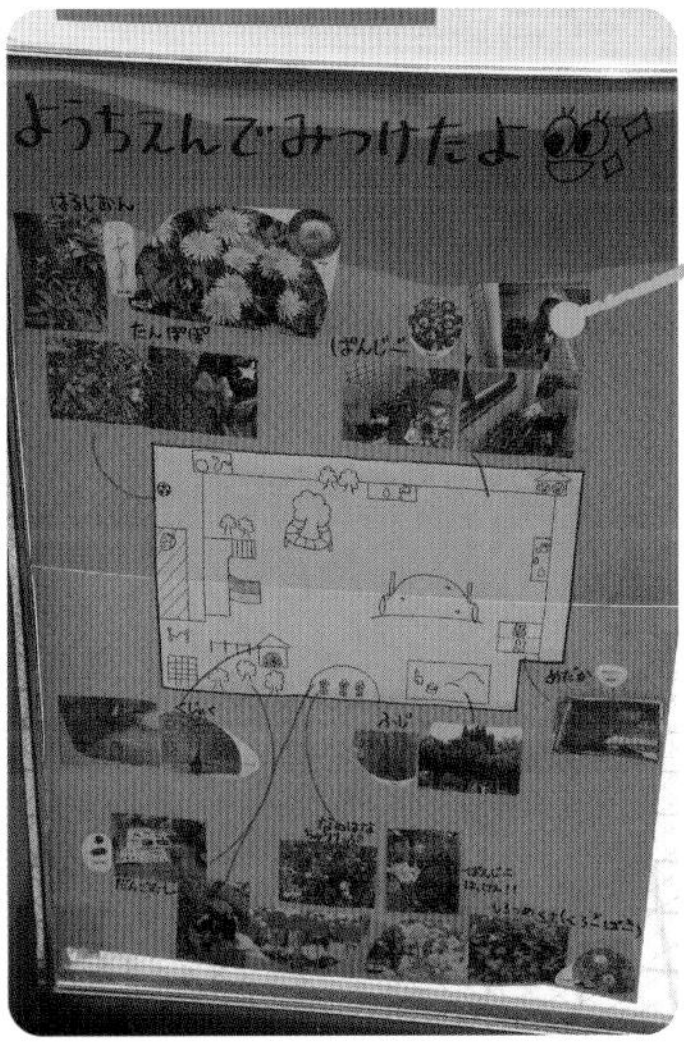

園庭に生えている花や草。どこに何があるかをわかりやすく示し、子どもの関心を促す

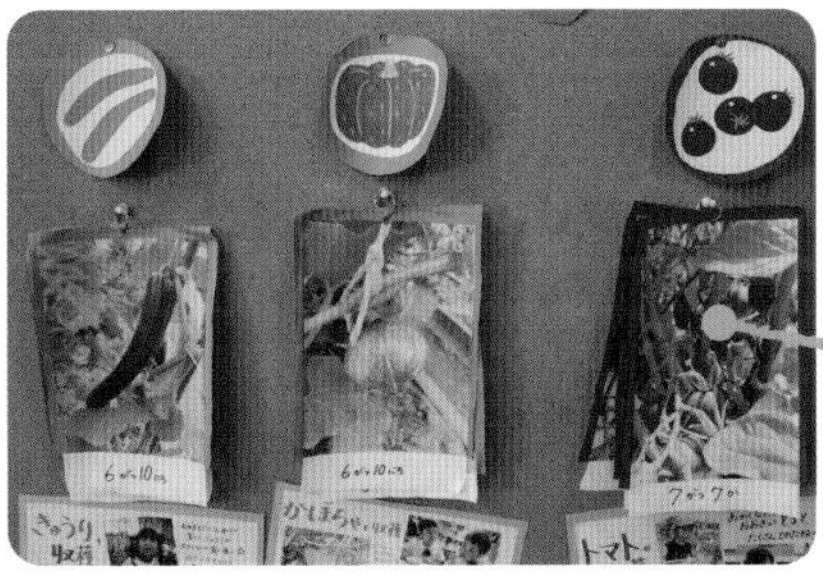

栽培中の野菜の写真に撮影日を記入。日めくりカレンダーのように掲示することで、日々野菜が生長していく様子がよくわかる

「ちょっとした」工夫を

　自然物には子ども達の興味・関心をくすぐることがたくさんあります。そしてその興味・関心は、保育者がちょっとした工夫やアイデアを加えることでさらに広がります。

　ポイントは「ちょっとした」です。写真を時系列に並べたり、比較できるようにしたり、シールで数を可視化したり、などの「ちょっとした」工夫を試してみましょう。

　保育者があそび心を発揮して楽しいひと工夫をすることが、子どもの育ちにつながるのです。　田澤里喜

「変化」に心を動かす経験

　自然物の大きな特徴の一つは「変化」することです。栽培では種を植えて芽が出ること、色水あそびでは水の色が鮮やかになること、ドライフラワーでは色や質感が変わること……。自然物の「変化」に心を動かす経験を通して、子ども達の知的好奇心や探究心が芽生え、育まれていくのです。

　事例では、自然の変化を記録したり、可視化したりする豊富なアイデアが示されています。保育者自身がワクワクしながら自然と関わることから、楽しい面白いアイデアが浮かんでくるでしょう。　亀ヶ谷元譲

環境構成の工夫とアイデア・人的環境 ❶

保育者同士で環境構成を学ぶ

環境構成には様々な工夫が必要ですが、
一人で考えてもアイデアが出てこないことがあります。
そこで、保育者同士で教材研究をしたり、学んだりすることがとても大切です。
保育者間で対話をしながら、子どもの育ちを応援する環境構成を考えていきましょう。

環境構成の写真を撮り合う

東一の江こども園の事例

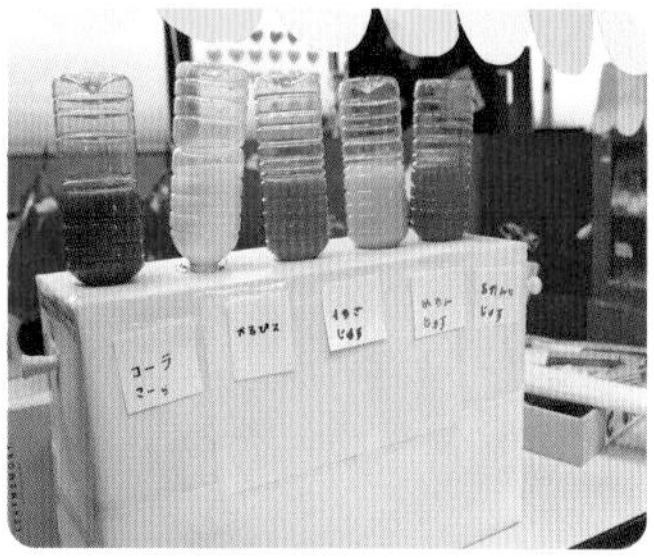

1 廃材で作ったロボット、カラフルなジュースやさん……。園には、子どもと保育者が工夫して作った環境構成がたくさんあります。でも、保育者同士、他のクラスのことは、あまり知らないものです。

2 そこで、保育者同士でクラスを訪ね合い、「面白い！」、「すごい！」と思ったものを写真に撮り、自分の保育に生かせるようにしました。この環境構成のどこがいいと思うかを数人の保育者で確認しあいながら撮影。

3 写真を撮るだけでなく、環境を構成した保育者と対話をすることも大事にしています。対話をすると、なぜこういう環境構成にしたのか、その意図をより深く理解できるからです。

4 写真を撮っておくと、子どものあそびのヒントにもなります。ピタゴラスイッチのような装置を作ろうとして行き詰まっていた子ども達は、過去の写真を見て、どうしたらいいか、解決策を見つけていきました。

オンライン研修　宮前幼稚園の事例

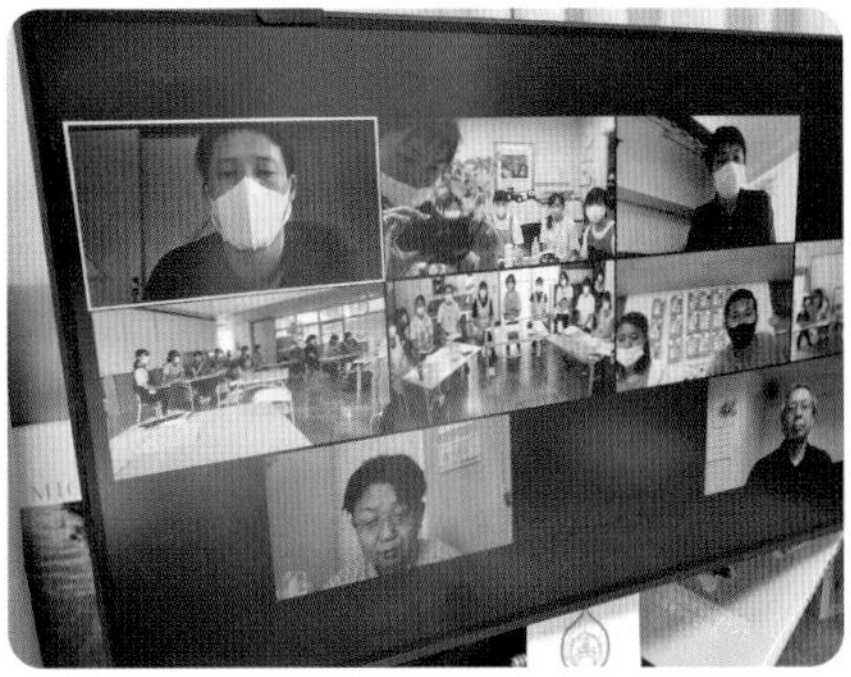

1 コロナ禍で、公開保育など、他園の保育を学ぶ機会が少なくなってしまいました。そこで、親しい4園が合同でオンライン研修を実施。各園がテーマを持ち寄り、実践を報告し合います。

2 他園の保育の工夫や取り組みには、学ぶことがたくさんありました。自分達の保育に生かしたいことについて、意見を出し合います。

3 ちょうど、年中クラスで病院ごっこが盛り上がり始めた頃でしたが、担任の保育者は、どんな環境構成にしたらいいか、悩んでいました。

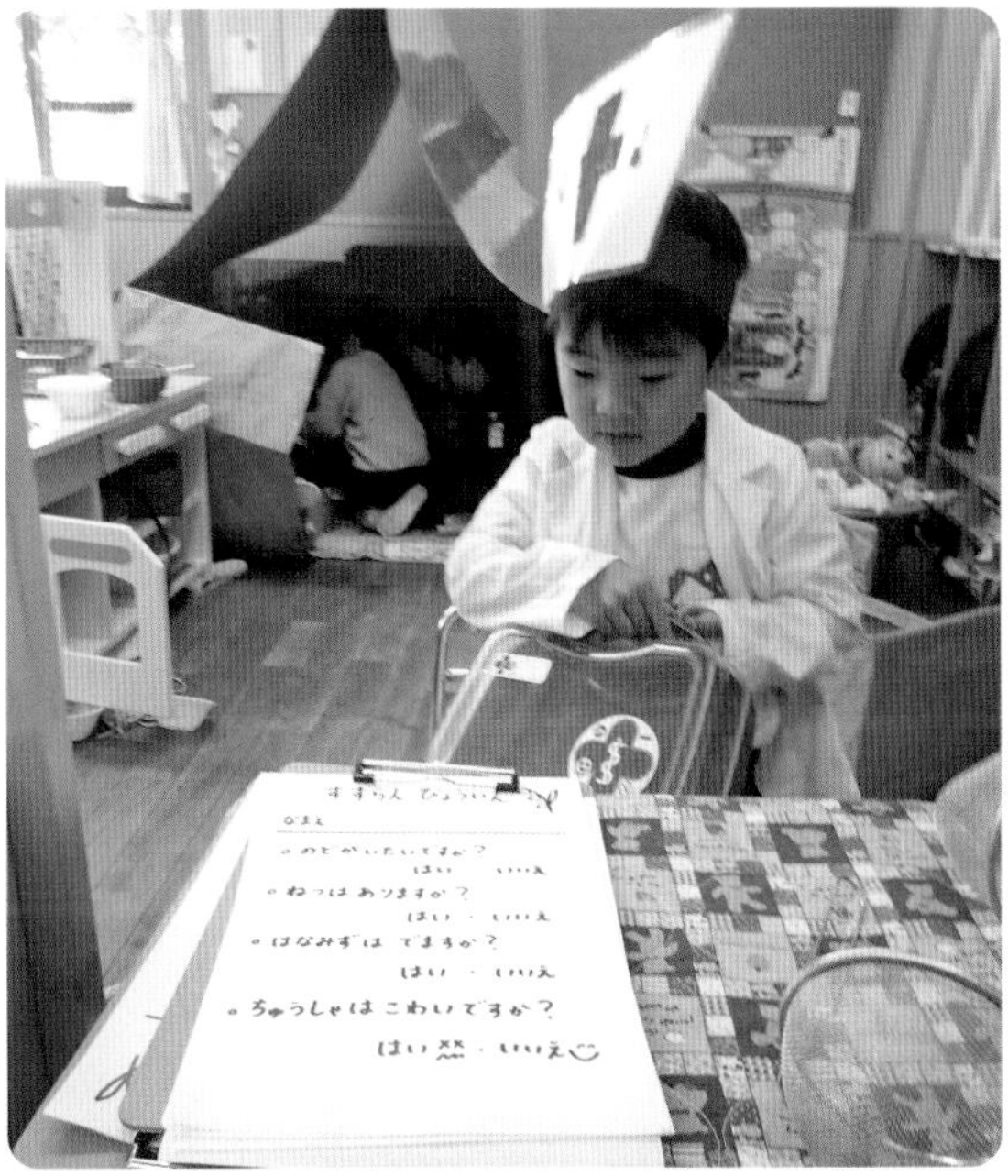

4 オンライン研修で見た、他園の「問診票」を取り入れてみました。患者さんの症状を質問しながら○をつけることで、子ども同士のやりとりが活発になりました。

5 色水での薬作り、子ども用白衣、手作り聴診器……。オンライン研修で他園の取り組みから刺激を受け、病院の環境構成が充実。あそびがより面白く、豊かになりました。

二つの事例に共通しているのは、保育者同士の「対話」です。写真を撮るだけ、研修を受けるだけで終わらせるのではなく、それらを通して感じたこと、学んだことなどを対話することによって、実践へとつながっていったのです。

合いのポイント

1 保育者同士で語り合う

どのような思いで子どもと関わったか、どのような意図で環境を構成したか、などを保育者同士で語り合うことが大切です。

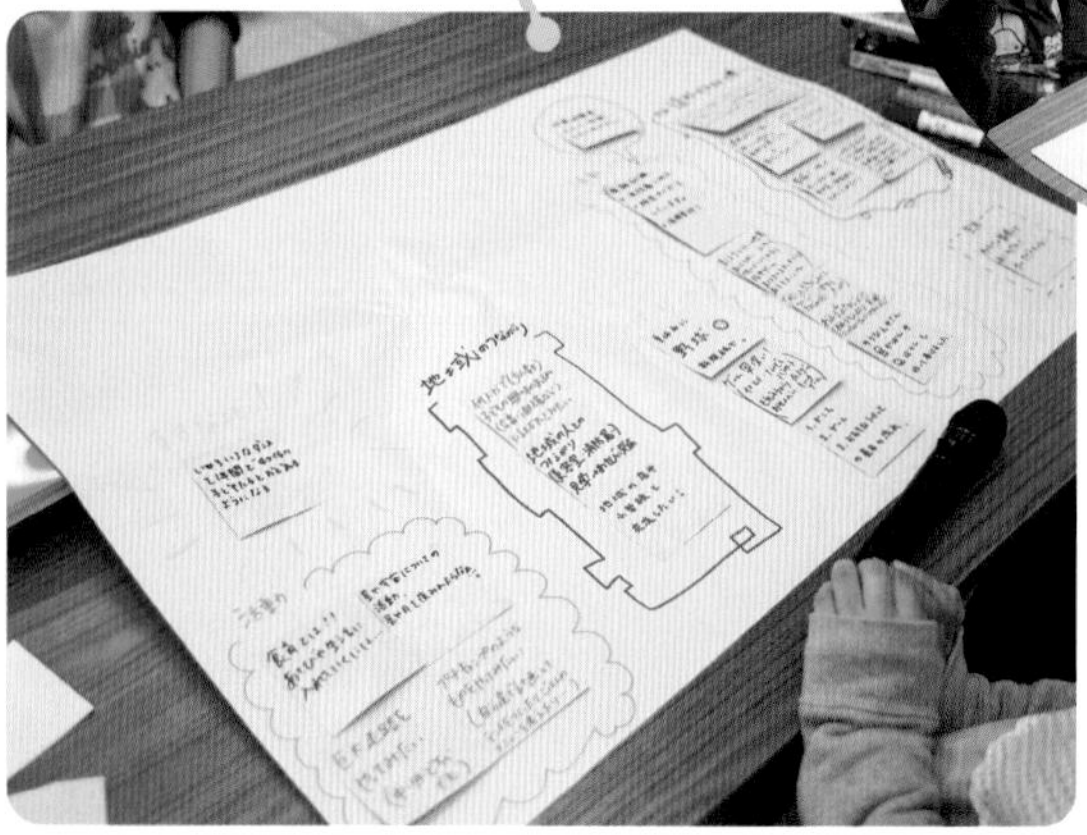

思いや感想を付箋に書いて貼ることで、話し合いが生まれやすくなる

保育者同士で対話をしながら作ると、ドキュメンテーションの内容もより深いものに

2 ポジティブな視点

他クラスの環境構成を見るときは、「いいね！」「私も取り入れたい！」。肯定的にコメントすることで学び合うことが楽しくなります。「もっとこうしたほうが……」と指摘ばかりでは、保育をオープンにすることをためらってしまいます。

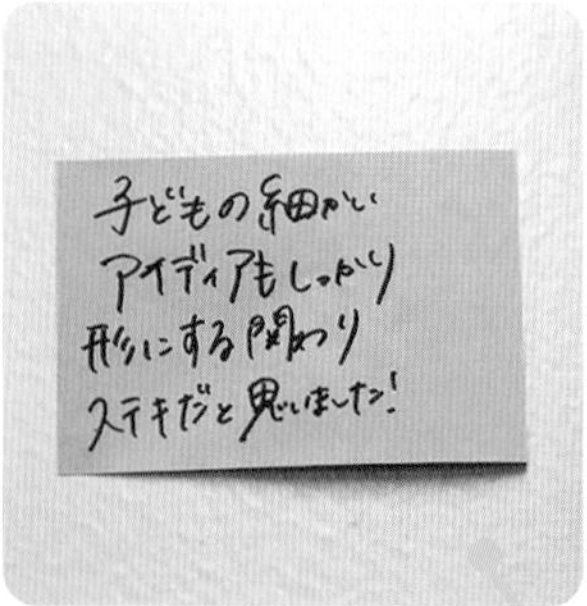
子どもの細かい
アイディアもしっかり
形にする関わり
ステキだと思いました！

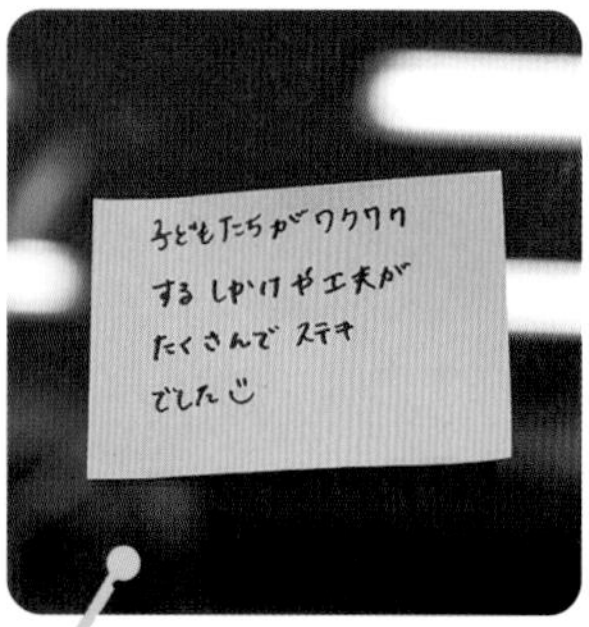
子どもたちがワクワク
するしかけや工夫が
たくさんでステキ
でした

付箋のポジティブなメッセージが、保育の向上につながる

この工夫がナイス！
という思いとともにパチリ！

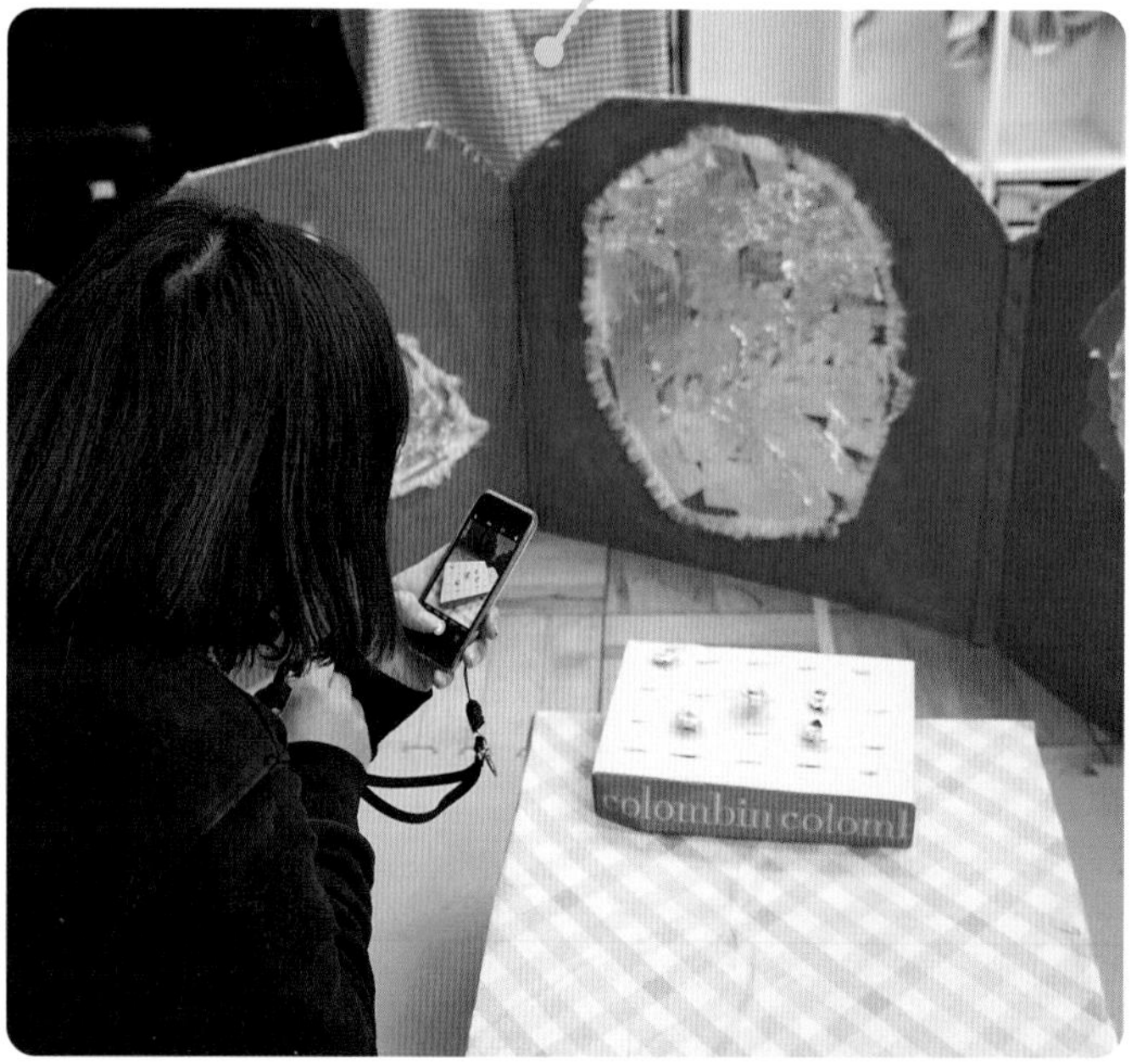

環境作りの工夫 3 保育者同士の学び

ICTを活用した学びの場づくり

コロナ禍にICT（情報通信技術）の活用が進み、オンライン研修も増えてきました。時間やシフトの都合で、他園の見学などが難しい場合もあるでしょう。事例のようなオンライン研修は、園の保育環境をよりよくすることにつながります。

ICTを有効活用することで、学びの機会と可能性は大きく広がる

4 過去の環境を参考にする

以前に撮った写真や過去のドキュメンテーションは、子どもがよりよい経験のできる環境構成を考えるためのヒントになります。

「ろくろっ首を作りたい！」。過去の写真を参考にすれば、子どもの思いに素早く対応できる

過去のドキュメンテーションを見ながら、ウメの収穫期の活動を考える

「形まね」で終わらないように

保育者同士の学び合いで気をつけたいのが「形まね」で終わらないことです。まねをすることはとても大切ですし、まねをしてみてわかることもたくさんあります。しかし、子どもの気持ちや興味・関心を無視して、形だけをまねようとしてもうまくはいきませんし、保育者自身の心も動かないでしょう。単にやり方や方法だけをまねるのではなく、その時の子どもの興味・関心や保育者の思いまで考えることが大切です。

田澤里喜

様々なモノやコトにアンテナを！

保育者同士の学び合いの中では、仲間の実践から吸収していく姿勢を大切にしていきたいですね。そして、「すてき」「やってみたい！」と心に響いた環境構成の工夫などを写真に撮ったり、メモをしたりと、ストックしてみてください。子どもの姿に合わせてさりげなくコーナーを整えたり、アイデアの一つとして保育者から提案したり、関わりの幅を広げることができるでしょう。様々なモノやコトにアンテナを立て続けることで、あなたのセンスが磨かれていくはずです。

亀ヶ谷元譲

環境構成の工夫とアイデア・人的環境 ❷

地域の人や保育者などの「得意」を生かす

子どもを取り巻く大人とは、どんな人達でしょうか？　園には保育者や保護者、そして一歩外に出れば地域の人達がいます。

多様な大人との関わりによって、あそびが豊かになっていくことがあります。

今回は様々な大人の「得意」が生かされた事例から考えていきましょう。

演奏会をしよう　東一の江こども園の事例

1 音楽が大好きな３歳児のために、手作り楽器コーナーと小さな舞台を作りました。すると子ども達は廃材でマラカスを作り、舞台に上がって演奏あそびが始まりました。

2 ちょうどその頃、保護者の有志が演奏会を開いてくれました。子ども達は熱心に聞いています。

3 保護者の演奏会に刺激を受けた子ども達。大きい舞台やギターなども作り始め、演奏あそびはますます盛り上がっていきます。

4 子ども達は、ギターが得意な保育者がいることを知りました。本物のギターを見せてもらったことで、子ども達の楽器への興味は、さらに高まりました。

5 「園長先生もギターを弾けるんだって」。保育者２名のギター演奏会を聞いて、子ども達は自分達もやってみたくなりました。演奏あそびは他の年齢のクラスにも広がっていきました。

警察ごっこ　宮前おひさまこども園の事例

1　２歳児クラスの子ども達。「逃げる」「捕まえる」の鬼ごっこが発展して、泥棒役の保育者を警察官の子ども達が捕まえる「警察ごっこ」を楽しんでいます。

2　警察官の制服・帽子・無線、手錠などを作れるように素材を用意しました。子ども達は警察官になりきってあそべるようになりました。

3　「あっ、警察の車だ！」。歓声を上げる子ども達を見て、保育者は本物の警察官に会わせてあげたくなりました。

4　近くの交番に電話をして見学をお願いすると快諾の返事。当日は、質問したり、オートバイに乗せてもらったり、優しい警察官と楽しい時間を過ごすことができました。

5　「おまわりさんの制服にはポケットがあった！　スマホも持ってた！……」。本物の警察官との交流が刺激になって警察ごっこはより面白くなっていきました。

二つの事例の共通点は、子ども達の中に「憧れ」の気持ちが芽生えていることです。魅力的な大人との出会いによって、子ども達の「やってみたい！」「○○みたいになりたい！」という思いが大きくなり、より一層保育が充実していきました。

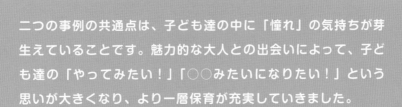

などの「得意」を生かすポイント

1 地域の人の輝く姿を

子ども達の興味・関心に保育者の知識だけでは対応できないこともあります。そんな時は地域の人（保護者も含む）の力を借りましょう。生き生き輝く姿を目にすることは、子ども達への「最高の刺激」となるでしょう。

きれいな合唱に聞きほれてしまう、お母さん達のコーラス

遊具のペンキを塗り替えるペンキやさん。絵の具あそびみたい

料理が得意なお母さんがクッキングのお手伝い

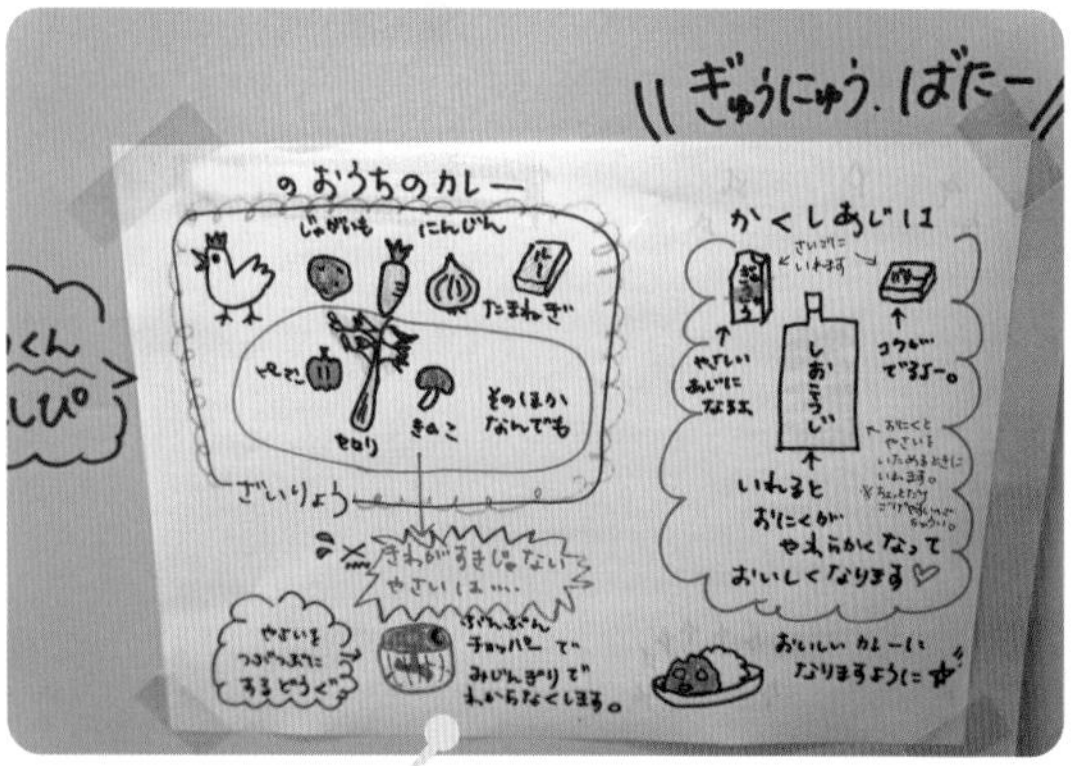

自慢のカレーのレシピをイラスト入りで作ってくれたお母さん

木製遊具の組み立ての様子。なにができるのか興味津々

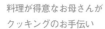

環境作りの工夫

2 地域の人や保育者

保育者の得意を生かす

保育者一人ひとり、だれにでも得意なことがあるはずです。楽しみながら「得意技」を発揮する姿に子ども達は憧れ、挑戦してみたくなるでしょう。

走るのが得意な保育者は鬼ごっこの達人!?

木工が得意な用務員さんに教わりながら電動ドリルに挑戦!

イラストの上手な保育者が子どもと一緒に作った手作りすごろく

3 園と家庭との連携

「得意技」を発揮しなくても、園であそんでいることを家庭でも楽しんでくれる。園と家庭がつながると、子どもの育ちは一層充実します。

こま名人の「手のせ」の技に目がくぎづけ

身近で見つけた「顔に見えるもの探し」が家庭からも続々届く

地域などとのつながりを結び直す

今回のテーマは「得意」を生かす。「得意なことは私にはないかも」と考えてしまうかもしれませんが、ここで言う「得意」とは特別優れたことができるというよりも、地域の人や保育者が子ども達の前で、楽しんだり面白がったりすることをイメージしています。地域にはいろいろな人がいますし、保護者にも意外なことが好きだという人がいるものです。コロナ禍で薄れてしまった地域などとのつながりを、改めて結び直していきたいですね。

田澤里喜

身近な大人の輝く姿を

「得意」とはどんなことでしょう?きっと子どもの頃から大好きで楽しんできた結果として「得意」になっていったのだと思います。大切なのは、あそびを通して子ども達が「好き!」「楽しい!」という思いを抱けることです。だからこそ、保育者自身がワクワクと楽しんだり、保護者や地域の人の「得意」が発揮されたり、身近な大人の輝く姿をたくさん見せてあげたいですね。まずは皆さんの「得意」を生かして子どもと関わってみてください。

亀ヶ谷元譲

環境構成の工夫とアイデア・空間的環境❶

効果的な「見える化」

掲示をしたり、子どもが手に取って見やすくしたり、あそびや子どもの興味・関心を「見える化」することで、よりたくさんの子どもが興味を持ち、あそびがより深く広がっていきます。あそびの中の学びを豊かにするきっかけとなる効果的な「見える化」の工夫を、事例を通して考えてみましょう。

寿司やさんごっこ　東一の江こども園の事例

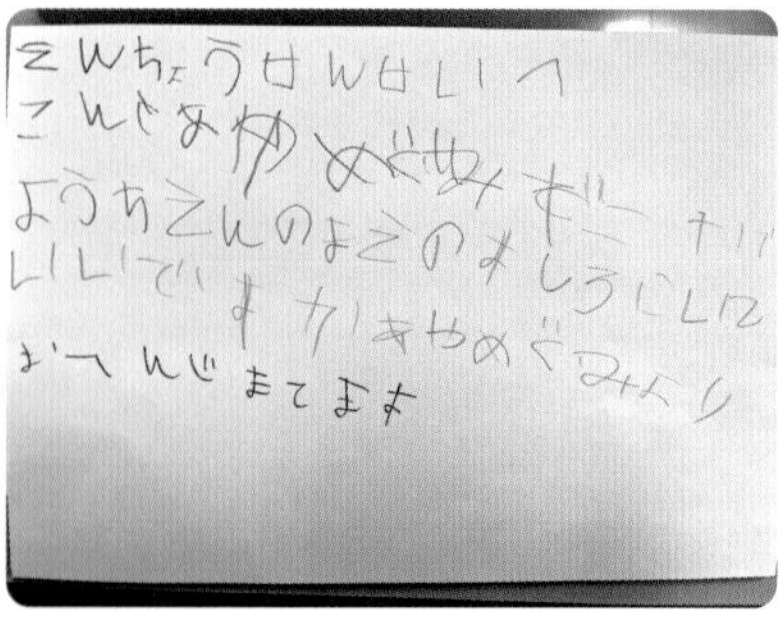

❶ 4歳児クラスの子ども達が「あやめぐみのみんなで回転寿司やさんに行きたい」と園長先生に手紙を書きました。

❷ 園長先生からの返事には「あやめぐみのお寿司が食べたい」と書いてありました。「じゃあ、みんなで作ろう！」

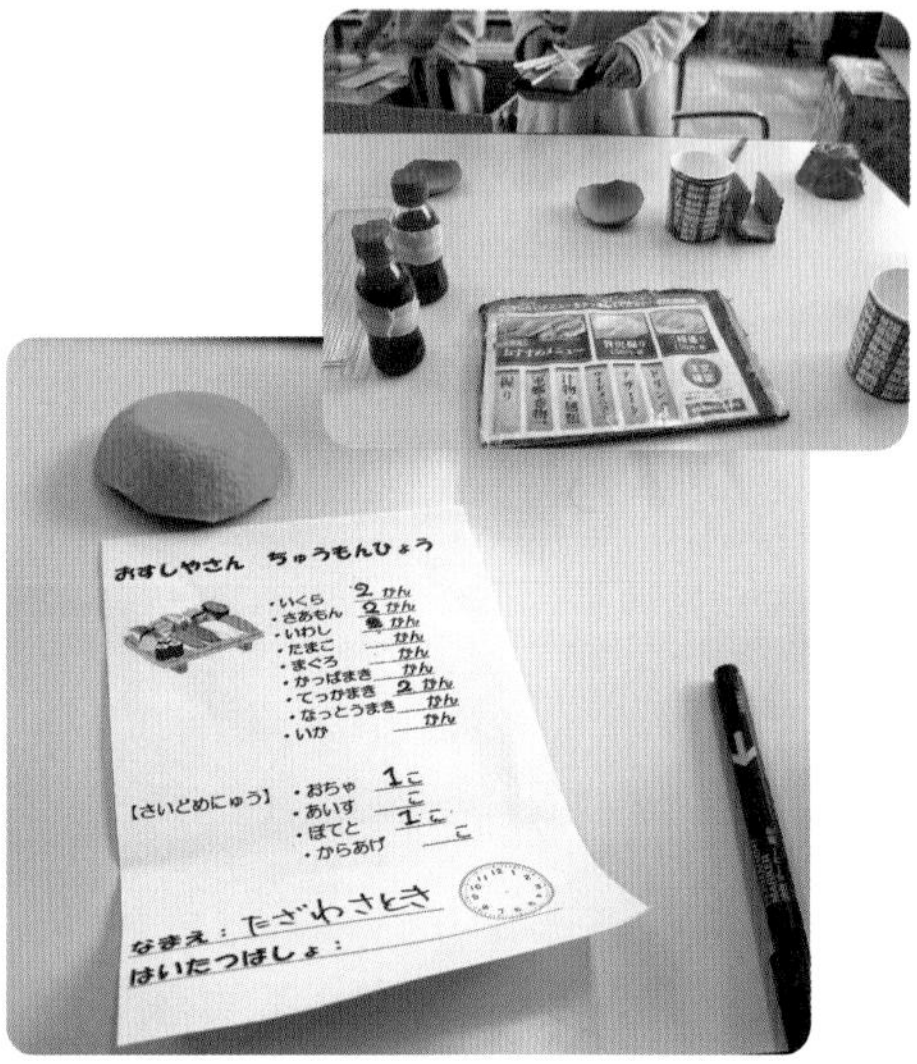

❸ 「寿司やさんには注文票があるよ」「メニューはタブレットで見るんだよ」。寿司やさんの掲示を真似して作っていくと、あそびがどんどん楽しくなっていきました。

❹ 子ども達のアイデアで、回転寿司のレーンやお皿の説明の掲示ができました。「ビール飲みすぎ注意！」「ふざけるのも禁止！」など、オリジナルの注意の掲示も登場。

❺ 他のクラスのお客さんもおおぜいやってきて、あやめぐみの寿司やさんは大繁盛です。

忍者ごっこ
宮前おひさまこども園の事例

1 ３歳児クラスの子ども達は忍者ごっこに夢中です。保育者も一緒に、忍者の頭巾を巻いて一本橋を渡る修行中。

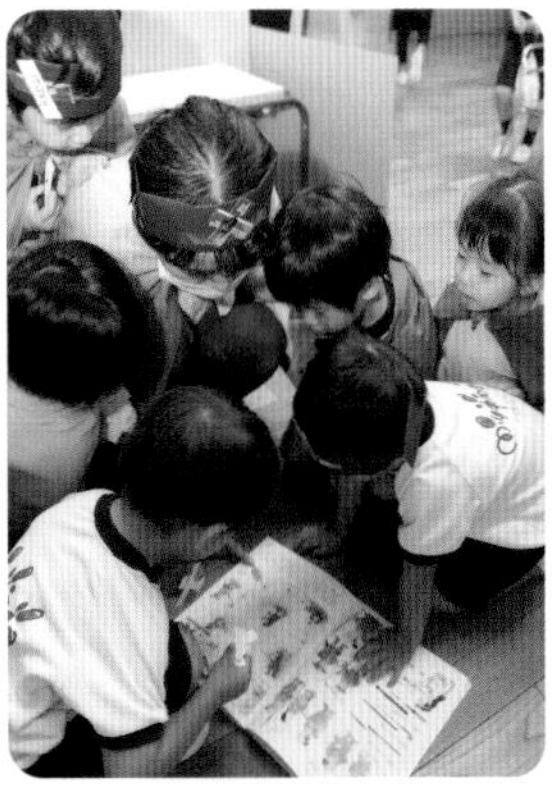

2 「忍者のことがもっと知りたい！」。保育室の目立つところに、忍者の掲示ができました。

3 「忍者は手裏剣を使うんだって」。廃材で手裏剣を作って、大きな的に投げ込みます。

4 忍者の国から巻物が届きました。忍者のポーズや忍術に、子ども達は興味津々。

5 ロープを通り抜ける術、変身の術……。子ども達は巻物に書いてあった修行に取り組みます。

6 忍者ごっこの様子をドキュメンテーションに。保護者へ子どもの様子を知らせるだけでなく、子ども自身があそびを振り返ることにも役だちます。

寿司やさんでは注文しやすいようにメニューなどを用意しています。こうしたあそびやすい工夫は、あそびを深める上で重要です。忍者ごっこでは、子どもの「もっと知りたい」思いに合わせて掲示物を作ったことが、より多くの子が忍者に興味を持つきっかけにもなりました。

える化」のポイント

1 新たな気づきを促す

掲示を見ることから、
子ども達は考えるきっかけを
得ることができます。

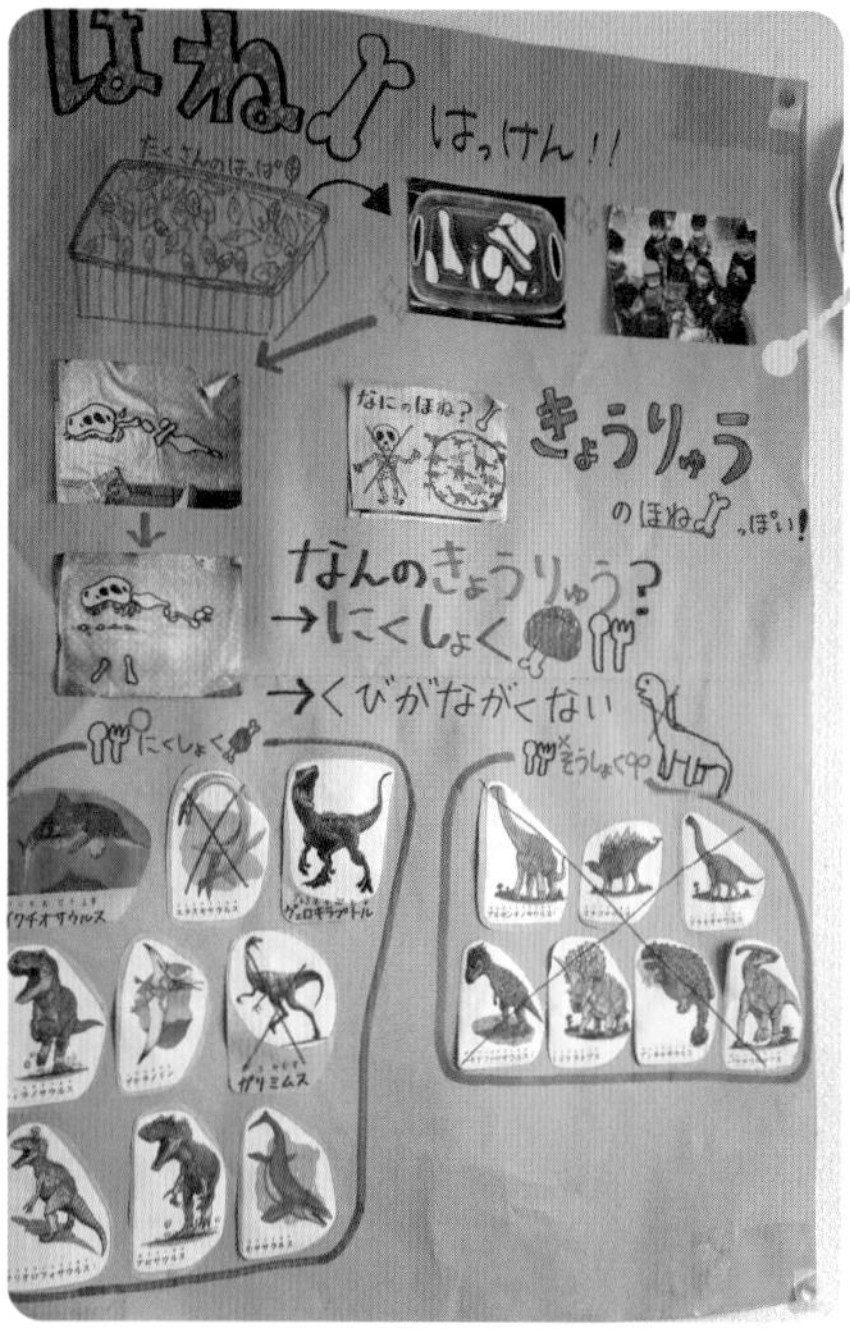

肉食恐竜と草食恐竜を
分類して掲示することで、
子どもの発見や疑問を引き出す

世界の紙幣や硬貨の掲示。
お店やさんごっこの
お金のデザインを考えるヒントに

2 興味・関心を深める

「もっと知りたい！　もっとやりたい！」を
刺激して子ども達の興味・関心をさらに深めます。

カプラを積んだ高さを
紙テープで示した掲示。
子ども達にチャレンジ意欲がわく

色見本や色相環の掲示を参考に、
微妙な違いにこだわった色づくりを
する年長児

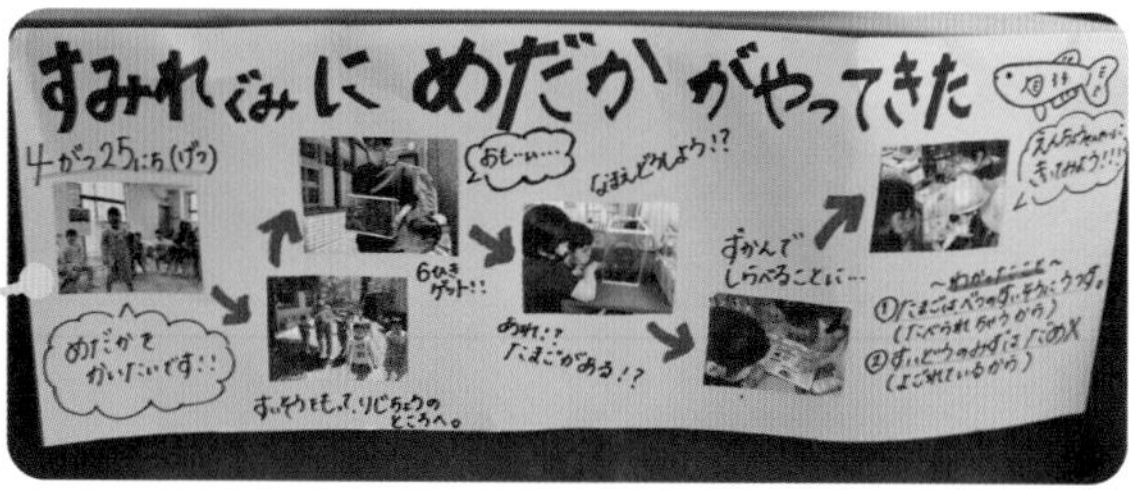

メダカを飼育中の発見やなぜ？を
掲示することで
飼育活動への興味がさらに広がる

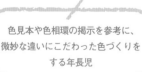

環境作りの工夫

効果的な「見

3 楽しさの共有

掲示によって、楽しさをみんなで
共有することができます。

ハンバーガーやさんのトッピングの
掲示を見て、お客さんは好みの
オリジナルハンバーガーを注文

「数字の１探し」は廊下に
掲示することで、他のクラスにも
あそびの楽しさを伝える

4 写真の活用

ipad やスマホで撮影した写真を
掲示に取り込むことで、子ども同士の
あそびや会話が豊かになります。

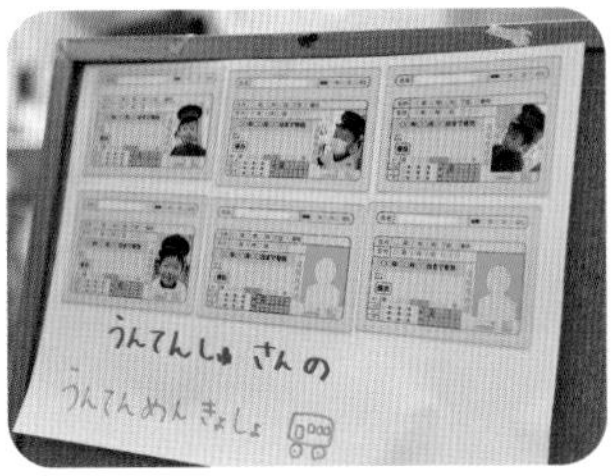

アイドルコンサートのポスターや
バスごっこの免許証に子どもの写真を
活用すると、よりリアルな感じが

ドキュメンテーションを保育室に掲示すると、
子どもがあそびを振り返り、
さらに発展させるききっかけに

子ども同士のつながりを生む「見える化」

「見える化」は、あそんでいる子に対する効果だけでなく、そのあそびに参加していない子が、「こんなことやっているんだ」と興味を持ったり、あそびに参加するきっかけになったりもします。

それだけでなく、あそびに参加していない子が掲示を見ながら「ここはこうした方がいいんじゃない?」とアイデアをくれたり、「○○ちゃんたち、すごいねえ」と認めてくれたりすることもあります。こうしたことが、他者理解へとつながっていきます。

田澤里喜

写真活用の可能性

事例ではたくさんの写真が活用されています。私の園では写真を撮影するのは保育者でした。ある時、子どもにカメラを渡して撮影を任せてみると、写真からその子がどんなことに注目しているのかがより鮮明になりました。花が大好きなAちゃんは花びらの模様を撮影したり、生き物が大好きなBくんは、オタマジャクシの成長の様子を撮影するなど、気づいたことを記録していたのです。

子どもに撮影を任せることで、その子の新たな一面を知ることができるでしょう。

亀ヶ谷元譲

環境構成の工夫とアイデア・空間的環境❷

片付け方・保育室の使い方の工夫

子ども達のあそびが充実するためには、多様なものや道具が欠かせません。

そして園生活の中で、それらのものや道具を子ども達が扱いやすくなっていることが大切です。

では、どのように整理したり収納したりするとよいのでしょう。

片付け方や保育室の使い方の工夫を見ていきましょう。

おばけ屋敷ごっこ　宮前おひさまこども園の事例

❶ 5歳児クラスの子ども達が保育室全体をおばけ屋敷に。

穴から手が出てきてドッキリ

不気味な赤い手形

❷ 中に入ると、子ども達が工夫した仕掛けが待ち受けています（段ボールやパネルにひもを通し、天井のフックに吊るしてある）。

怖い顔の写真（布地に貼ってフックに吊るす）

❸ さらに進むと、お墓や子ども達の怖い顔の写真が！（空間の間仕切りはつなぎ合わせたカラービニールで）

たたんでコンパクトに収納

❹ 帰りの時間には、吊るしてあったパネルなどを外して保育室の隅にコンパクトに収納します。

保育室いっぱいに広がっていたあそびのコーナーが……

東一の江こども園の事例

お城のままごとコーナー

車を走らせるコーナー

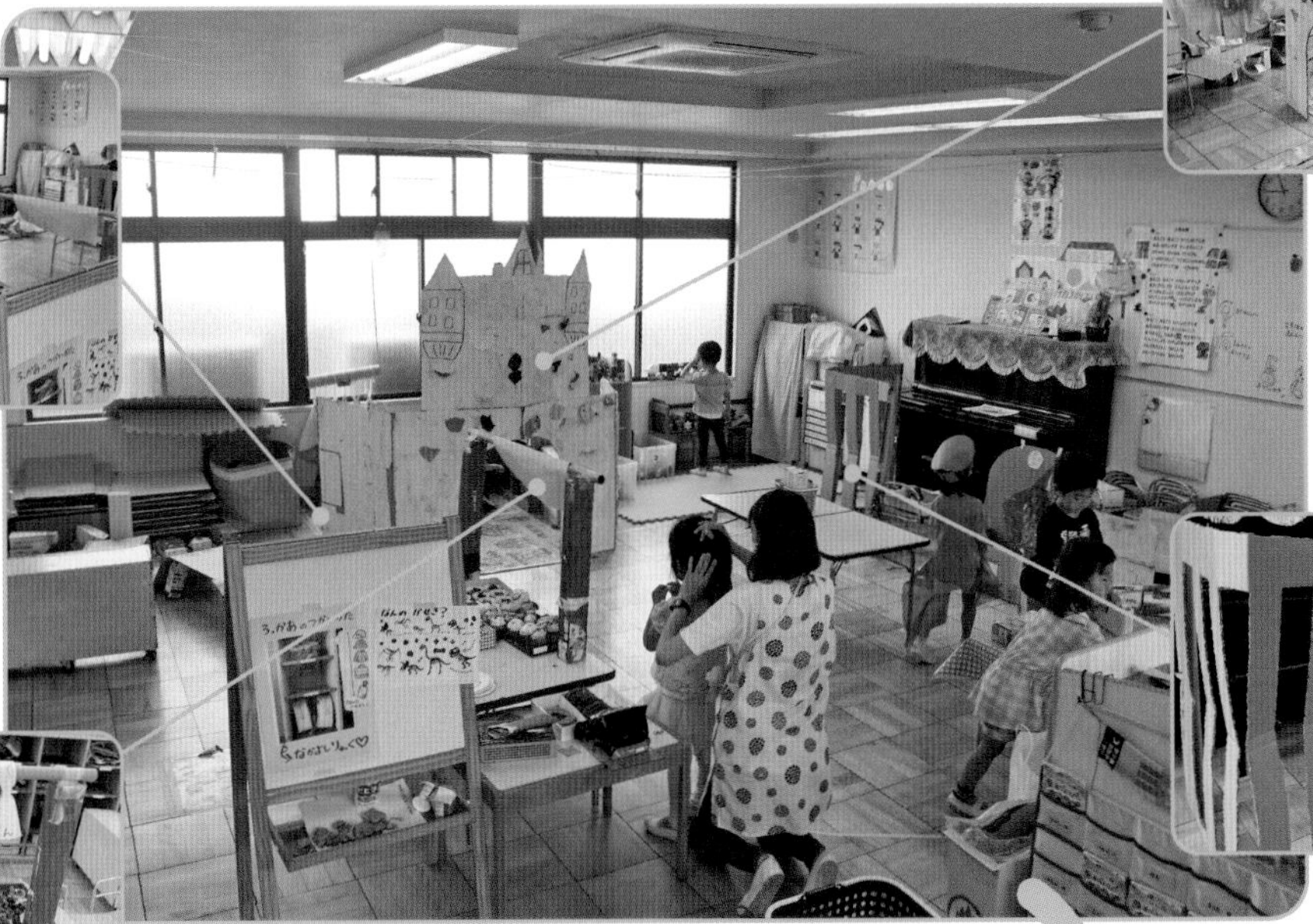

警察ごっこのコーナー
（始まったばかり）

おかしやさんコーナー

1 ある日の保育室の様子です。保育室にはあそびのコーナーがいっぱいです。

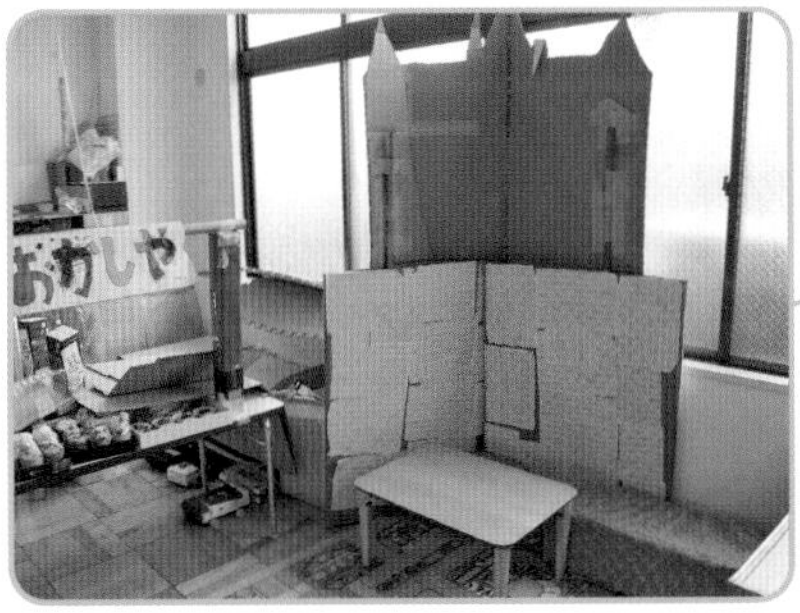

それぞれのコーナーは段ボールなど、たたんだり移動したりできるもので作ってあるので、すぐ片付けられる

2 お昼の時間が近づくと、みんなが集まれるスペースができました。

どちらの事例も、大きな段ボールを使って空間を有効活用しています。大きなパネル等があると、ダイナミックに環境に変化を与えることができます。コンパクトに収納できる点もポイントですね。次は、具体的な環境作りの工夫を見ていきましょう。

使い方のポイント

1 たたむ・吊るす・たてかける

素材や備品を工夫することで、
スピーディーにスペースを転換できます。

段ボール製の大型バス。
たためばこんなにコンパクトに

天井にフックを付けておくと、
子どもの作品などを吊るしても、
下のスペースを確保できる

2 「どこに戻す」をわかりやすく

どこに戻すかが目で見てわかれば、
子どもは自主的に片付けます。

麻ひもに自分のマークの
クリップが留めてあるので、
採集用のポシェットを戻しやすい

乱雑になりやすい砂場あそびの道具も、
しまう場所を種類ごとに写真で掲示

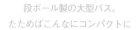

環境作りの工夫

片付け方・保育室の

3 あそびが継続するように

子どもが作ったものを、
全部とっておくことはできません。けれど
写真にとって掲示することで、
そこからまたあそびが広がっていきます。

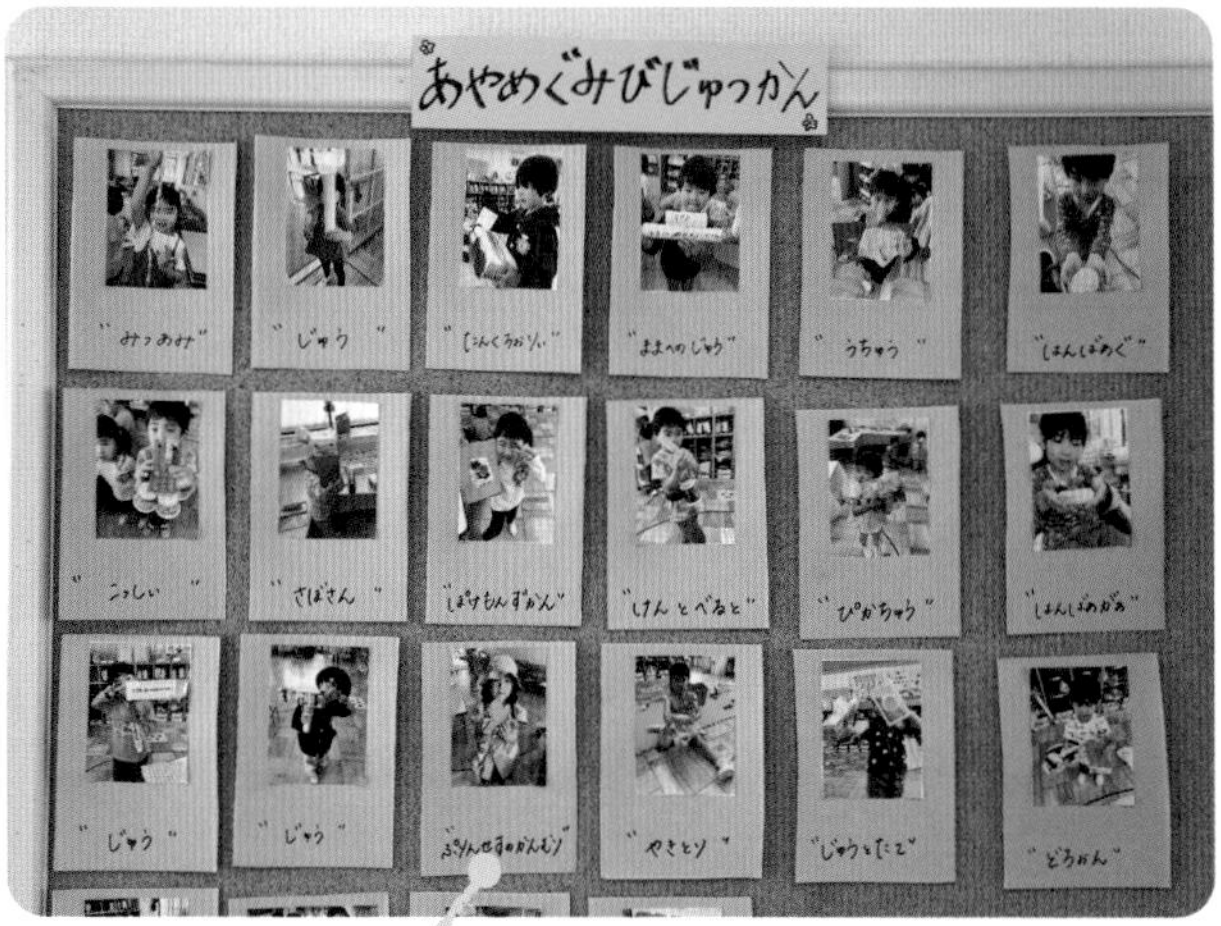

他の子が作ったものを見ることが
新しいあそびのきっかけに

4 あそび感覚で楽しく片付け

保育者のちょっとした工夫で、
片付けることが楽しくなります。

手作りのトラックは、
駐車場に整列駐車

お店やさんのクッキーを
種類ごとに並べる

「昨日の続きやろうよ」——子どもの楽しみを保障する

「保育室にいろんなものがあってどうやって生活しているのですか?」園を見学に来た人に時々聞かれます。保育室のスペースには限りがあるので、あそんでいたものをすべてそのまま置いておくわけにはいきません。でも、すっかり片付けてしまったら、あそびはゼロに戻ってしまいます。「昨日の続きやろうよ!」と子どもたちが楽しみに園に来られるように、片付け方や保育室の使い方を工夫したいですね。

田澤里喜

「子どもがより生活しやすくなる」という視点

事例にあるように、トラックの駐車スペースを設けたり、ポシェットをクリップで留めたりなど、ちょっとした工夫があると、子どもたちは使いたいときに使い、あそび終わったら言われなくても片付けるようになります。

どうしたらあそび環境がより充実するかを考えるときには、同時に「子どもたちがより生活しやすくなるにはどうしたらいいか?」という視点からアプローチしてみるのもよいでしょう。

亀ヶ谷元譲

環境構成の工夫とアイデア・時間的環境❶

一日の生活の流れ

ここで紹介した「生活の流れ」はあくまで一例です。子ども達の育ちや姿に応じて、
一日の生活の流れも柔軟に捉えていきたいものです。
また、一つひとつの生活は独立しているわけではなく、つながりも意識したいですね。
一日を過ごしたあと、子ども達が「また、明日も楽しみだ！」と
感じられるように考えていきましょう。

東一の江こども園 宮前おひさまこども園 の一日の生活の流れ

登園

AM 8:30

今日も楽しい一日に
なりますように。
子ども達を明るく迎えます。

「やまももがたくさんなったよ！」。目立つところにボードを設置して、園生活への期待感を高める

「昨日の続きをやりたいな！」。身支度中の子どもの話に耳を傾ける

あそびのじかん

AM 9:00

どこであそんでもいい自由な時間。
すべての子どもを保育者全員で見守ります。

すしやさんは、朝早くから営業中

○× ゲームで真剣勝負！

片付け

AM 10:45

時間になったから一斉に始めるのではなく
個々の満足感を大切にします。

「きれいに片付くと気持ちいいね」
子どもの共感を呼ぶことばでやる気を

「楽しかったね。またやろう！」
子どもの様子をみながら、
タイミングよく声かけ

みんなのじかん

AM 11:15

あそびを共有することで、
楽しさがみんなに広がります。

「かっこいい剣を作ったよ！」
グループの発表に他の子も興味津々

「宇宙へ行ってみたいなあ」
一人のつぶやきから、宇宙服作りへ

昼食

AM 11:30

食べることを楽しむ時間です。

自分達で育てた野菜を使った
メニューはなによりのごちそう

「ボールあそび、楽しかったね」
共通の話題で食卓はにぎやかに

あそびのじかん

PM 12:00

昼食後にも、自由なあそびの時間をたっぷりとります。

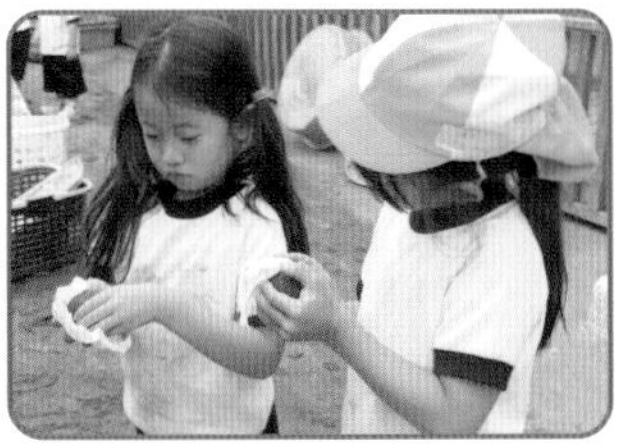

午前中の泥団子作りの続き。
ピカピカになってきた！

４歳児はドロケイに夢中

帰りの会～降園

PM 1:00

楽しかった一日を振り返り、
明日への期待感も育みます。

「今日もたくさんあそんだね！」
どの子も満ち足りた表情

絵本の読み聞かせは、たっぷり
あそんだあとのリセットタイム

預かり保育

PM 2:00

クラスや年齢の違う子が一緒に
ゆったり時間を過ごせるように環境を構成します。

クラスや年齢を越えて、
新しい友達関係が生まれることも

保育者が仲立ちして盛り上がる
ぬいぐるみ作り

２園の生活の流れはまったく同じわけではなく、主なものを示しています。ここで大切なのは、それぞれの生活のつながりです。「片付け」はきれいにするだけでなく、「ああ楽しかった」という気持ちを大切にしたいものです。また「みんなのじかん」で楽しさを共有したことが、つぎのあそびの充実へとつながっていきます。

構築するポイント

1 静と動のバランスを考える

子ども達が園で過ごす時間が以前より増えています。子どもにとって充実した無理のない一日の流れをつくることが重要です。

思い切り身体を使ってあそんだあとは……

ゆったり読書でくつろぐ時間も……

2 保育者も子どもと一緒に楽しむ

保育者の指導が多かったり、逆に見守るばかりでは子どもは面白くありません。一緒に楽しんでくれる保育者の存在が、子どものあそびを広げます。

子どもとの距離が近づくように
椅子の並べ方や座り方、
視線の高さにも工夫を

悪い虫はついていないかな？
ピーマンの生長を丁寧にチェック

環境作りの工夫

一日の保育の流れを

他のあそびとぶつからないよう、三輪車は午後の「あそびのじかん」だけ乗れるルールに

3 時間と空間を効率的に

時間も空間も無限ではありません。その中であそびが充実するための工夫を考えます。

4 様々なあそびや活動を選択できるように

一日の生活の中で、子ども達がやりたいことを選び、様々な経験ができる環境を保障しましょう。

一人になれる場所は？

身体を動かせることは？

物を作ったり描いたりできるスペースは？

友達と関わってあそべるものは？

それぞれの子どもが思いを持って過ごせる時間を

子ども一人ひとりが「○○したい！」「○○はどうだろう？」と意欲や興味・関心を持って園生活を過ごしてほしいと思っています。そのためには、ゆとりを持ってあそび込める時間と、あそびの楽しさの余韻をじっくり味わえる時間、両方が必要です。また、それぞれの生活の場面で、子ども達自身がやってみようとすることが大事なので、保育者も気持ちにゆとりを持ちたいですね。

田澤里喜

自由感のある園生活

子ども達が毎日、自由に園生活を過ごせることを大切にしたいですね。そのためには、あそび込める時間は保障されているか？　様々な場所に行き来ができるか？など、一日の流れを振り返ってみましょう。

また、「みんなのじかん」は、一人の体験をクラスみんなで共有するための貴重な機会です。友達が夢中になっていることから刺激を受けたり、みんなで一緒にあそぶ楽しさを感じられたりするといいですね。

亀ヶ谷元譲

環境構成の工夫とアイデア・時間的環境❷

あそびや生活を共有する

園ではたくさんの子ども達が過ごしています。
子ども達一人ひとりの興味・関心からあそびは始まりますが、
夢中になっていることが他の子どもにも共有されると、あそびがより面白くなっていきます。
あそびが共有され、楽しさの輪が広がっていくためには、
どんなことが大切なのでしょうか。事例とポイントを見ていきましょう！

ロボット作り（東一の江こども園の事例）

1 ロボットの絵本を見た４歳児は
廃材でロボットを作り始めました。

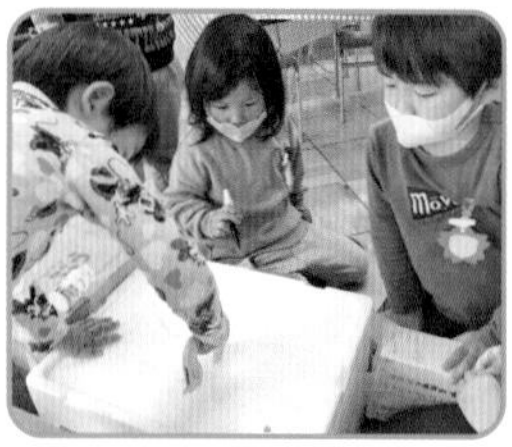

絵本のロボットは胸にハートを入れると動き出しました。「ぼくたちのロボットも動くように、ハートを作ってください」。クラスのみんなが集まったときに協力をお願いします。

2 クラスのみんなが思い思いのハートを
作ってくれました。そして、クラス全体がロボットに
関心をもつようになりました。

3 翌朝、登園するとロボットがいません。
パソコンには、ロボットが
動いている映像が残っていました。
「ハートを入れたからロボットが動き出したんだ！」

みんなで園内を探し、５歳児のクラスでロボットが見つかりました。

4 それから毎朝、ロボット探しが続きました。
そして「みんなのじかん」に「きょうはホールにいたよ」
「一緒にあそんだよ」などと口々に発言が……。
ロボットへの愛着が子ども達に共有されて、
ロボットはクラスの一員になりました。

※ここからアクセスすると、ロボットが動いている動画が見られます。

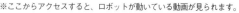

まめはくぶつかん（宮前おひさまこども園の事例）

1

4歳児が園の畑で
カラスノエンドウに
たくさんの豆が
入っていることを発見！
これをきっかけに
豆の研究が始まりました。

子どもも保育者も白衣を着て、研究員になりきって調査中。
「豆が 7 粒も入ってる！」「この前より黒くなってきた！」
気付いたことを口々に伝え合います。

2

園庭には、他にも豆や種の
ある植物がたくさん
ありました。見つけた
豆や種をすりつぶしたり
水を加えたり、様々な
実験を楽しみます。

ある研究員がサークルタイム（共有の時間）に
「種を土に植えてみたい」と言いました。
みんなで鉢植えに種を植えることにしました。

3

名付けて「なんでもうえきばち」。給食に出たスイカの
種などを植えると、なんと数日後に芽が出てきました。
豆や種への興味の輪が、どんどん広がっていきます。
弁当に豆のおかずが入っていたり、
家からピーマンの種を持ってきたり。

4

保育者は以前見た東一の江こども園の事例をヒントに
「まめはくぶつかん」のコーナーを作りました。
子どもたちが見つけたり家から持ってきたりした豆や種が
どんどん増えていきます。それにつれて、子ども達の
興味や関心がさらに広がり、深まっていきました。

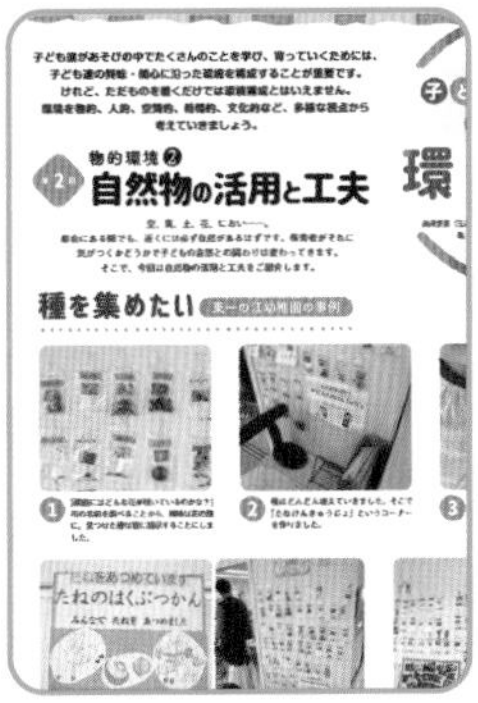
物的環境❷
自然物の活用と工夫
種を集めたい
たねのはくぶつかん

少人数で楽しんでいたあそびがクラスのみんなに共有されると、
あそびの楽しさがつながり、広がり、深まっていきました。
そのために、保育者は「みんなのじかん」を有効活用（ハート作り）したり、見える化（豆や種の掲示）をしたり、様々な工夫をしていましたね。

するためのポイント

1 子どもの「伝えたい！」を大切に

あそびや生活を子ども同士で共有することで
新たな興味・関心が芽生えたり、
アイデアが出てきたりします。
そのためには「みんなのじかん」などで
子ども同士や保育者との対話が必要です。
保育者は子どもが何を伝えたいのかを
キャッチしましょう。

「みんなのじかん」にゴジラを作ったことを伝える

運動会のポスターのアイデアを小グループになって出し合う。人数が少ない方が思いを伝えたり、友達の思いに気付いたりが容易に

2 共有したいことを「見える化」する

ことばで伝えるだけでなく、
目で見てわかるように掲示することで、
共有したいことが、より伝わりやすくなります。

磁石はどこに付くの？
実験した結果を、
目に留まりやすい場所に次々に掲示

子どもからたくさん意見が
出たときは、ホワイトボードに
箇条書きして整理

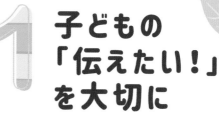

環境作りの工夫

あそびや生活を共有

3 子どもと保育者の距離感

子どもがのびのびと話したり
思いを伝えたりするためには、
話しやすい場をつくることも大切です。

円陣を作って座るとみんなの顔がよく見える。
保育者も椅子に座ることで、
一体感や安心感を演出

4 家庭とも共有する

子ども達が夢中になっていることを
ドキュメンテーションなどで家庭とも共有すると、
さらにあそびが豊かになります。

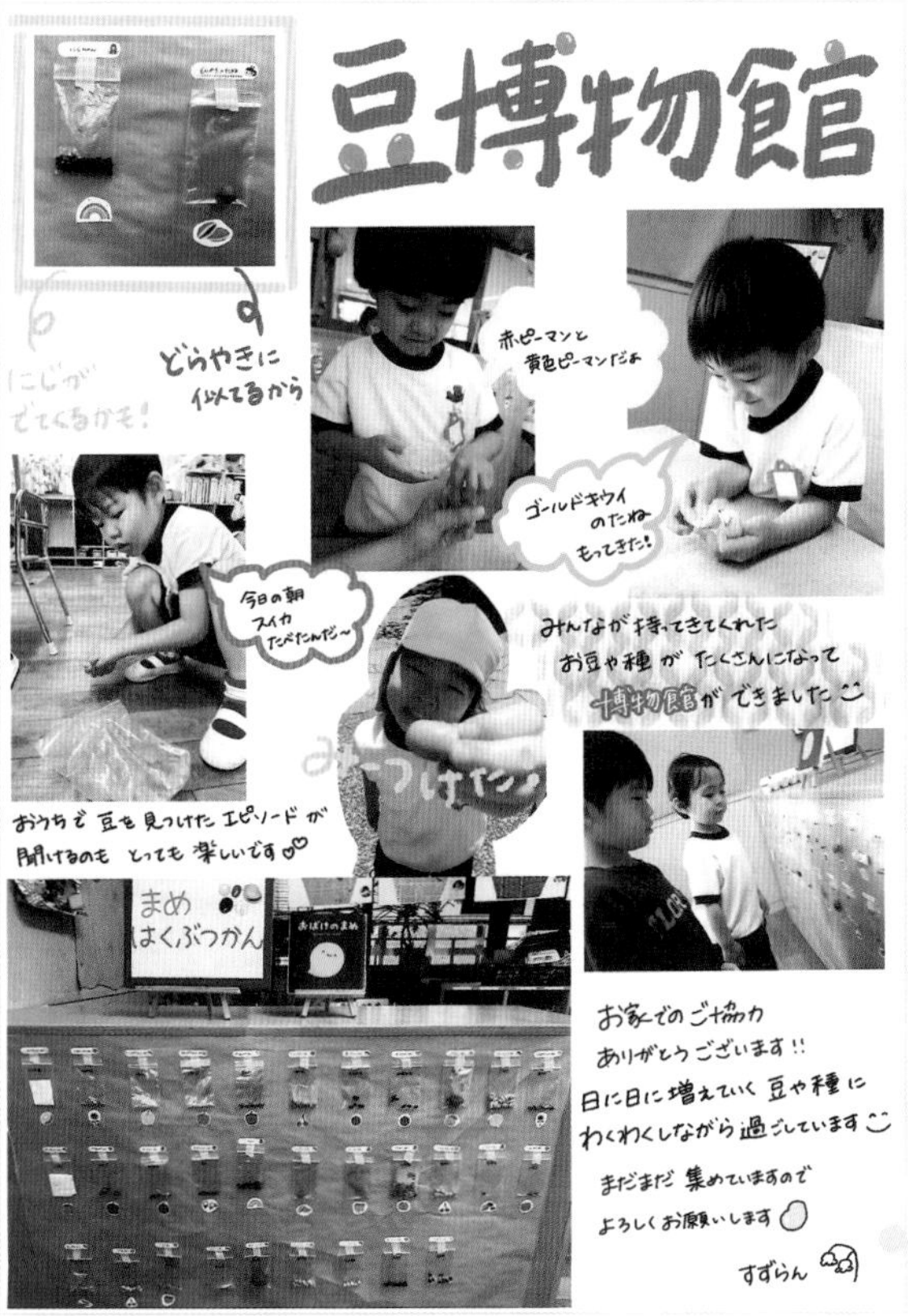

豆博物館のドキュメンテーション。
あそびの楽しさを伝えるとともに、
保護者の協力もさりげなくお願い

共有―個々の興味・関心を大切に

子どもはそれぞれの興味・関心に沿って様々なあそびをしています。それをクラスで共有すると、異なるあそびがつながったり、「すごいねえ」と認めたり……。共有とはひとつにまとめるのではなく、個々の興味・関心を大切にすることなのです。

ロボット作りの事例では、ロボットの動画も共有のツールになりました。保育者のあそび心あふれる楽しいアイデアです。動画や画像は見るだけで伝わるので効果も高まります。

田澤里喜

共有するための方法を探る

大好きなあそびを一緒に楽しむ仲間ができると、あそびはさらに面白くなります。そのためには、誰がどんなあそびをしているのか、共有する機会をつくることがとても大切です。クラスみんなで話し合ったり、写真や実物を掲示したり、〝共有〟するための様々な方法を探っていきたいですね。

共有を重ねるたびに、「こんなこと見つけたよ!」「こんな方法もあるね」と、新たな対話が生まれていくことでしょう。

亀ヶ谷元譲

環境構成の工夫とアイデア・文化的環境❶

行事と日常

行事は園の「文化」を表すもののひとつです。
行事をゴールにするのではなく、園の生活を豊かにするものにしたいですね。
豊かな生活とは、保育者が決めたことに子どもが従うのではなく、
子どもと保育者が一緒になってつくっていくものです。
そのためには、行事の内容の検討とともに、環境構成の工夫も大切です。

みんなで夕食会（東一の江こども園の事例）

1 **コロナ禍の影響でお泊まり会は中止に。代わりに園で夕食会をすることになりました。「なにを食べようか？」いろんな意見が出ましたが、ファミリーレストランのお弁当を注文することに決まりました。**

早速メニュー作り

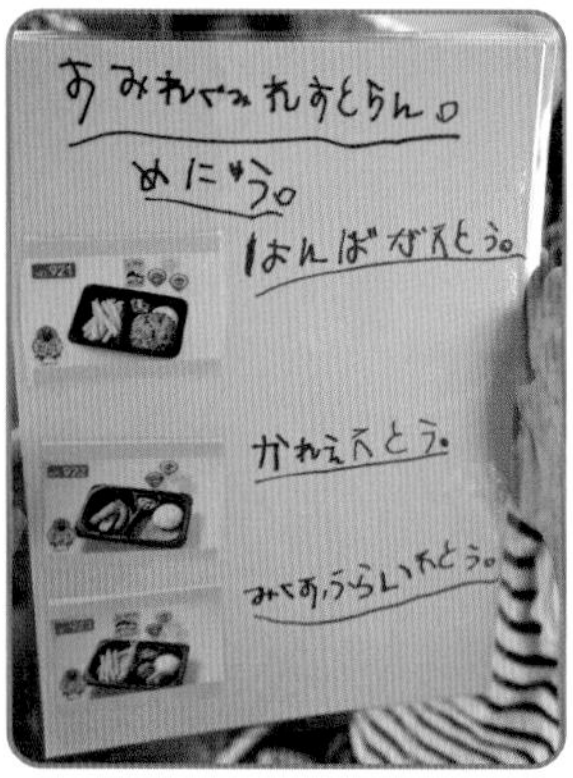

3種類のメニューの中から
好きなお弁当が選べる

2 **レストランごっこが始まりました。看板を作ったり、メニューのお弁当を作ったり。**

すみれぐみれすとらんへ
ようこそ！

ハンバーグと
ミックスフライ

3 **「テーブルを、レストランみたいにしよう！」テーブルクロスを用意したり、花飾りや照明でおしゃれに演出。夕食会への期待が高まっていきます。**

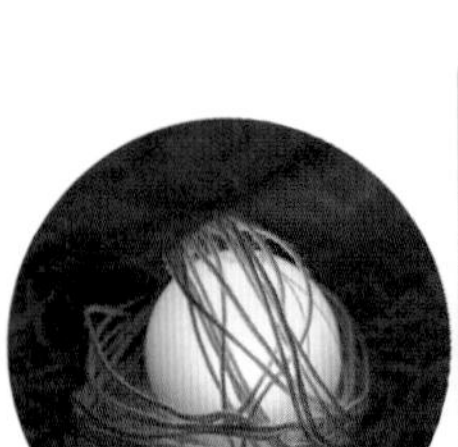

ランプに毛糸を
からませた照明

カラフルな折り紙の花飾り

4 **そして当日。きれいにセットしたテーブルにお弁当を並べていきます。「いただきます！」楽しい夕食会が始まりました。**

みんなと一緒だと、おいしいね！

海の生き物ショー（宮前おひさまこども園の事例）

1

4歳児の秋の遠足は
水族館見学です。
様々な海の生き物に、
子ども達は興味津々。

ウミガメは泳ぐの上手！

水中トンネルは、海の中にいるみたい

2

海の生き物ショーでは、
得意技を見せて
もらいました。

セイウチの鳴き声

イルカのジャンプ

3

園に帰ってくると、保育者が床にブルーシートを
敷きました。すると子ども達は、
思い思いの生き物に変身！

イルカみたいにダイナミックにジャンプ！

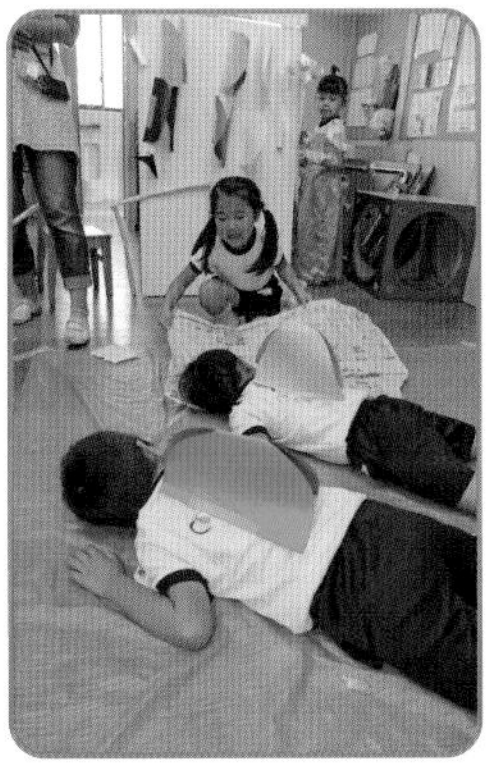

サメは昼寝中……

4

他のクラスを招待して、海の生き物ショーをすることに。
アザラシの声自慢、イルカの輪くぐり……。
大きな拍手をもらって、大満足の子ども達でした。

アザラシさん、ご自慢の声を聴かせてください

イルカさんが輪をくぐったら
大きな拍手をお願いします

**行事は当日だけではなく、その前後の生活がとても大切です。
事例の「みんなで夕食会」は行事前の生活、「海の生き物ショー」は
行事後の生活に焦点を当てていますが、どちらも行事とのつながりがあり、
行事によって、子ども達の生活がより豊かになっていることがわかります。**

変化をもたらすためのポイント

1 行事をゴールにしない

行事は「園生活の自然の流れの中で生活に変化や潤いを与え」る（幼稚園教育要領）ものです。行事が終わったらおしまい、ではなく、普段の子どもの生活につなげる工夫が大切です。

発表会の舞台装置や衣装は、
想像の世界であそぶ手助けに

運動会での卒園児の姿に憧れて、
「綱引き」に挑戦する在園児たち

2 共通体験を振り返ることができる掲示

楽しかった遠足や運動会、そしてオリンピックのような世界的なイベント。楽しかったり感動した1枚の写真が、子どもの心に変化をもたらします。

遠足の水族館で出会った生き物の写真の掲示。
感動をもう一度味わい、
子ども同士の会話が始まることも

様々な競技の選手達、面白いデザインの国旗……。
オリンピックは広い地球を知る第一歩に

3 環境作りの工夫 行事が日常生活に

子どもが主体的に取り組める余地を

行事が、保育者の決めた通りに子どもが行動するものになっていないでしょうか？　子どもが自分自身で考え、意欲的に関われるものにしましょう。

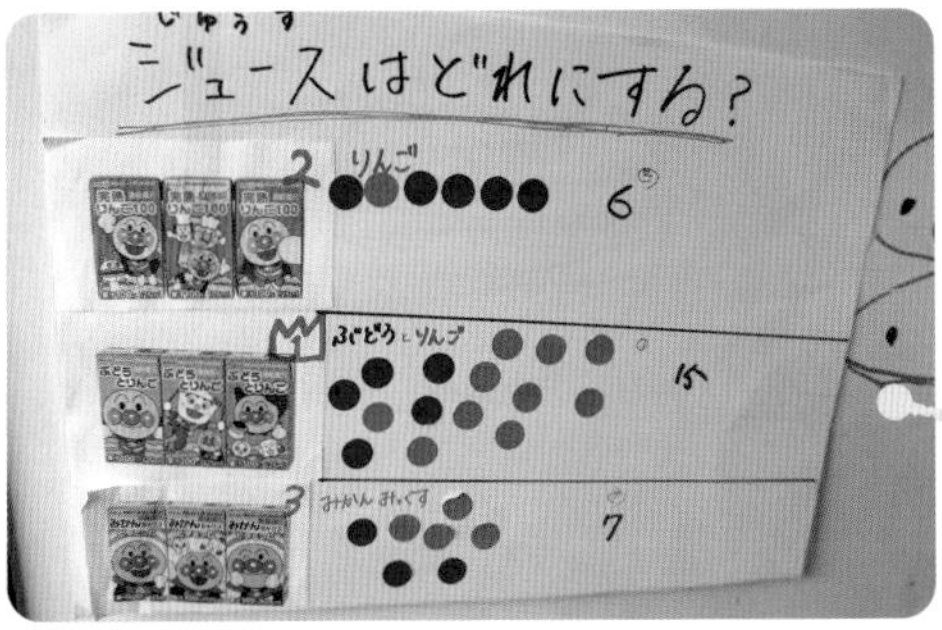

お弁当は何にする？　ジュースはどれ？
自分で決めることができると、子どもは意欲的になる

4 行事の目的を家庭に伝える

保護者は行事当日だけに目を向けがちですが、子どもはその前後も含めて育っています。保護者も一緒に育ちを応援してもらえるように、発信することも大切です。

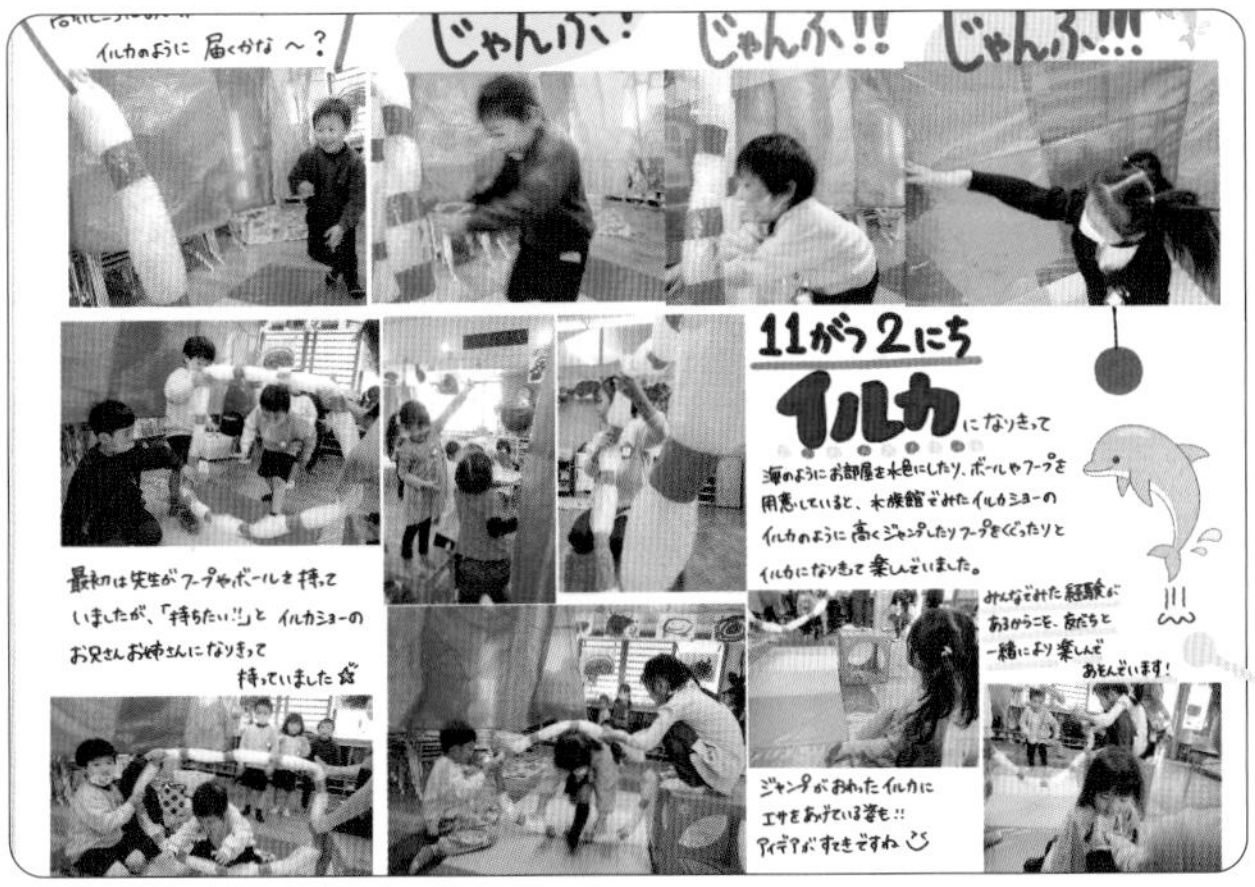

水族館の楽しい経験が、友達同士で協力するあそびへ
つながっていることをドキュメンテーションで丁寧に伝える

生活のための行事に

幼稚園教育要領には「行事の指導に当たっては、幼稚園生活の自然の流れの中で生活に変化や潤いを与え、幼児が主体的に楽しく活動できるようにすること。（後略）」と書かれています。「生活に変化や潤い」を与えるものですから、過度な練習をしたり、保護者の評価ばかりを意識したりするものではありません。つまり、「行事のための生活」ではなく、「生活のための行事」であることが必要なのです。

田澤里喜

身近な環境の工夫から

行事が園生活の変化や潤いへとつながっていくためには、「幼児教育は環境を通して行うものである」という幼児教育の基本を改めて意識してみましょう。

事例では、レストランごっこに必要な素材や、水族館のイメージにぴったりのブルーシートなどを保育者が整えたことから、あそびや活動が一層豊かになっていきました。子どもが何をしたいのかをキャッチしながら、環境構成を工夫したいですね。

亀ヶ谷元譲

環境構成の工夫とアイデア・文化的環境❷

業務負担の軽減

（環境構成を工夫する時間をつくり出すために）

環境構成を工夫するためには、考えたり、相談したり、準備したりする時間が必要です。

しかし、保育者には子どもに関わる以外の業務がたくさんあります。

子ども達の園生活が充実する環境を生みだすためには、ムダを極力減らし、
効率的に業務を行える仕組みと工夫が重要です。

そのための取り組みを見ていきましょう。

1 ICTの活用

教材作りや保育者同士の連携、保護者との連携のためにICTを活用することで、負担を軽くしたり、時間を短縮したりすることができます。

7月【夏祭り・みやっこチャンス】

よく使う音源はプレイリストに

子ども達が好きな歌や、行事で使うBGMなどはプレイリストにしてタブレットに保存しておく。タブレットとワイヤレススピーカーをつなげるとすぐに音源を再生でき、わざわざCDを探したりかけ替えたりする手間も省ける

保護者からの連絡事項にアプリを導入

欠席の連絡は、電話ではなく保護者がアプリに入力する。出席簿や要録ともつながっているので、保護者の業務が軽減

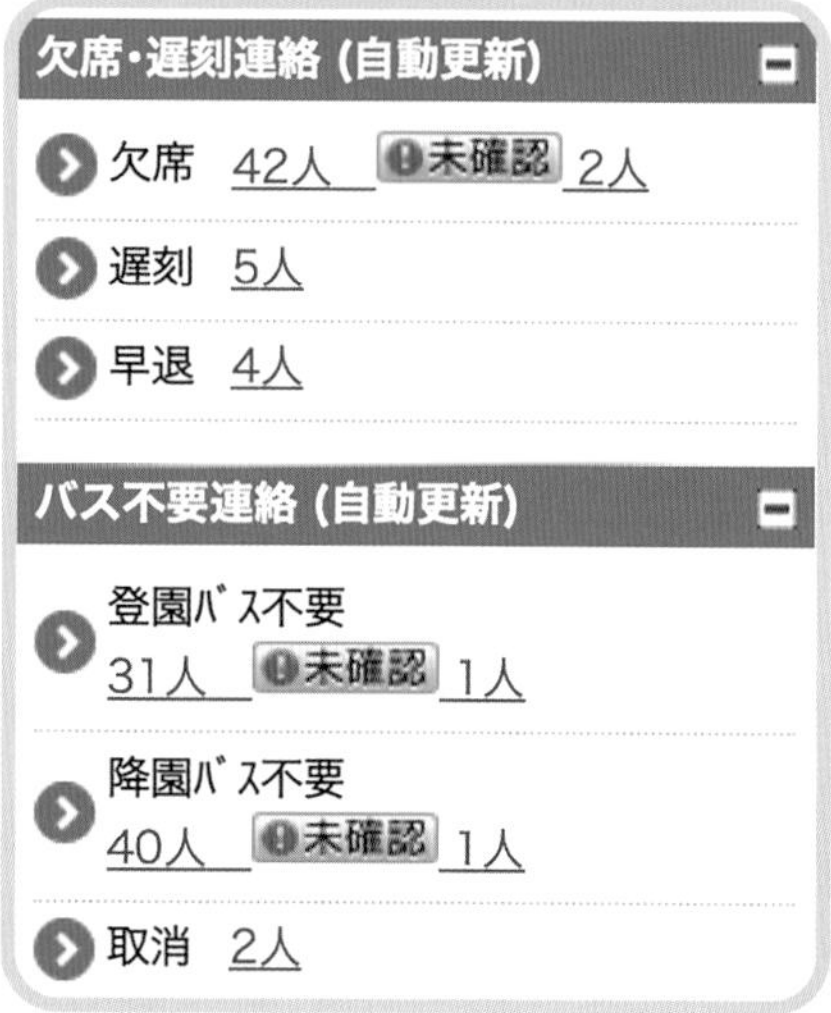

欠席・遅刻連絡（自動更新）
欠席 42人 未確認 2人
遅刻 5人
早退 4人
バス不要連絡（自動更新）
登園バス不要 31人 未確認 1人
降園バス不要 40人 未確認 1人
取消 2人

宮前
おひ
宮前幼稚...
スレッド
後で
ダイレクトメッ...
メンション＆リ...
下書き＆送信済み
canvas
Slack コネクト
ファイル
その他
チャンネル
1-保育記録
2023キャンプフ...
3-年少
345-どんぐり-も...
4-年中
5-年長
all-全体
leaders-主任
office-事務andパ...
training-研修生
運動会
未読のメンション
3-年少
1ピン留めアイテム
+ 関連ページを追加する
1・2・3・4・5・6・7・8 いくぜ〜ット
9月14日（木）
今日
14:50
IMG_6977
2:06
チョキパー体操まずは背伸びの運動からから上に一、二、三、四、五、六、四だよ
はい手を回してああゴリラ胸を叩くよ横にジャンプしながらスタッフ止ま...
トランスクリプトを表示する
#3-年少 へのメッセージ

コミュニケーションアプリの導入

忙しい保育者同士が全員集まるのは難しい。運動会競技の説明などは、動画をアプリに保存しておくと、各人の都合に合わせて確認することができる

2 記録・書類業務の見直し

保育者の業務には、書いたり記録したりすることもたくさんあります。園全体で、より負担の少ない様式の導入を考えるとともに、個人レベルでの時間短縮の努力も必要です。

保育記録はタブレットを使って

専用のペンシルで画像を切り貼りし、短い文章を添えれば、タブレットだけでドキュメンテーションが完成

ノンコンタクトタイムの見える化

チェックリストでノンコンタクトタイムの取得状況を確認する

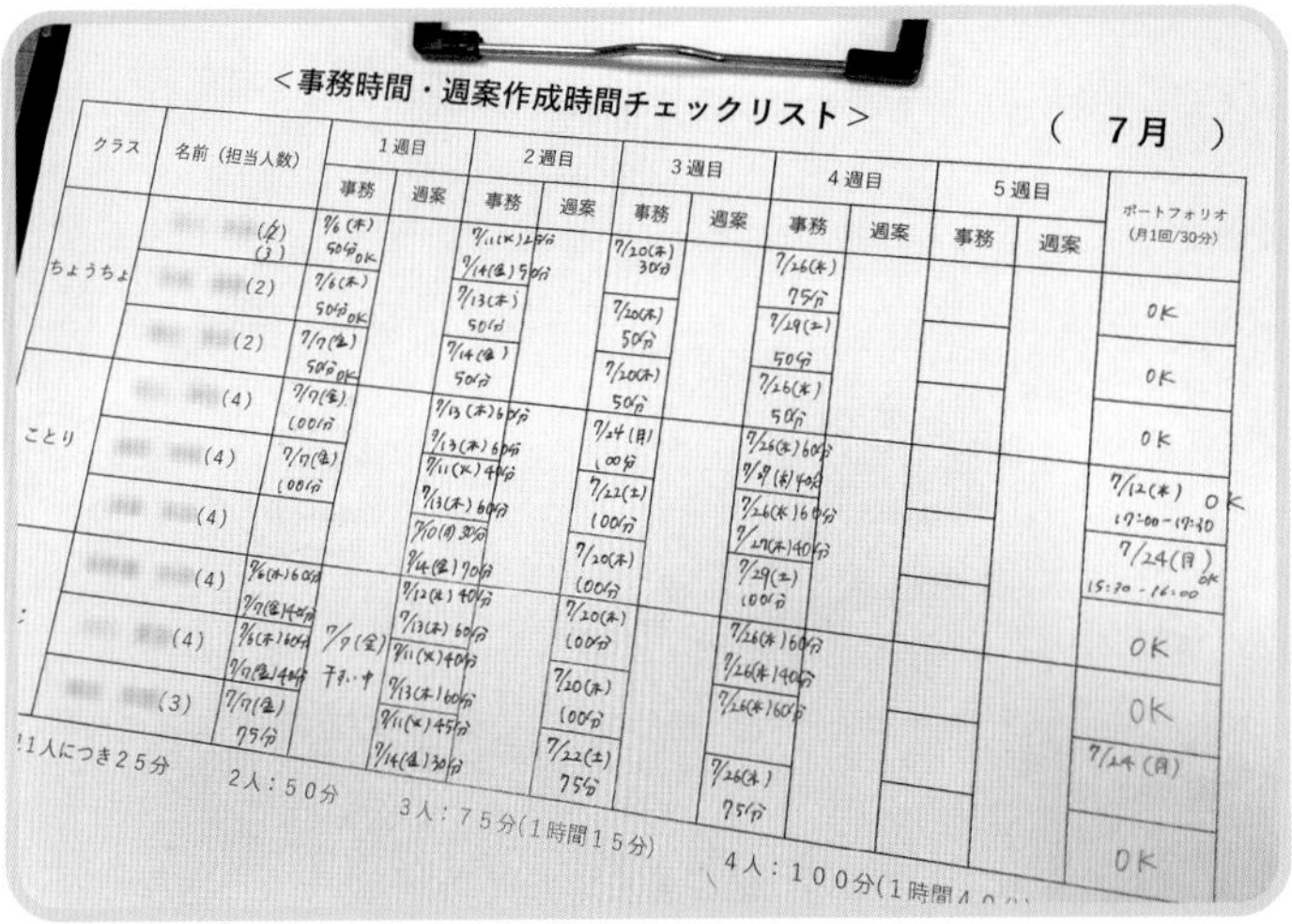

3 保育補助者も活用

「保育者が行う業務」と「保育補助者が行う業務」を分けることで、保育者の負担が減り、環境構成を考える時間を生み出すことができます。

クラス担任とパート職員で業務を分担

園バスの添乗や園舎などの清掃はパート職員が担当。クラス担任はその時間に翌日の環境構成を行う

4 環境構成の工夫をみんなの財産に

子どもの興味・関心に合わせて、面白い環境を構成したいと思っても、ゼロから考えるのは大変です。先輩達の工夫を参考にしたり、真似たりすることから始めると、タイミングを逃さずに環境を構成することができます。

ドキュメンテーションは、手に取りやすい場所に

先輩保育者の実践を参考にしたいときに、すぐ取り出して見られる

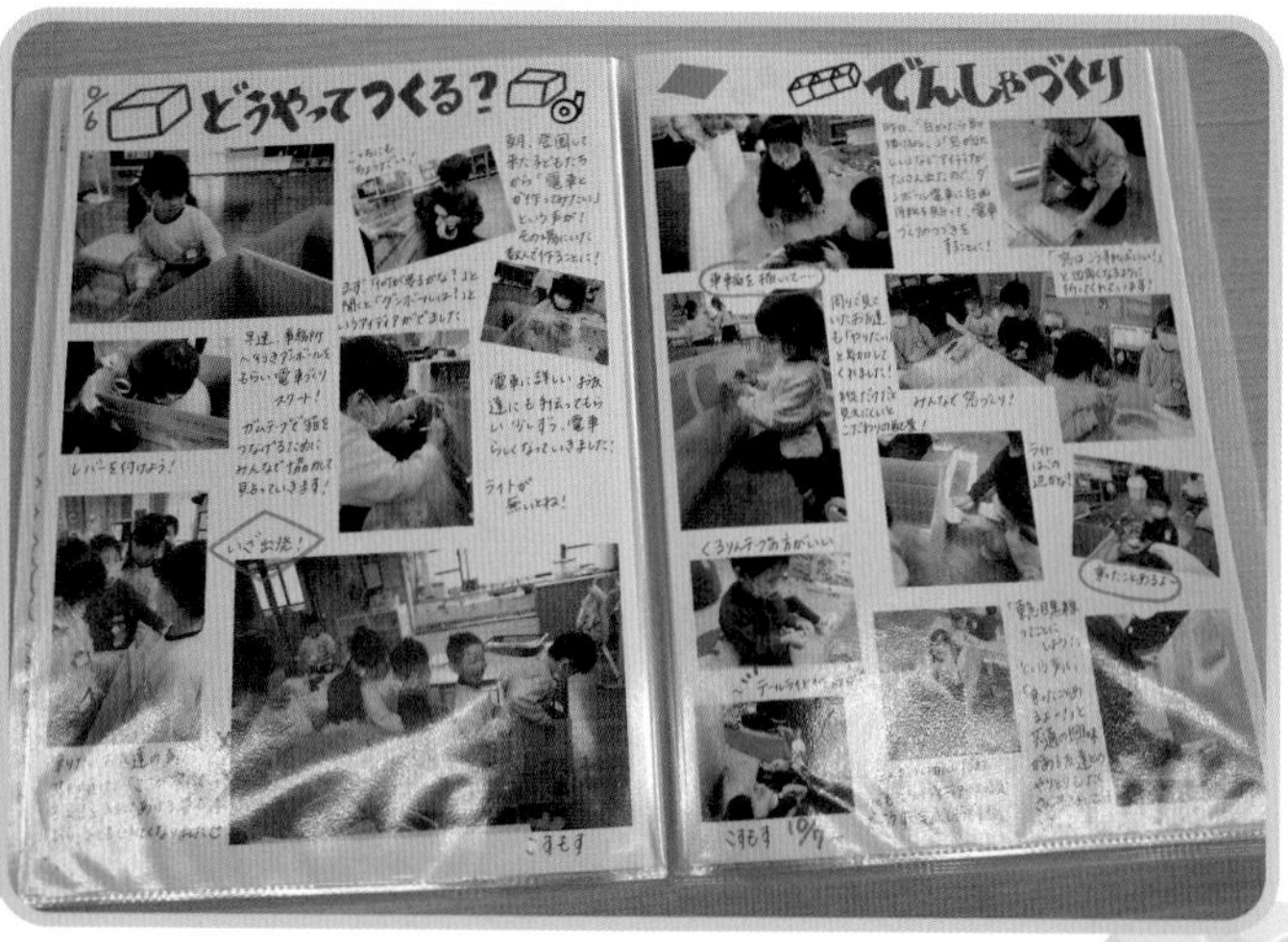

過去のアイデアをファイルに

おばけやしき、お店やさん、回転寿司など、子どもに人気の環境構成は、写真に撮ってファイルしておくとアイデアを参考にしやすい

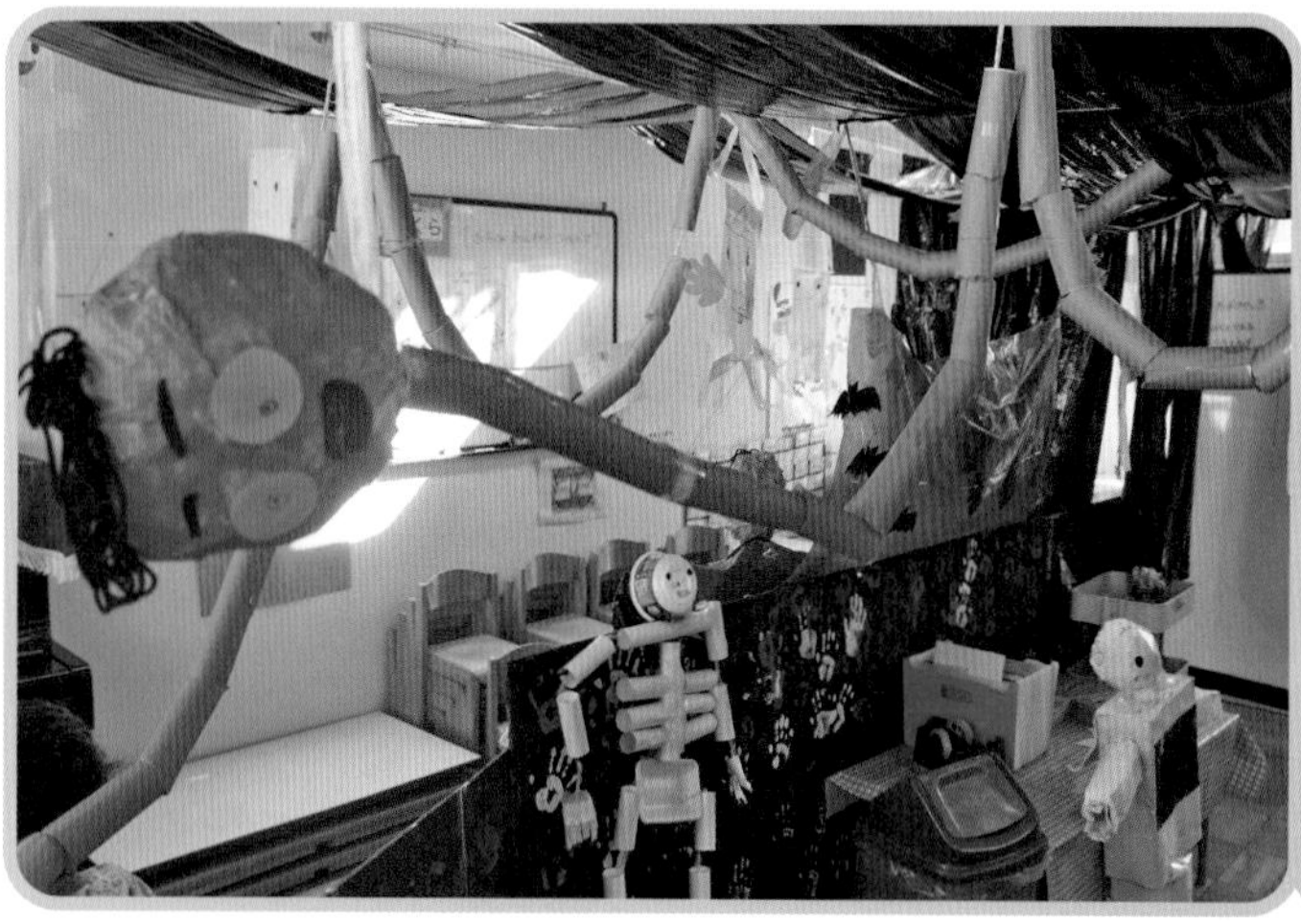

手作り教材はストックしておく

手作りのパネルシアターは、種類別に保管。行事活動の導入にすぐに使える

5 「ほんとうに大切なこと」を考える

今までこうだったから……とただ同じことをくり返すのではなく、ほんとうに大切なのは何かを考え、変えていくことが、負担軽減や環境構成のアイデアにつながります。

行事や活動の精選

「行事は生活に変化や潤いを与えるもの」という視点から造形展を見直し。何かを作るための「造形展」から、普段のあそびをそのまま展示する「表現展」へ

壁面装飾はなんのために……

季節の自然をモチーフにした装飾をやめ、子どもの興味・関心に合わせた掲示に

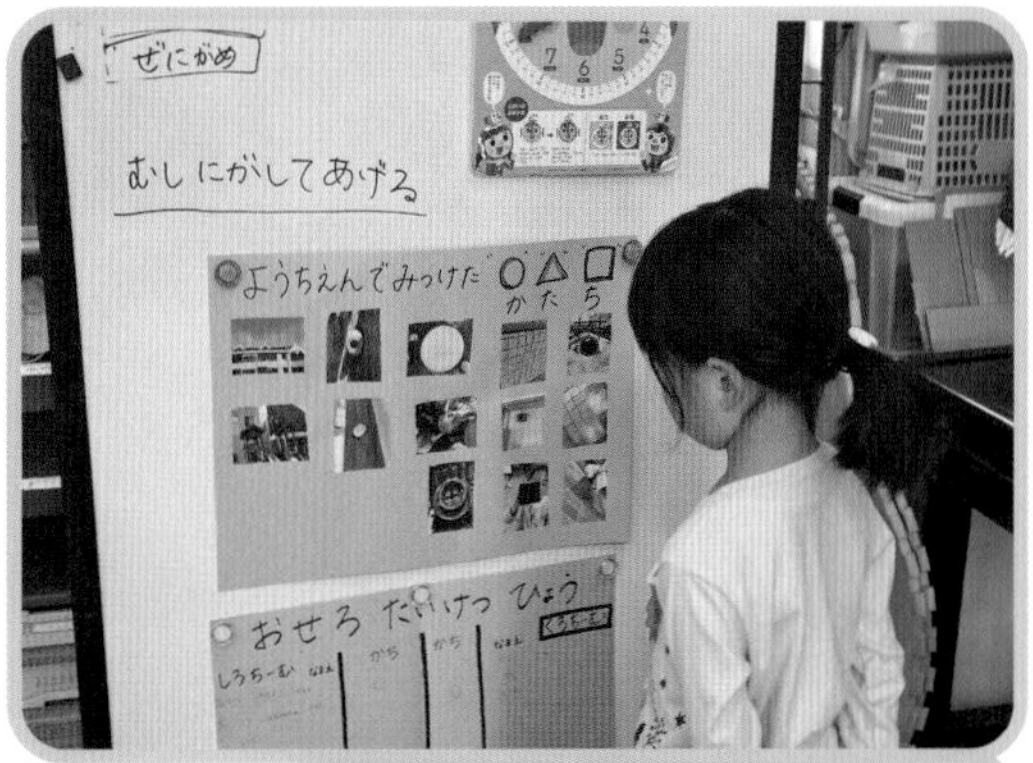

ようちえんで
みつけた○△□

じしゃく　どこに
つくの？？

会議はなんのために……

意見を出しやすいように少人数で行ったり、連絡事項はアプリで見られるようにしたり。終わりの時間を決めておくと、進行もスピーディーに

本来の保育の仕事に注力するために

厚生労働省「保育分野の業務負担軽減・業務の再構築のためのガイドライン　業務改善実践に向けた事例集」（２０２２年）には、業務負担軽減は「保育士等が、本来の保育の仕事に注力できるよう」にと書かれています。けっして楽をするために業務を軽減する訳ではありません。

「環境構成」も、本来の保育の仕事のひとつです。環境構成を工夫する時間をつくり出すために、できることから業務負担の軽減を始めてみましょう。

田澤里喜

園長や主任の先生と一緒に

業務負担の軽減を考えていく際、まずは園全体の業務量を把握しましょう。その上でほんとうに必要な業務か？　減らしても問題がない業務か？　といった必要性の観点から見直してみましょう。

そして、保育者でなければできない業務（記録など）か、保育補助者やＩＣＴに委ねられる業務（掃除、保育料計算など）かといった「業務の分担」を考えてみましょう。話し合いの際には、園長や主任の先生と一緒に考えていけるといいですね。

亀ヶ谷元譲

column 1

保育における「環境」とは？

保育における「環境」とはどのようなものでしょうか？

あなたなら何を思い浮かべますか。なかなか一つの答えにまとめることは難しいですよね。なぜなら子どもに関わるモノ・ヒト・コト、そのすべてが答えといえるからです。

子どもたちはこれらの環境に関わりながら育っていくので、幼児教育は「環境を通して行う教育」だといわれています。それでは、環境において大切なことについて考えてみましょう。

身近な環境に心をよせて

１つめのポイントは、子どもにとっての“身近な環境”が豊かであるということです。

園庭に生えているカラスノエンドウにたくさんの豆があることを発見した子ども達は豆に興味を持ち、毎日園庭や公園でいろいろな種類の豆や種、実を集め始めます。すると保育者は観察できるように虫眼鏡を、すりつぶせるようにすり鉢とすりこぎを、拾ってきた豆を透明の小袋に入れて壁に掲示を……と様々な工夫を重ねていきました。このように保育者が関わったことで、子どもたちの興味・関心はさらに深まり、経験も豊かなものになっていったのです。（本書 p.35　掲載事例）

子どもたちはあそびの中で見たり、触れたり、聞いたり、五感を働かせながら様々な経験をしています。つまり、環境との直接的な関わりのなかで心動かされる瞬間があるのでしょう。だからこそ、子どもの身近な環境が豊かであることが大切なのです。そしてそのためには、保育者の存在が欠かせません。

教材研究とは、環境の魅力を探究すること

２つめのポイントは、保育者として、環境のもつ魅力を探究していく姿勢です。

保育者がなんでも知っている物知り博士である必要はありません。しかし、子どもが興味・関心を抱いていることに心をよせて、共感したり、ともに試行錯誤をしたり、あそびがより面白くなる提案をしたりすることが大切です。そのためには、その環境を知ることや、自分の知らないことであっても「何が子ども達にとって魅力があるのだろう？」「どんなところに興味を持っているのだろう？」と保育者自身が子どもの視点から探究していく姿勢が必要です。保育者が、目の前に広がる環境が持っている魅力を子どもと一緒に探っていくことで「この素材ってこんな楽しい使い方があったんだ！」「この素材を組み合わせたらもっと面白くなるかも！」と新しい発見につながるでしょう。保育者自身も心を動かしながら環境に触れることが、子ども達にとって身近な環境をより豊かなものにしていくのです。

（亀ヶ谷元譲）

2章

保育実践を10の姿で考える

本章は、事例に関わった保育者と、園長・副園長である著者が、10の姿を軸に対話的にあそびを振り返ったものです。

10の姿は「幼児期の終わりまでに育ってほしい姿」というのが正式な名称です。10の姿はゴールでも到達目標でもありません。園生活で自発的な活動としてのあそびを中心に資質・能力を育むことによって、幼児期の終わり頃に見られるようになる姿です。

子どもによって興味・関心が異なるのですから見られるような姿も様々なはず。だからこそ、10の姿から子ども一人ひとりのいいところ、育ったところを見てほしいと思います。

本章ではその10の姿を、あそびに焦点をあてて振り返っています。すると、対話のなかで多様な子どもの姿に気がつくことができました。

また、対話のなかでは保育者が子どもやあそびに対するたくさんの思いを話してくれました。子どもの姿や環境などの工夫と合わせて、よりよいものを求める保育者の思いも読み取ってください。

保育実践を10の姿で考える❶

色水あそび

実践提供・石田貴行（東一の江幼稚園・東京都）

期待と不安が入り混じった４月、子ども達が「色水あそび」をとおして安心感を持ち、
のびのびと自己発揮する姿を紹介します。

あそびのはじまり　色水を作りたい！

年長に進級した子ども達の道具箱には、新たに絵の具が増えました。
「これで、色水作りたいな！」早速、色を混ぜ合わせる子ども達。
そこから、カラーペンを使った色水あそびへと発展していきました。

「なに色に
しようかな?」

「見本の色と
比べてみよう」

作った色水は一人ずつ
小さなペットボトルに入れて並べます。
とてもきれい。

あそびのひろがり1　いろいろな色みつけた

色水あそびをとおして、子ども達の色への
興味が深まりました。すると、今まで気が
つかなかったところにも、色を発見！

「あっ、
窓のガラスに、
にじ色が
映ってる!」

あれ、色が消えちゃった！

そんな時、Aちゃんが
「見て見て！
ピンクだったのに
透明になってる！」
とペットボトルを
持ってきました。

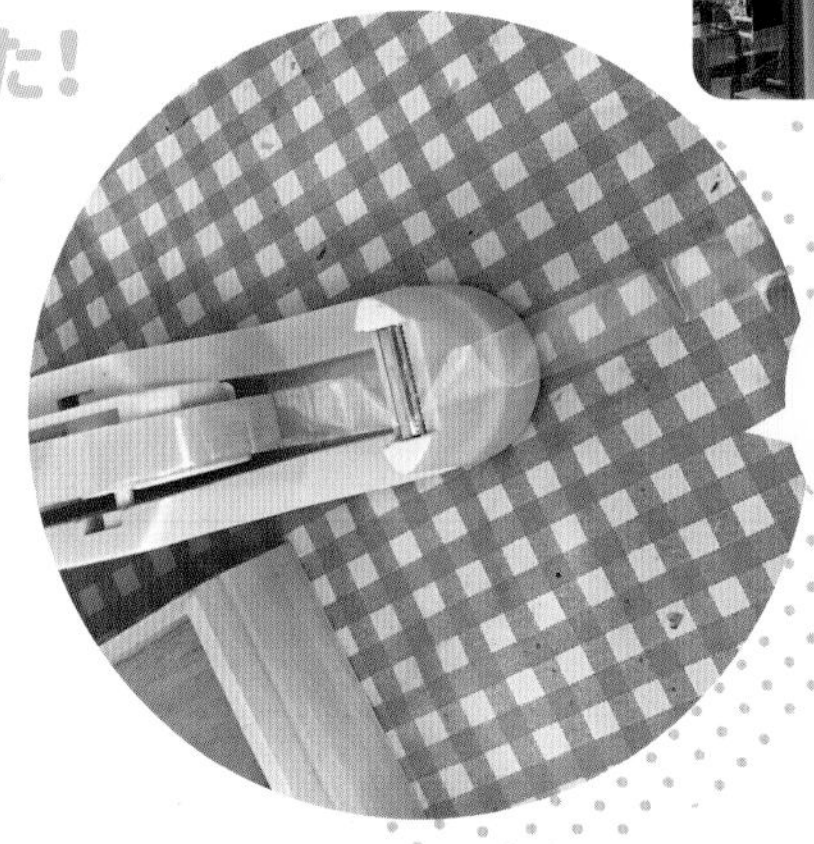

「ここにも、
にじ色が
あるよ!」

あそびの
ひろがり
2

実験してみよう！

「時間がたつと、色水の色は消えるのかな？」

実験がはじまりました。

１日、２日、３日、４日、色は消えません。

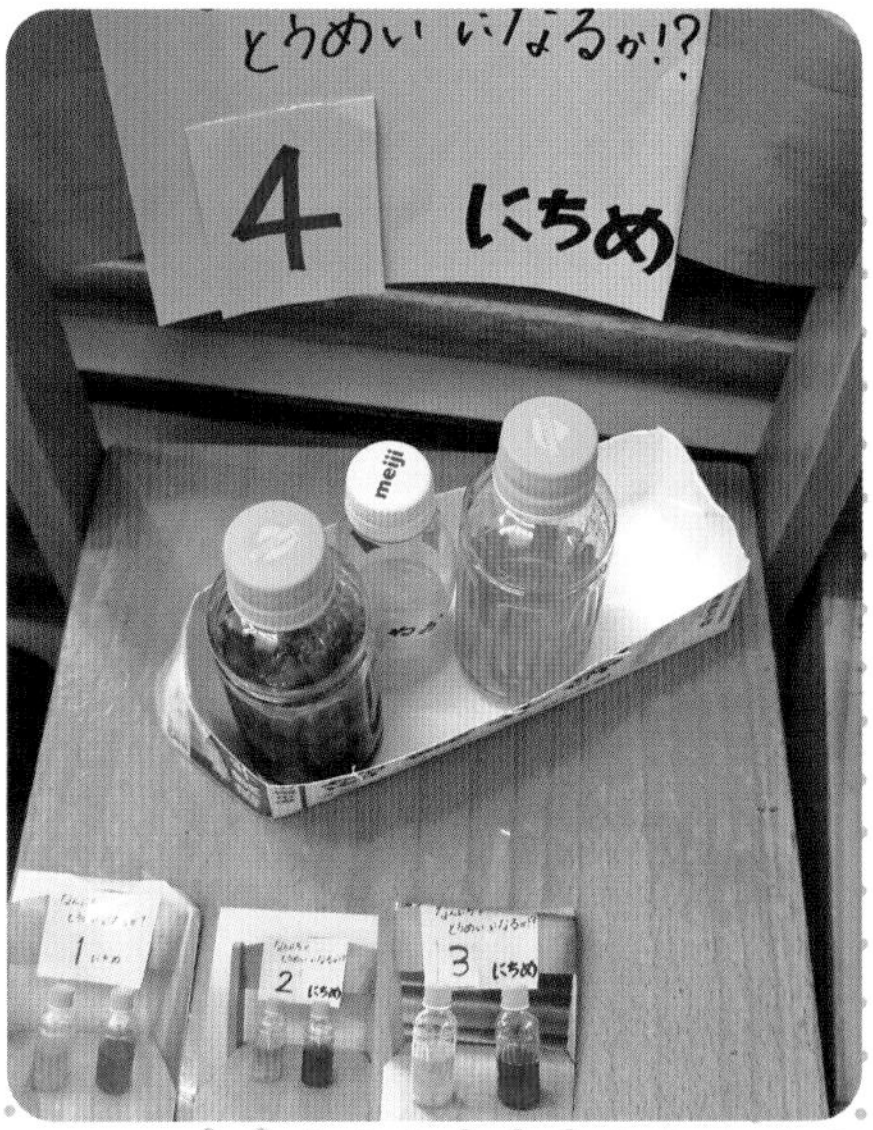

するとＢちゃんが、
「おひさまの光があたるところに置くといいんじゃない」。
Ｂちゃんは、光があたる場所に置いた色水の色が薄くなる様子を見ていたのです。

色水を
光があたる
場所に移して、
実験再開！

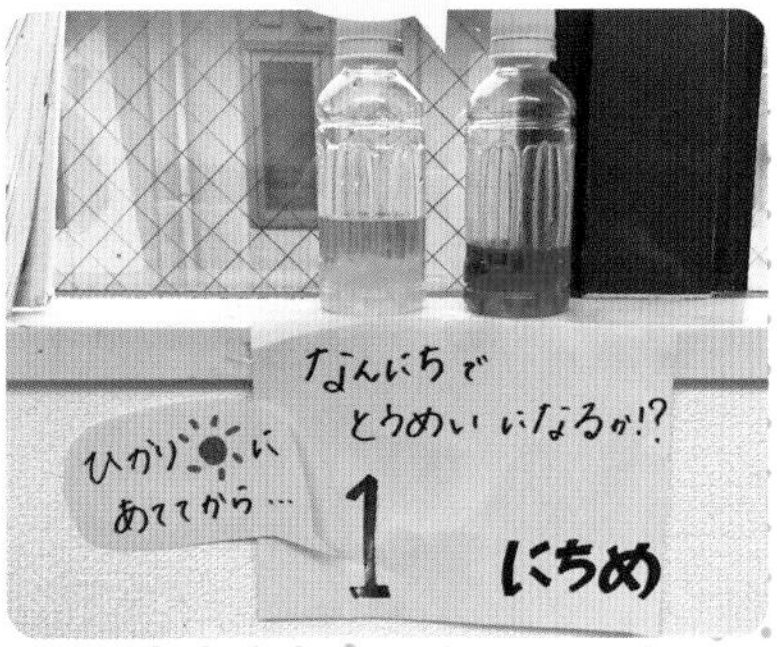

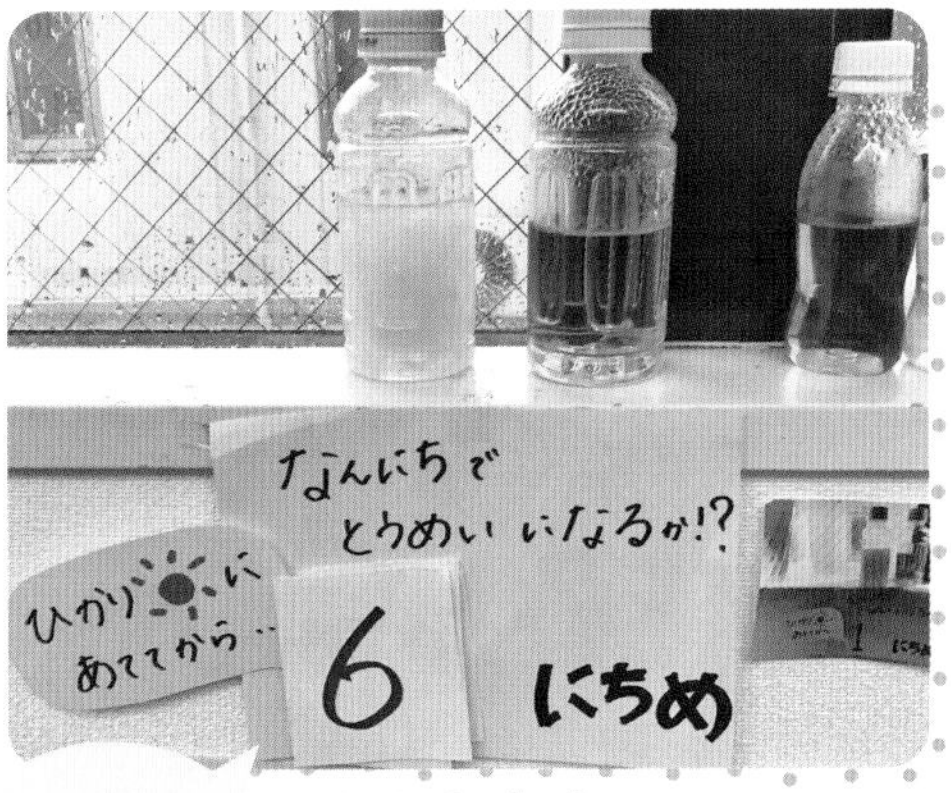

「ほんとだ、
おひさまのひかりに
あたると、色が薄く
なってきた！」

あそびの
ひろがり
3

やりたいことにチャレンジ

子ども達の色への興味は尽きることがありません。

きれいな色のスライムを作りたい！　カラーペンではない色水も作りたい！

凍らせたら、どうなるかな？　やりたいことに挑戦している子ども達。

みんないきいきしています。

早く見たい！
固まって
いるかな？

園庭の花で
色水作り

スライムの
作り方を
わかりやすく掲示

次ページで実践を振り返ります

色水あそびを振り返る

園長の田澤先生と担任の石田先生に、「色水あそび」を振り返っていただきました。

田澤先生

信頼関係を築く

【田澤】子ども達が「色水あそび」をやりたいって言ったとき、どう思った？

【石田】始業式の日だったので、他にやることがあるのに……と思いました。でも子ども達の声には答えたいという気持ちもあって。あの時、「明日ね」と言っていたら、翌日には子どもの熱は冷めていたかもしれません。すぐやろうって決断した自分をほめたいと思います。

【田澤】そうだよね。特に4月は、保育者と子どもがお互いを知るための時間でもあるから、その時に「この人とは一緒に過ごして楽しい」と子どもが感じ、信頼関係を築くスタートになったのはよかったね。

そんなスタートができたから、あそびの中で、様々な10の姿が見られたこともとてもよかったと思う。厳密にいえば、まだ「10の姿の芽生え」というようなものかな。

【石田】特に、「10の姿を育てる」と意識していたわけではなかったですが。

10の姿の芽生え

【田澤】たとえば、10の姿の「健康な心と体」の項目には、「幼稚園生活の中で、充実感をもって自分のやりたいことに向かって心と体を十分に働かせ……」とあるけれど、色水あそびができる環境は、まさしくやりたいことができる環境だよね。子ども達は、いろいろな色の色水を作ったり、虹色探しをしたり。こうしたあそびの発展も、10の姿の「自立心」「思考力の芽生え」「自然との関わり・生命尊重」の項目につながるかな。

石田先生

【石田】一人で試行錯誤するだけではなく、友だちの様子を見たり、教え合ったりするうちに、あそびがより深まっていきました。

【田澤】それは、「協同性」「社会生活との関わり」「言葉による伝え合い」に当てはまるね。

【石田】「色水の色が消える実験」は子どもの気づきから生まれ、好奇心や探究心が発揮されました。「思考力の芽生え」や「自然との関わり・生命尊重」ですね。

【田澤】「数量・図形、標識や文字などへの関心・感覚」の要素も、色が消えるのに何日かかるかという実験や掲示物を読むことなど、あそびの中にちゃんとあるんだよね。

【石田】スライム作りでは、保育者があれこれ言わなくても、「ホウ砂は目や口に入れないこと」というルールを守っていました。これは「道徳性・規範意識の芽生え」ですね。

【田澤】園庭の花で色水を作ったり、冷凍庫で凍らせたりは、「社会生活との関わり」ともいえるかな。

色水あそびをとおして、石田先生が一番印象的だったのはどんなことだった？

【石田】子どもが、他の誰も作ったことのない色を完成させた時の「自分だけの色を見つけた！」という嬉しそうな表情ですね。

【田澤】それは、「豊かな感性と表現」だね。

【石田】面白がってあそんでいることが、自然に10の姿につながっているんですね。

【田澤】それは、石田先生が「子どものやりたい！」が実現できる環境を用意したからこそだと思う。忙しい新学期初日に、子どものやりたい環境をすぐに作ったのは偉い！　私からもほめてあげましょう。

【石田】ありがとうございます。

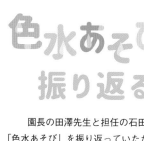

色水あそびのウエップ

色水あそびをする子どもの姿を、「幼児期の終わりまでに育ってほしい10の姿」に沿って分類しました。10の姿の項目と同じ色で囲ってある文字は、教育要領や保育指針に書かれている各項目の目的、青囲みの文字は、事例の中で見られた子どもの姿です。

ウエップとはくもの巣という意味ですが、ウエップの手法で分類することで、あそびの中で子ども達がどんな力を発揮し、どんな力を育んでいたのかが明確になると同時に、10の姿はあそびの中で絡み合いながら子どもの育ちを支えていることがわかります。

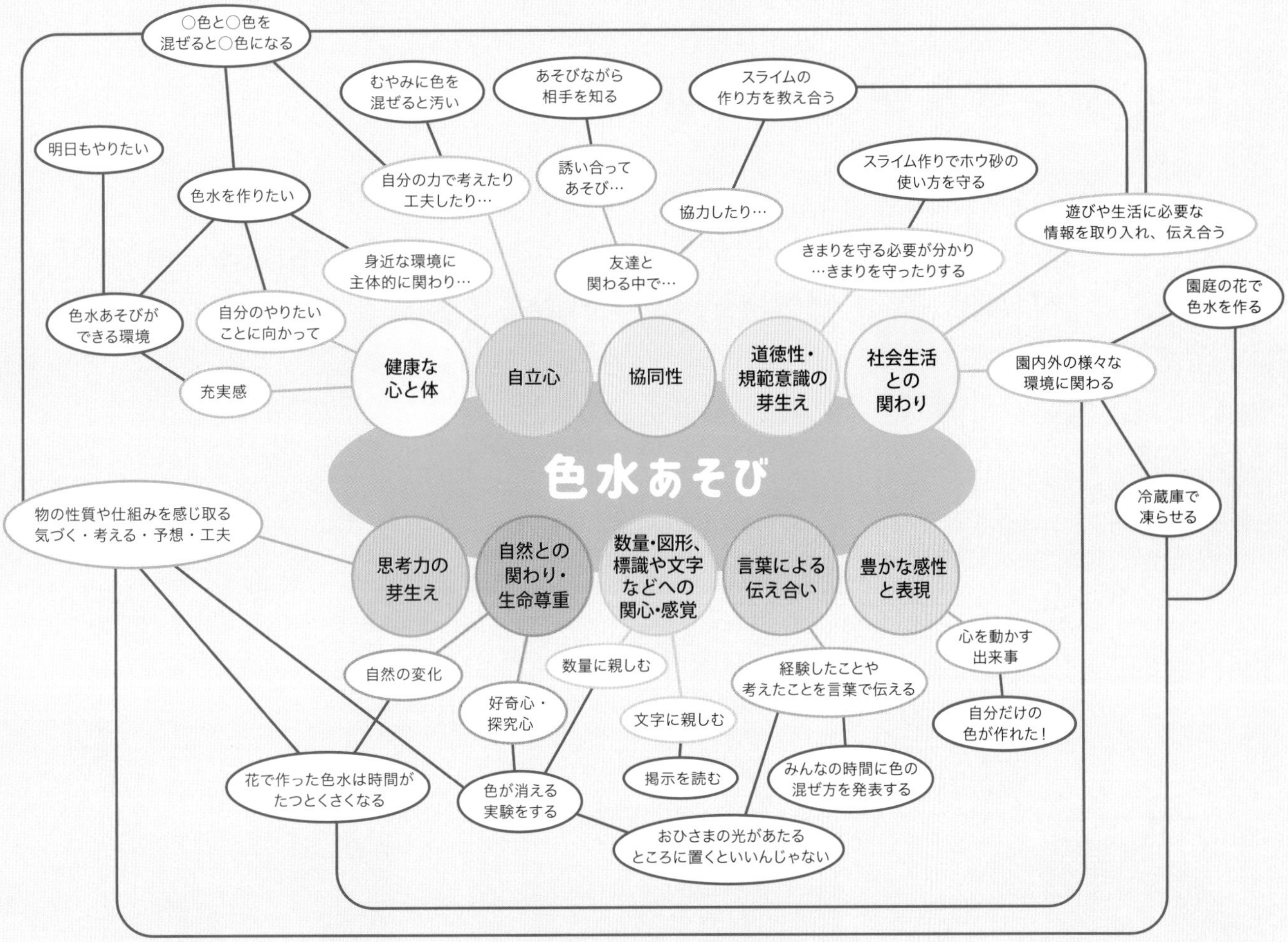

進級したばかりの年長組の子ども達のあそびを取り上げましたが、その中でも、子どもたちが10の姿を発揮したり、育んでいる姿が見られました。子どもの望む環境を準備すれば、子ども達は自分の力で育っていくことがよくわかります。「子どもはあそびの中で育つ」という幼児教育の基本を再確認することができました。

（田澤里喜）

保育実践を10の姿で考える❷

ダンゴムシ

実践提供・和田恵美（宮前おひさまこども園・神奈川県）

子どもにとって身近な生き物であるダンゴムシ。
ダンゴムシ探しに夢中になる中で、調べたり、試したり、友達との関わりが広がっていった姿を紹介します。

あそびのはじまり

ダンゴムシ探しに夢中

園庭の自然が豊かになってきた６月頃。
年長児のＨちゃんは連日ダンゴムシ探しを楽しみ、
虫かごの中はダンゴムシでいっぱいになっていました。

なんびき
いるかな?

こんなに
いっぱい!

先生に作ってもらった肩掛けできる虫かごは、
「両手が空いてダンゴムシを捕まえやすい！」と
お気に入りのアイテム。

あそびのひろがり 1

ダンゴムシはどこにいる？

ダンゴムシを捕まえれば捕まえるほど、興味はさらに深まります。
この日は、家で調べてきた「ダンゴムシがたくさんいる場所」の
メモを手に登園してきました。

花壇の植え込みの
中にいるはず

ミミズは
たくさんいるけど、
ダンゴムシは
見つからないなあ

調べてきた「はっぱ」「き」をてがかりに、
ダンゴムシを探します。

あそびのひろがり 2

ダンゴムシっておもしろい！

枝を細かく切った素材を使って製作していたオブジェがありました。
ダンゴムシを散歩させてみると、多様な動きの面白さを発見！
ダンゴムシの魅力に引き寄せられるように、友達も続々と集まってきました。

すごい！
ダンゴムシが
橋を渡ってる！

葉っぱの
ダンゴムシ、
かわいい？

葉っぱの見立てあそび

あそびのひろがり 3

Hちゃんのために～土のプレゼント～

ダンゴムシに夢中になっているＨちゃんのために、
同じクラスのＫくんとＵくんは自分たちの秘密基地で土を掘り起こし、
ダンゴムシ飼育用の土をプレゼントすることにしました。
子どもたちそれぞれが好きなことに夢中になって
あそびこむことで、園生活が充実していきました。

柔らかく上質な土と、
粗い土に分けて……。
ダンゴムシはどっちが
好きかな？

Ｈちゃん、
喜んでくれるかな？
心配そうに
見つめます

次ページで実践を振り返ります

〝ダンゴムシ〟を振り返る

副園長の亀ヶ谷先生と担任の和田先生に、「ダンゴムシ」のあそびを振り返っていただきました。

とにかくダンゴムシが好き

【亀ヶ谷】ダンゴムシのあそびの中で、一番印象的だったのは、どんなことだった？

【和田】ダンゴムシが木を登っていくのを見て、Hちゃんが「すごい、ダンゴムシってどんなところでも歩けるんだね」って心から感動して言ったときの表情です。

【亀ヶ谷】なるほど、「豊かな感性と表現」そのものだね。

【和田】その声にひかれて他の子たちも集まってきて、驚きを共有できたんです。

【亀ヶ谷】クラスの子たちも、Hちゃんはほんとうにダンゴムシが好きなんだなって実感したんだろうな。

【和田】それは「道徳性・規範意識の芽生え」の、友達の気持ちに共感…という姿ですね。

【亀ヶ谷】だから男の子2人もHちゃんに土をプレゼントしたんだろうね。わざわざ土を2種類用意するなんてたいへんなことなのに。Hちゃんはダンゴムシが好き。男の子たちは土掘りが好き。好きと好きが重なりあって友達関係は広がっていくのかな。

【和田】あの子たち、Hちゃんと親しかったわけでもないのに、優しいですよね。

【亀ヶ谷】ダンゴムシに関わるのは、まさに「自然との関わり・生命尊重」の項目の、好奇心や探究心とか、自然への愛情や畏敬の念をもつ……ということだけど。

【和田】とにかくダンゴムシへの愛情が大きかったです。すべての原動力、と言ったらいいのか。

【亀ヶ谷】愛情があるからこそ、たくさん集めたくなる。

【和田】「健康な心と体」の項目の、自分のやりたいことに向かっている姿ですね。

【亀ヶ谷】和田先生が虫かごをショルダー型にしてあげたのでHちゃんは100匹以上捕まえたんだよね。

【和田】年少の頃から園庭であそんできた経験を生かして、どこにたくさんいそうか、自分で考えて探していました。

【亀ヶ谷】「自立心」の項目の身近な環境に主体的に関わる姿だね。そして、たくさん集めたら大事に飼いたくなって飼育の仕方を図鑑で調べたり。これは思考力の芽生えにつながるね。

【和田】Hちゃんが両親に聞いたダンゴムシの情報をメモに書いたのは「社会生活との関わり」の姿ですね。遊びや生活に必要な情報を伝え合ったり活用したり……。

【亀ヶ谷】メモに書くというのは「数量や図形、標識や文字などへの関心・感覚」の文字に親しむことにもつながるね。ダンゴムシがたくさん増えていく中で、数の概念にも触れることができた。

一人の育ちはみんなの育ちへ

【亀ヶ谷】Hちゃんのダンゴムシ探しの仲間3人は、もともと仲がよかったの？

【和田】いいえ、ダンゴムシが面白そうと思った子たちが集まったんです。

【亀ヶ谷】ダンゴムシが「協同性」の友達と関わることの橋渡しをしてくれたわけか。

【和田】Hちゃんはダンゴムシは好きだけどミミズは苦手。一方、仲間のSちゃんはミミズ捕りの名人。生き物が好きという共通点で友達関係が深まっていきました。

【亀ヶ谷】それぞれが得意なことや知っていることを言葉で伝え合っていたわけだね。ダンゴムシあそびはHちゃんの個人的な興味・関心から始まったけれど、クラスみんなの育ちへとつながりました。集団の中で関わり合うからこそ、個々の育ちがより豊かになることを検証することができたね。

ダンゴムシのウエッブ

ダンゴムシのあそびでの子どもの姿を、「幼児期の終わりまでに育ってほしい10の姿」に沿って分類しました。10の姿の項目と同じ色で囲ってある文字は、教育要領や保育指針に書かれている各項目の目的、青囲みの文字は、事例の中で見られた子どもの姿です。ウエッブとはくもの巣という意味ですが、ウエッブの手法で分類することで、あそびの中で子ども達がどんな力を発揮し、どんな力を育んでいたのかが明確になると同時に、10の姿はあそびの中で絡み合いながら子どもの育ちを支えていることがよくわかります。

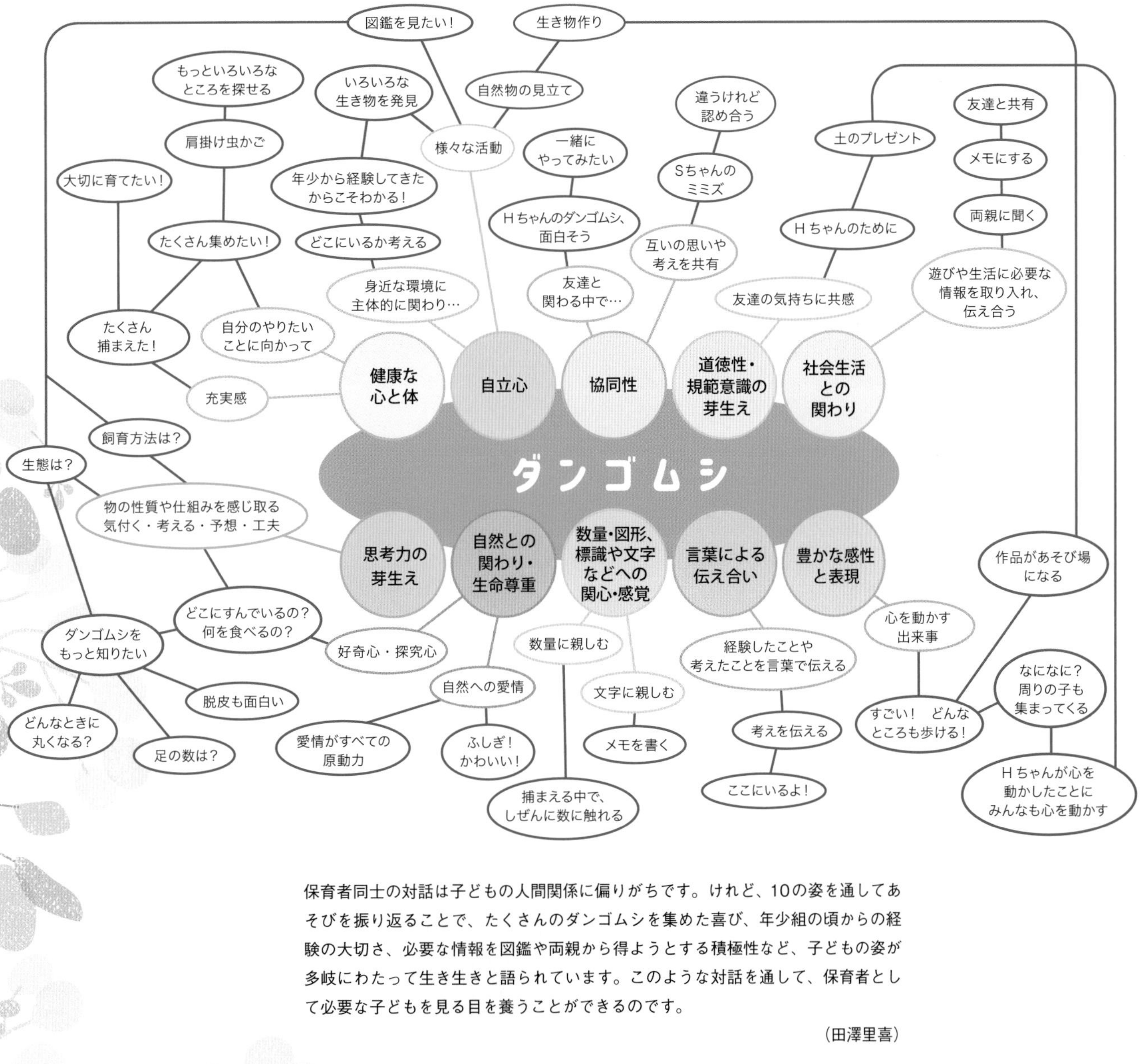

保育者同士の対話は子どもの人間関係に偏りがちです。けれど、10の姿を通してあそびを振り返ることで、たくさんのダンゴムシを集めた喜び、年少組の頃からの経験の大切さ、必要な情報を図鑑や両親から得ようとする積極性など、子どもの姿が多岐にわたって生き生きと語られています。このような対話を通して、保育者として必要な子どもを見る目を養うことができるのです。

（田澤里喜）

保育実践を10の姿で考える❸

恐竜の化石

実践提供・小林彩加　宮原彩乃（東一の江幼稚園・東京都）

恐竜はなぜか子ども達の想像力を駆り立てるもののようです。
３歳児のＡ君が興奮気味に「恐竜の化石見つけた！」と
拾った石を見せに来た日から、恐竜あそびが始まりました。

あそびのはじまり

恐竜の化石、見つけた！

６月のある日、恐竜好きのＡ君が「マプサウルスの化石見つけた！」と
興奮気味にやって来ました。いったいどんな恐竜なんだろう？
保育者はＡ君とパソコンで調べてみることにしました。

ほらね、この石、マプサウルスの化石なんだよ

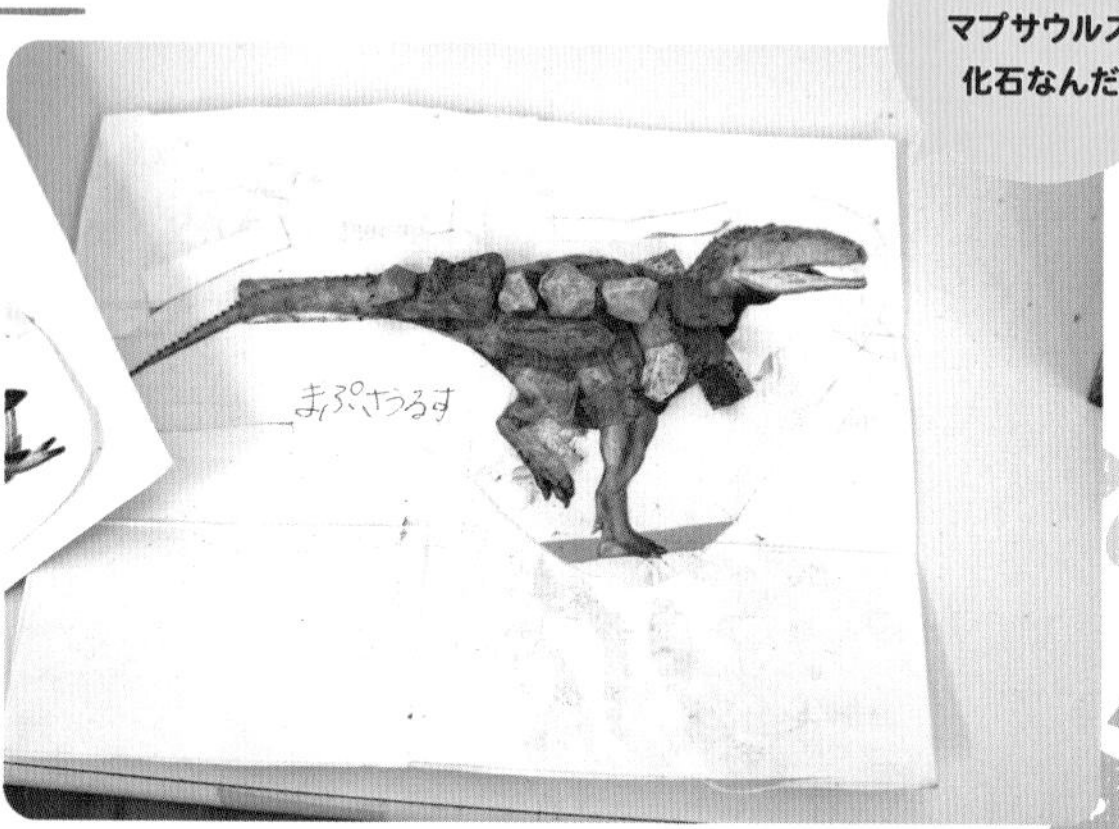

パソコンで
マプサウルス発見

あそびのひろがり 1

化石を集めよう！

「他の恐竜の化石も見つかるかも……」。化石探しが始まりました。
Ａ君によると、大昔、幼稚園のあたりにはたくさん恐竜がすんでいて、
火山の爆発で埋もれて、化石になってしまったそうです。

「きょうりゅうのかせきはっけんコーナー」ができたよ!

化石だけでなく、廃材で作った恐竜も展示

Ａ君の仮説

見つけた石をどの恐竜の化石か照らし合わせる

花壇の植え込みの中にいるはず

あそびのひろがり 2 恐竜の好きな子、集まれ！

コーナーができると、
そこを中心に恐竜の好きな子が集まって来ました。
図鑑で調べる子、火山を作る子……。
興味は様々です。

一番大きい
恐竜はなにかな！

日に日に増える
コーナーの展示物

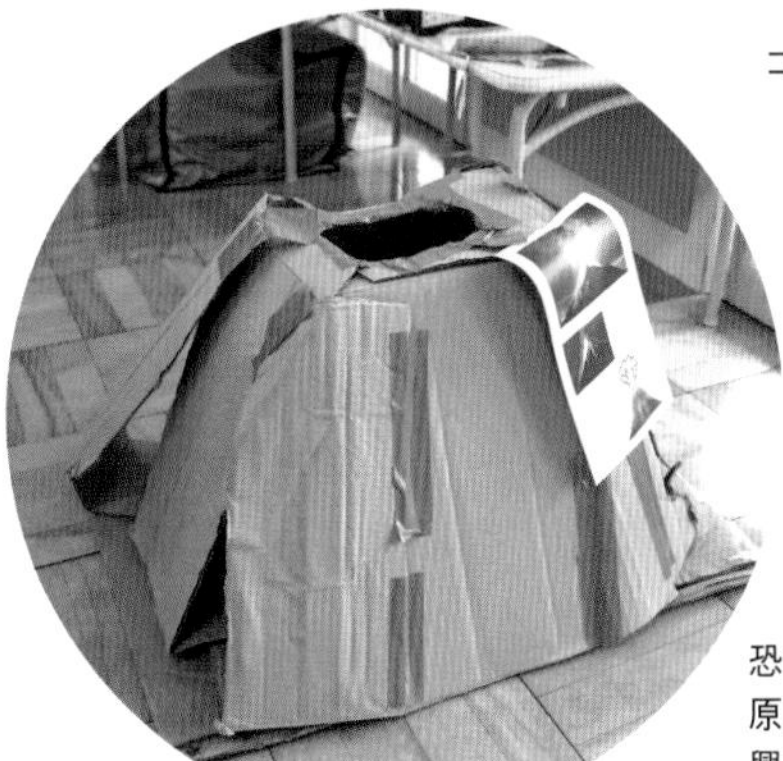

恐竜が化石になった
原因の火山の爆発にも
興味が……

あそびのひろがり 3 恐竜の博物館

子ども達の見つけた化石や作ったものはどんどん増えていきました。
「恐竜の博物館みたいだね」。ビニールを吊るして仕切ると、
本物の博物館のように、落ち着ける空間になりました。

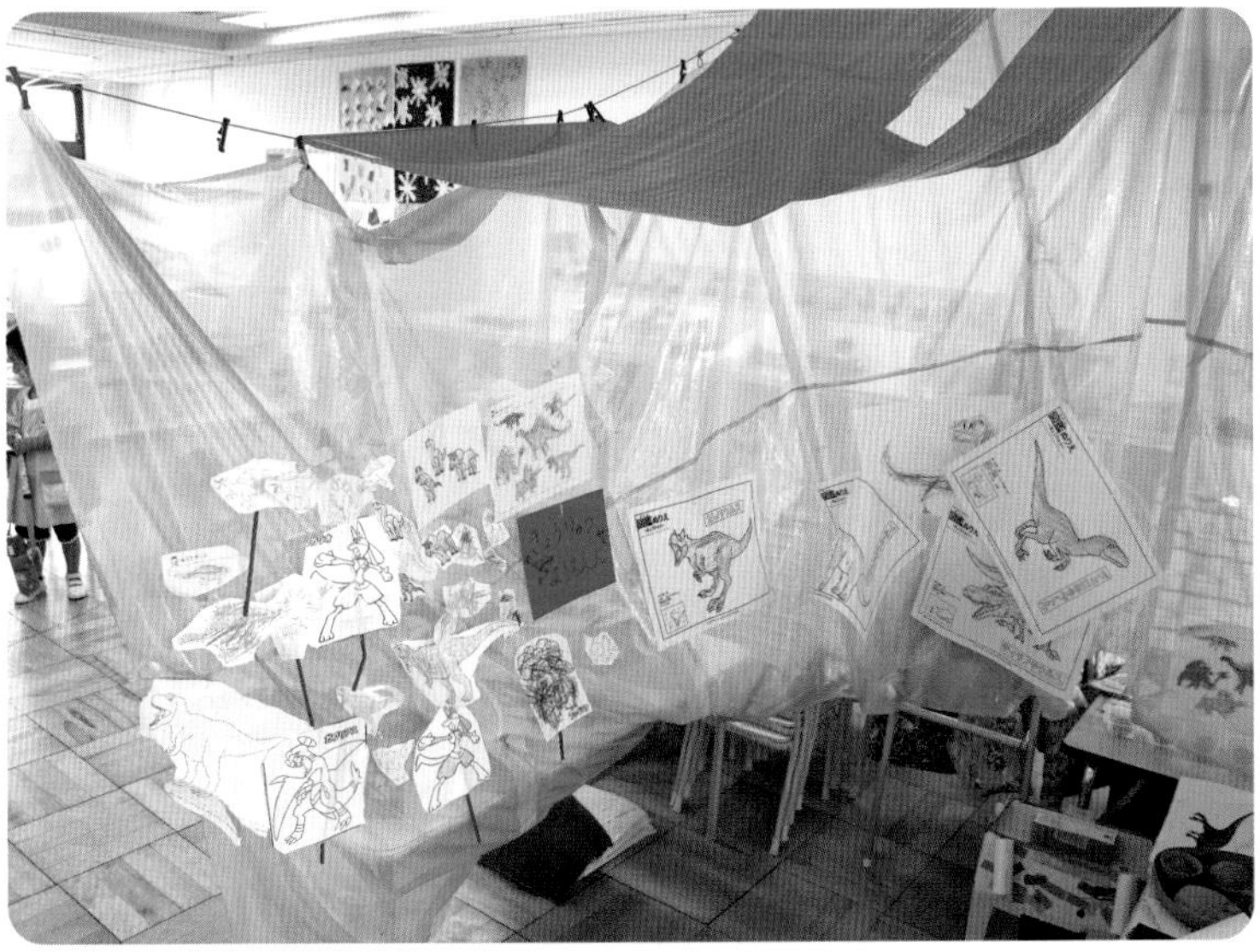

ビニールの仕切りには、塗り絵や想像して描いた恐竜の絵がいっぱい

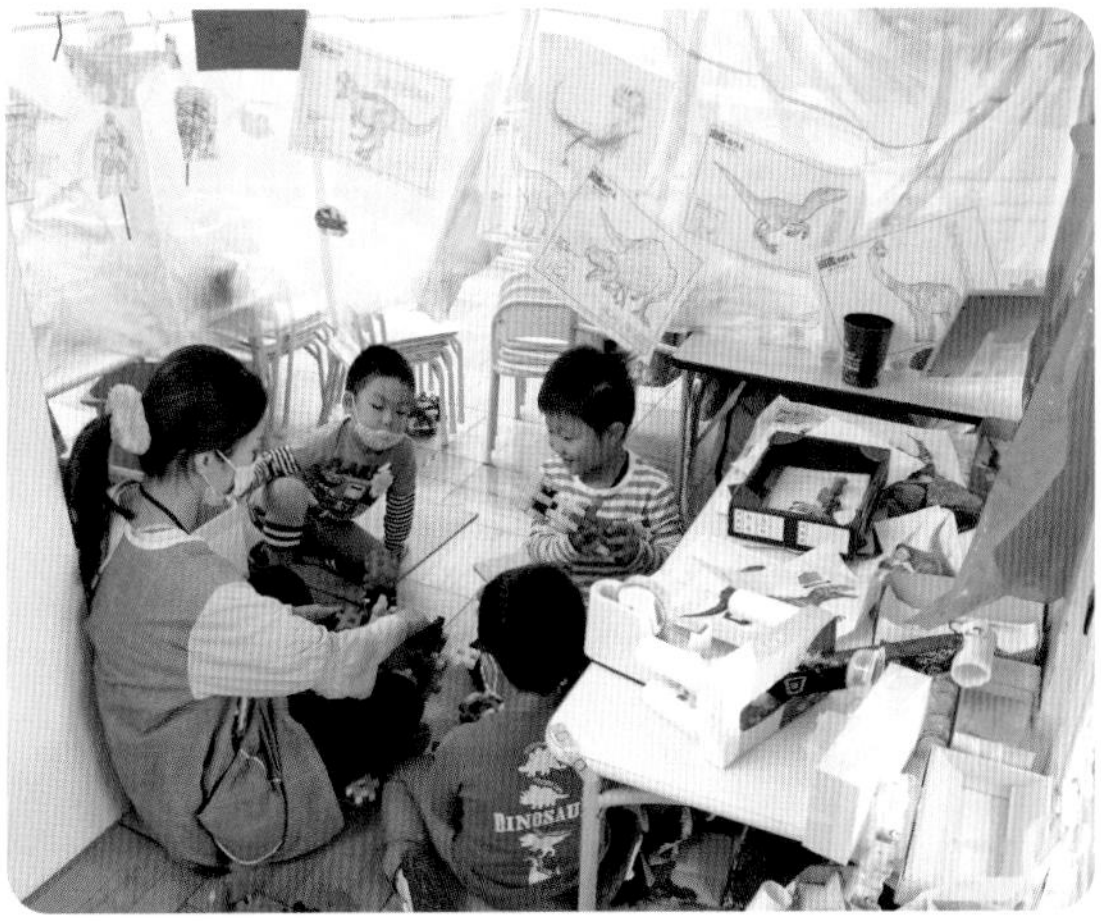

ブロックで恐竜を作ったり、
時には恐竜以外のあそびをすることも。
なんだかとても居心地がいい

次ページで実践を振り返ります

恐竜の化石を振り返る

田澤先生と３歳児クラス担任の
小林先生、宮原先生に
「恐竜の化石」のあそびを
振り返っていただきました。

目に見えない育ちに気づく

【田澤】今回は３歳の事例なので、10の姿といっても、芽生えの段階だと思います。小林先生が印象的だったことは？

【小林】大好きな恐竜あそびが早くやりたくて、朝の支度が苦手だった子がてきぱき意欲的になったことですね。

【田澤】好きなことが見つかって、「自立心」や「健康な心と体」の、自分のやりたいことに取り組めるようになったんだね。宮原先生はどうですか？

【宮原】園庭で拾った石を、「恐竜の化石かな？」って発想するのがすごいと思いました。

【田澤】「思考力の芽生え」につながる姿かな。保育者が「子どもはすごい！」と思う気持ちも大切だよね。パソコンで恐竜を検索することになったのはどうして？

【宮原】A君に頼まれたんです。化石がマプサウルスのものか、石を画像の上に並べて確かめたいと。

【小林】子ども達は、パソコンは情報を探すのに便利なことを、もう知っているんですね。

【田澤】「社会生活との関わり」の、遊びや生活に必要な情報を取り入れる姿。子どもには、ICTもあそび道具のひとつなんだね。

【小林】そんな化石探しが面白そうだと恐竜好きの子達が集まって来て、あそびが広がって。

【宮原】この子たちは自分たちを「恐竜博士だ」って言うほど恐竜のことをよく知ってるんです。集めた化石がどの恐竜のものか調べたり、ブロックで恐竜を作ったり。

【田澤】「協同性」や「豊かな感性と表現」に書かれている姿にもつながっていきそうだね。そして、恐竜コーナーから博物館へとあそびは発展していくわけだけど……。

【小林】恐竜博士たちの意欲がより高まるように保育者が博士のIDカードのようなものを作ったんです。すると、「お客さんは違うのがいいね」と子ども達が言って。

【宮原】それでお客さん用のカードも作って、子ども達が、「恐竜コーナーに入るときのルール」を考え始めたんです。

【田澤】すごく大事なことだよね。あそびやすくするために自分たちで考えてつくったルールなら、強制されなくても守ろうとするんじゃないかな。こういうことの積み重ねも「道徳性・規範意識の芽生え」の姿につながっていくんだろうね。恐竜コーナーの火山はどうして作ることになったの？

【小林】昔ここには恐竜がいたけれど、火山の爆発で滅びてしまったという子の説に刺激されて、「じゃあコーナーに火山も作ろう」ということになって。

【田澤】「自然との関わり・生命尊重」の生命の不思議さや尊さへの気付き……という姿だね。「数量や図形、標識や文字などへの関心・感覚」についてはどうだった？

【宮原】恐竜の名前を文字表示していたので、興味のある子は読んでいました。大きい化石は大きいモササウルスのもの。小さい化石を見つけると、小さい恐竜のものって区別していました。こういうことが、数量や図形の感覚につながるのでしょうね。

【田澤】あそびの中では「言葉による伝え合い」もいっぱいあったと思うけれど。

【小林】恐竜コーナーができて、それまで関わりのなかった子と話をしてお互いの好きなことがわかったり。居心地がいいコーナーがあれば、保育者がいなくても子ども達だけで過ごせるんですね。

【田澤】この事例に限らず、鬼ごっこだったりままごとだったり、子ども達はそれぞれの居心地のいいあそびや空間の中で、10の姿につながる芽を育んでいるのだと思う。そんな目に見えない育ちに気づける保育者でありたいね。

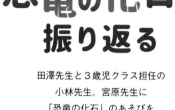

恐竜の化石のウエッブ

恐竜あそびでの子どもの姿を、「幼児期の終わりまでに育ってほしい10の姿」に沿って分類しました。10の姿の項目と同じ色で囲ってある文字は、教育要領や保育指針に書かれている各項目の目的です。また、青囲みの文字は、事例の中で見られた子どもの姿です。

ウエッブとはくもの巣という意味ですが、ウエッブの手法で分類することで、あそびの中で子ども達がどんな力を発揮し、どんな力を育んでいたのかが明確になると同時に、10の姿はあそびの中で絡み合いながら子どもの育ちを支えていることがよくわかります。

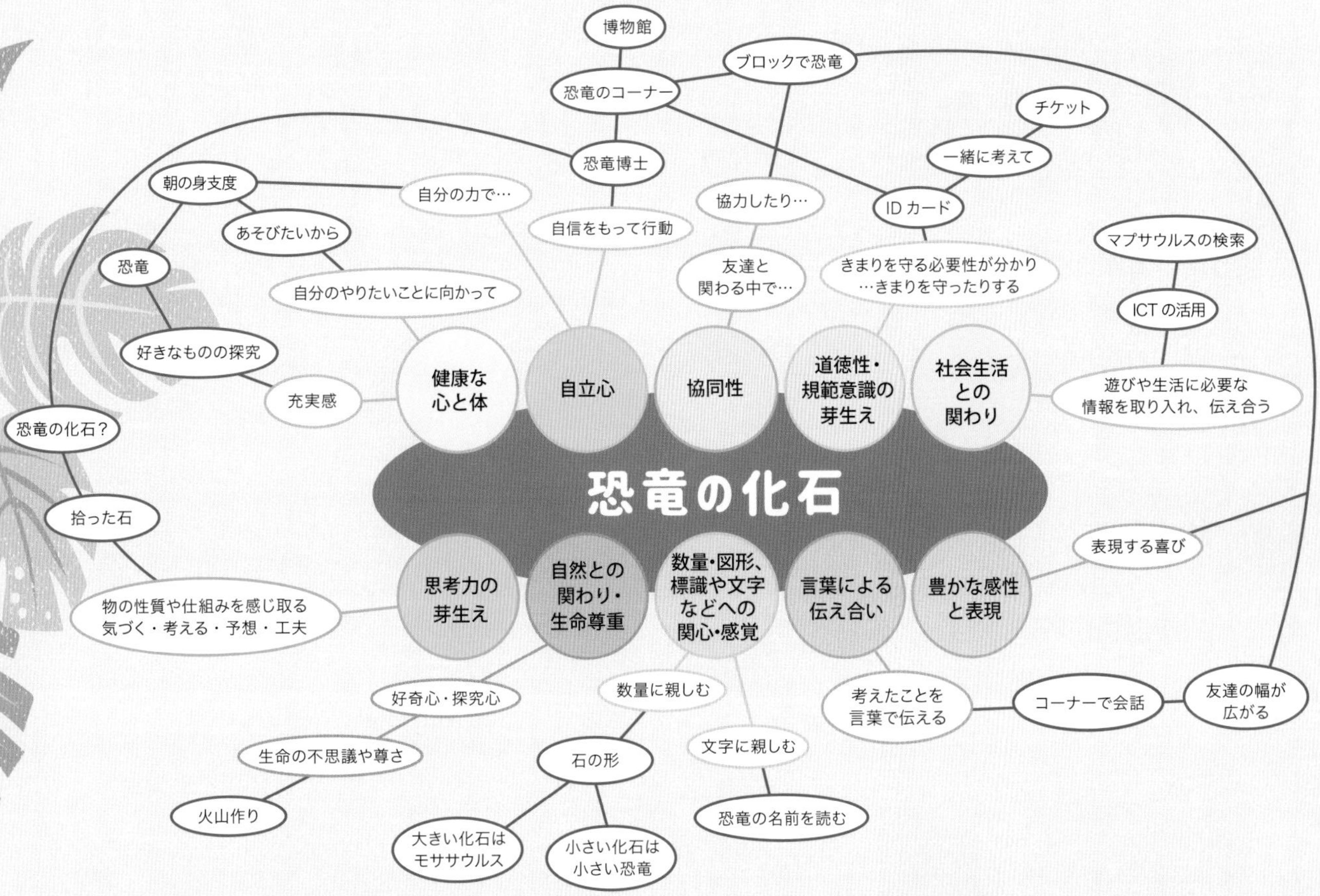

恐竜あそびに夢中で興じていた子ども達は、成長するにつれて恐竜への興味を失い、モササウルスの名前も忘れてしまうかもしれません。だからといってあそびが無駄だったかというと、そんなことはありません。あそびを通して子ども達は自信を持ったり、充実感を味わったり、生涯を支える力を得ているからです。3歳児であっても、あそびの中で10の姿につながる芽生えが育まれているのです。

（田澤里喜）

保育実践を10の姿で考える❹

アリ

実践提供・冨田亜美（宮前幼稚園教諭・神奈川県）

園庭でアリを見つけて嬉しそうにしている２歳児の子ども達。
大好きなアリを探したり、観察したりしてあそぶことで、
より興味が深まり、あそびが広がっていった様子を紹介します。

みてみて！　ここにいるんだよ！

あそびの はじまり

アリを見つけたよ！

昆虫の活動が活発になってきた６月のある日、
子どもたちは園庭にアリがたくさんいることに気がつきました。
大きいアリを探したり捕まえたりと、夢中になって楽しんでいます。

おなか すいている のかな?

自分で作った双眼鏡と
虫かごを持ってアリ探し

落ちた柿の実の近くにたくさんの
アリを発見！

ぼくが作った 芯のトンネルで あそんで くれるかな?

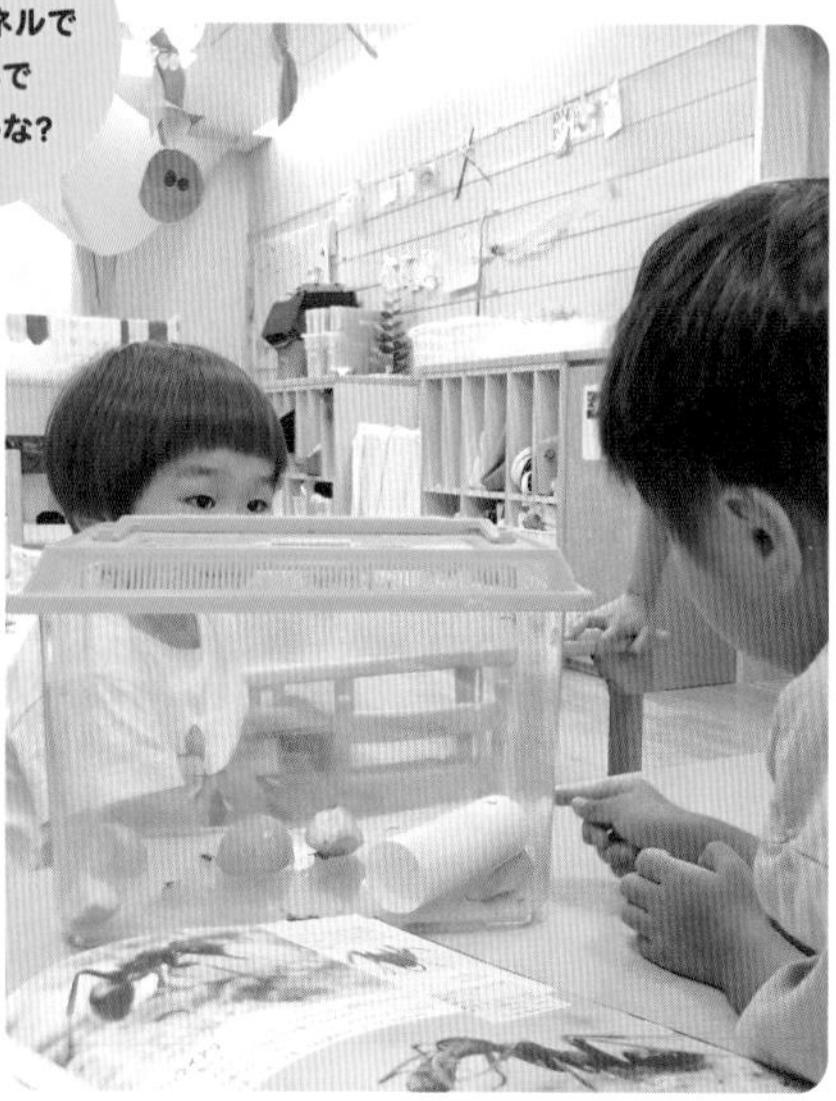

捕まえたアリは虫かごに

あそびの ひろがり 1

アリの家を見てみよう

アリ探しを続けるうちにアリへの興味が深まっていきます。
「保育室でもアリを見たい！」という子ども達のリクエストを受けて、
担任は虫かごや観察キットを用意し、じっくり観察できるようにしました。

観察キットにアリを入れて……。
普段は見られない巣の中での
動きを真剣に観察

観察キットに１匹ではかわいそう……。
園庭にある巣から、さらにアリを捕まえます

あそびの ひろがり 2

虫に変身！

じっくり観察した後は、自分たちがアリに変身！
本物そっくりの動きをしたり、なりきったりしています。
アリ以外の昆虫にも、興味は広がっていきます。

セミとチョウに仲良く変身

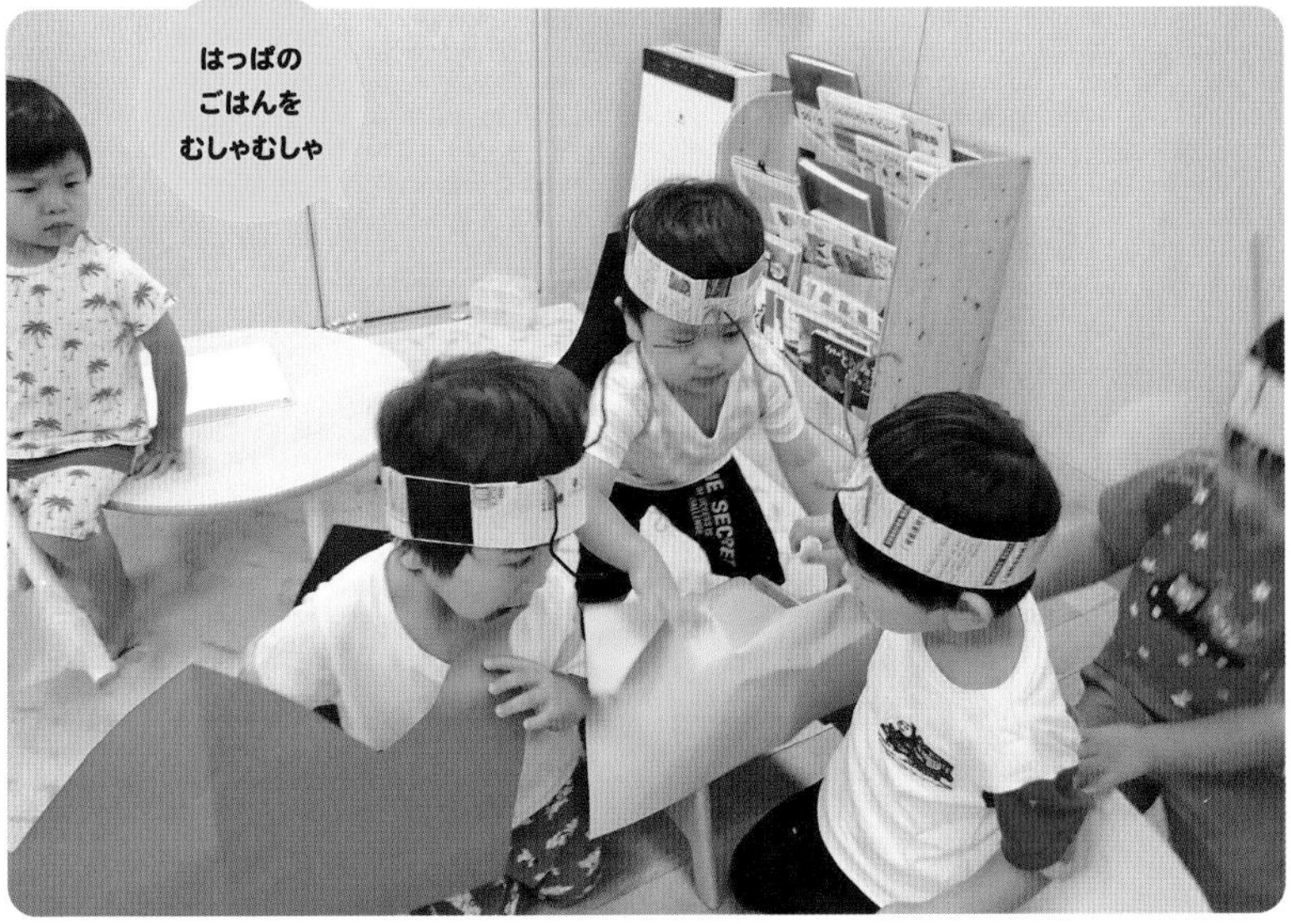
はっぱの
ごはんを
むしゃむしゃ

お面をつけてアリに変身

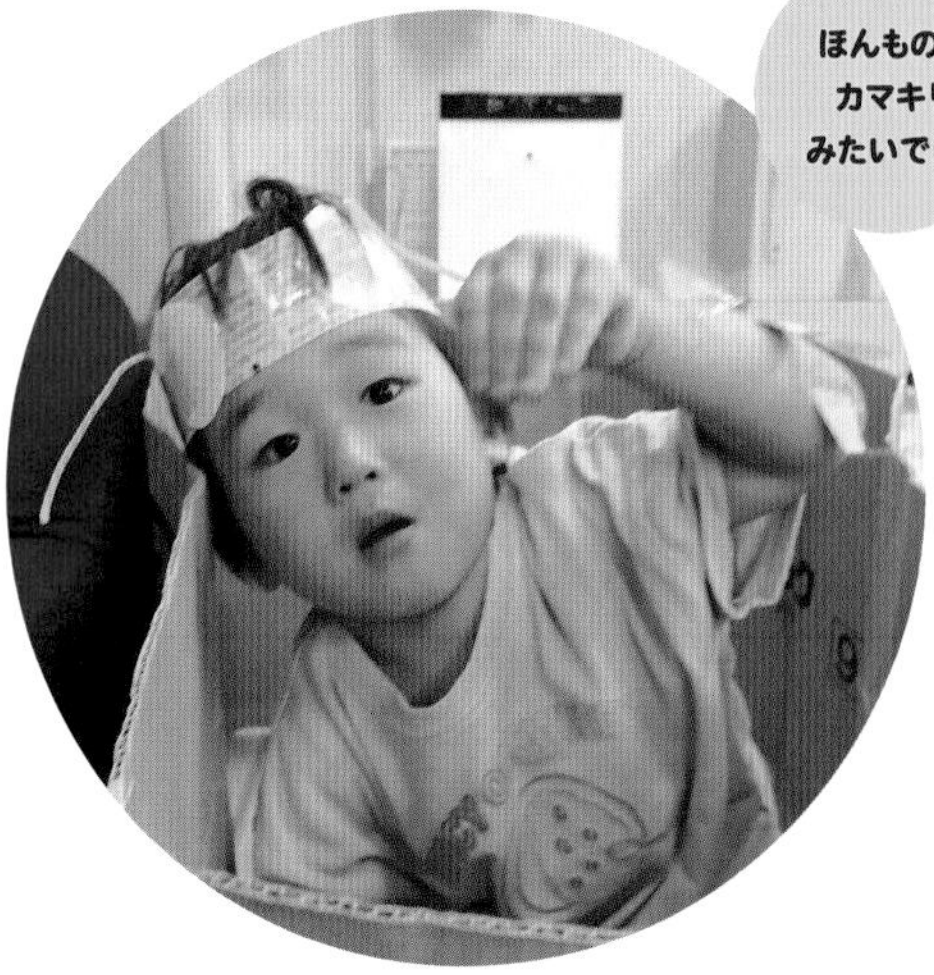
ほんものの
カマキリ
みたいでしょ

あそびの ひろがり 3

虫の絵を描こう！

虫が大好きになった子ども達。その気持ちを絵に描きます。
じっくりと触れ合ったからこそ、
イメージ豊かに表現を楽しんでいました。

虫がたくさん
来てくれる、
大きな美味しい
葉っぱだよ

草むらに
虫の絵を貼ったら、
素敵なうちに
なったよ

グルグルと素早くクレヨンを動かして『速いアリ』。
ポツポツ小さく描いて『あかちゃんアリ』。
白い紙の上に伸び伸びとアリを表現していきます

次ページで実践を振り返ります

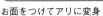

アリのあそびを振り返る

副園長の亀ヶ谷先生と担任の冨田先生に、アリのあそびを振り返っていただきました。2歳児の事例なので、10の姿ではなく、「幼児教育において育みたい資質・能力」の3つの視点から見ていきます。

広がっていくアリへの興味

【亀ヶ谷】子ども達がアリに興味を持ったきっかけは？

【冨田】園庭であそんでいるときに、虫の好きな子がアリがたくさん歩いているのに気付いて、アリ探しが始まりました。

【亀ヶ谷】どんなふうにアリやアリの巣を探していたの？

【冨田】アリの行列をたどると穴があって、「ここが巣なんだ。じゃあ他にも巣がないかな」と探していました。

【亀ヶ谷】「知識・技能の基礎」の、様々な気付きや発見の喜びをしている姿だね。

【冨田】アリを捕まえるときも、つぶれないように優しくつまむとか、体験が気付きへとつながっていました。

【亀ヶ谷】そのあと、アリの飼育が始まったよね。

【冨田】捕まえたアリを透明の虫かごに入れて、保育室でも観察できるようにしたんです。

【亀ヶ谷】あまり熱心に見ているので、観察キットを買うことに。

【冨田】観察キットにアリを移しても、なかなか巣の下の方まで行かなかったり、共食いしだしたりしてびっくりしました。そこでどうしたらいいか子どもなりに考えて、「甘い物が好きだから、砂糖を入れてみよう」ということに。

【亀ヶ谷】砂糖はどうやって手に入れたの？

【冨田】子ども達が、給食室にあるねって言って、もらいに行きました。

【亀ヶ谷】「思考力・判断力・表現力等の基礎」にある、試行錯誤したり工夫したり……という姿だね。アリを飼育することで、子ども達はどう変わっていった？

表現する楽しさ

【冨田】アリへの興味がどんどん広がって、アリになりきってあそぶようになりました。より虫らしく見えたら楽しいだろうと、触角のついたお面を作るための材料を並べたりしておきました。

【亀ヶ谷】ドキュメンテーションの写真を見ても、虫になりきって楽しんでいるのが、よくわかるね。そして、ますますあそびが広がっていったよね。

【冨田】クレヨンと画用紙を用意しておいたら、クレヨンをグルグル動かして、素早いアリの動作を描く子がいたり、「いろいろな虫が集まれる原っぱがあるといいな」と言うので絵の具とローラーを使って草むらを作ったり。

【亀ヶ谷】ここでも、「思考力・判断力・表現力等の基礎」の気付いたことなどを表現したり……という姿が見られたんだね。アリのあそびの中で、子ども同士の関わりはどうだった？

【冨田】虫やアリを見つけた喜びを伝え合っていました。

【亀ヶ谷】2歳児なりに、他の子の嬉しさに共感していたんだね。一方で、ぶつかり合いは？

【冨田】アリを捕まえるためのスコップの取り合いがありました。でも、それがあったおかげで、相手の気持ちに気付いたり、自分の気持ちを抑える経験ができたのかな、とも思います。

【亀ヶ谷】中にはアリが怖くて触れない子がいて、その子にアリをあげるというシーンもあったね。

【冨田】アリに触れない子に気付いて、代わりに捕まえてあげようと思ったんでしょうね。

【亀ヶ谷】「学びに向かう力・人間性等」の心情、意欲、態度が育つ中で、相手の気持ちを受容する…という姿だね。

【冨田】2歳児でも、「幼児教育において育みたい資質・能力」があそびの中で育っているんですね。

【亀ヶ谷】そのためには保育者はどう関われば良いのかを、これからも意識していきたいね。

アリのウエッブ

アリのあそびでの子どもの姿を、「幼児教育において育みたい資質・能力」の３つの視点に沿って分類しました。3 つの視点の項目と同じ色で囲ってある文字は、教育要領や保育指針に書かれている各項目のねらいや育ってほしい姿です。また、青囲みの文字は、事例の中で見られた子どもの姿です。ウエッブとはくもの巣という意味ですが、ウエッブの手法で分類することで、あそびの中で子ども達がどんな力を発揮し、どんな力を育んでいたのかが明確になると同時に、「幼児教育において育みたい資質・能力」はあそびの中で総合的、一体的に育まれていることがよくわかります。

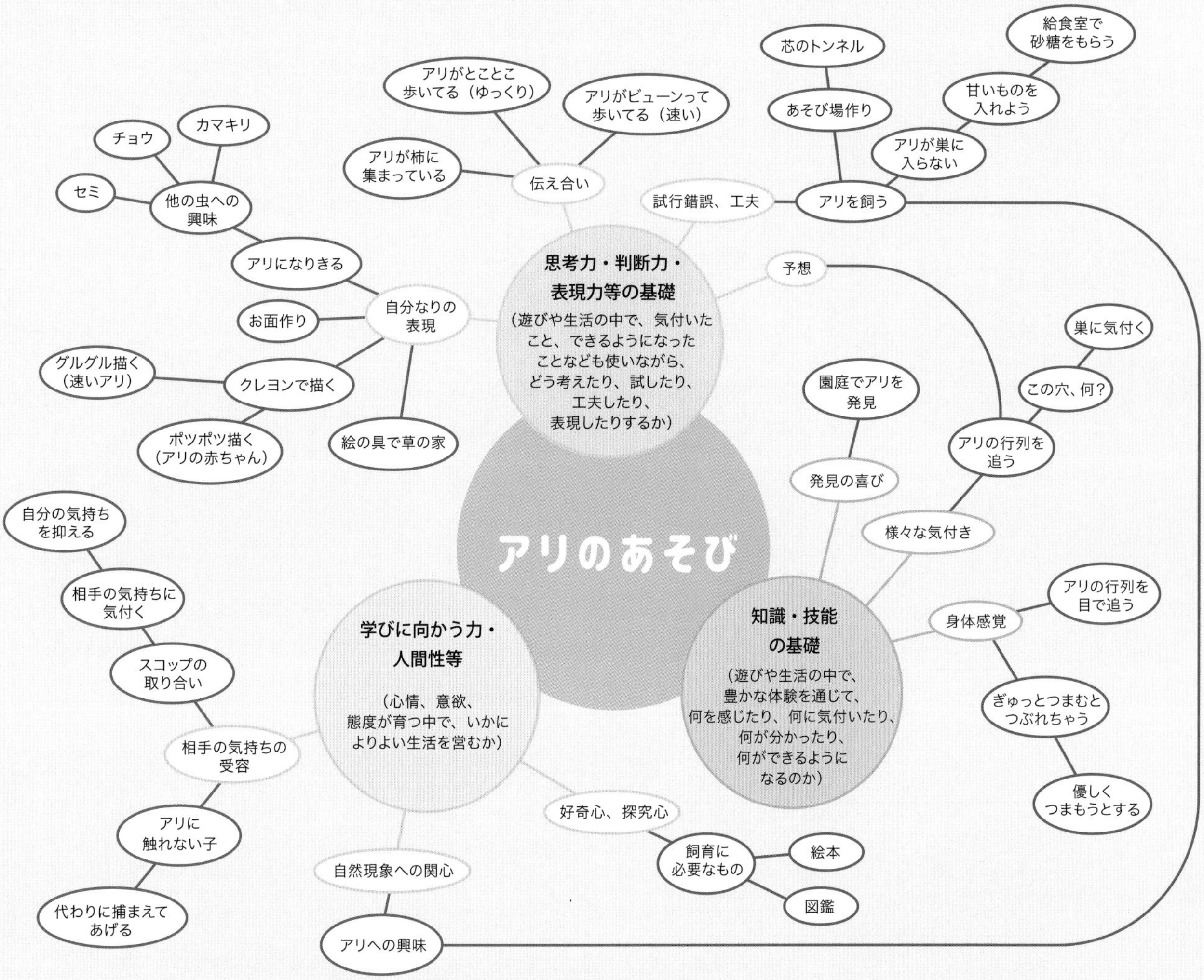

「幼児教育において育みたい資質・能力」は「個別に取り出して指導するのではなく、遊びを通した総合的な指導の中で一体的に育むよう努めることが重要」（幼稚園教育要領解説）とされています。この資質・能力を在園中に丁寧に育むことで現れるようになるのが 10 の姿です。10 の姿は「幼児期の終わり」に見られるようになる姿なので、「幼児期の始め」ともいえる 2 歳児は、10 の姿よりも資質・能力で振り返った方が、事例のようにたくさんの育ちや学びを見つけることができるでしょう。

（田澤里喜）

保育実践を10の姿で考える⑤

水あそびから車の修理ごっこへ

実践提供・中台ユカ　菅井優華（東一の江保育園こすもす・東京都）

暑い日、２歳児が水あそびを始めました。
好きなあそびを見つけて好奇心いっぱいに楽しむ姿をご紹介します。

氷はよく
滑るなあ

水あそび 1 雨どいの滑り台

雨どいを滑り台に見たてて、
速く滑るのは何かな？　雨どいの角度を変えると
どうなるかな？　いろいろな素材を試します。

スポンジはなかなか流れない……

わあ、すごい！
よく滑る！

だけど、水をかけると……

水あそび 2 手形ペタペタ

水に濡れると土管の色が変わることに
気が付いたSちゃん。
バケツにたっぷり水を入れて、土管に向かいます。

いいこと
考えた！

ペタペタ、
色が
変わるよ！

私にも
やらせて！

水あそび 3 洗車ごっこ

大好きなコンビカーが泥で汚れてしまいました。
そこで保育者に洗車をお願い……。すると、
自分たちでもやってみたくなりました。

車に泥が
ついちゃった

先生、
きれいにして!

ピカピカに
なあれ!

水あそび 4 車の修理ごっこ

洗車ごっこが大好きなＡ君は、お父さんに
車の整備工場に連れて行ってもらいました。
そこで見たことを、園で真似してみます。

故障している
ところは
ないかな?
EVERY
is Fu

Ａ君はコンビカーを砂場のワゴンにのせると
車の下にもぐれることを大発見！

スコップを
工具に見立てて、
「よし、これで
修理完了!」

仲良しのＯ君もＡ君を真似っこ

次ページで実践を振り返ります

水あそびを振り返る

園長の田澤先生と担任の中台先生、菅井先生に、水あそびを振り返っていただきました。２歳児の事例なので、10の姿ではなく、「幼児教育において育みたい資質・能力」の３つの視点から見ていきます。

好奇心が行動の原点

【田澤】雨どいの滑り台、手形あそび、洗車ごっこ、そこから発展した修理ごっこを取り上げたけれど、あそびのバリエーションの中でいろいろな子が楽しんだり育ったりしている姿を振り返っていきましょう。「思考力・判断力・表現力等の基礎」は子ども達が実際に試行錯誤する中で育つけれど、どんな姿が見られた？

【中台】スポンジが全然滑らなかったんですが、水を流したら、シューッと滑っていって。

【菅井】それを見てH君が大喜びして、じゃあ、他のものも滑らせてみよう、ということに。

【中台】水風船、寒天、氷、シャベル、バケツ、コップまで、次々と。コップが意外に速く流れたんです。

【田澤】すごく滑るっていうのは発見の喜びでもあるね。それを周りにいる保育者や子ども達にも伝えたくなる。先生たちが子どもの行動を予想して、環境を用意しておいたこともよかったね。

真似から得られる経験

【田澤】土管の手形あそびはどんなきっかけで始まったの？

【菅井】子どもの熱中症対策で水をまいていたら、土管に水がかかって、そのときSちゃんが色が変わったことに気付いたんです。

【田澤】こういう気付きは「知識・技能の基礎」の育ちでもあるね。関連性の発見ともいえるかな。

【菅井】Sちゃんがバケツに水をくんで土管のそばに持っていくと、他の子もその姿に気が付いて。

【田澤】誘い合っているわけではなくても、好奇心でつながっている。

【中台】Sちゃんの手形あそびに興味を持って真似した結果、他の子も、色が変わる不思議さや手形の形の面白さを知ることができました。

【田澤】色や形の美しさや面白さを味わうことも大切な育ちだね。

好きなあそびがドッキング

【田澤】洗車ごっこのきっかけは？

【中台】男の子3人はコンビカーが大好き。水あそびが始まって、それも大好き。どっちも楽しみたくて洗車ごっこになったんだと思います。

【田澤】車が好きな子だから、汚れたら洗車をするという知識も持っていた。好奇心が原点になって、両方のあそびがドッキングしたんだね。

【中台】ぴかぴかになるようにって、勢いよく水をかけていました。

【菅井】でも、乗っているドライバーに水がかからないようにすごく気を付けていましたよ。フロントの部分やタイヤだけに水がかかるように。

【田澤】ダイナミックに楽しむ一方で、思いやりなど「学びに向かう力・人間性等」の育ちも見られたね。そして洗車ごっこは車の整備ごっこに発展していったんだね。

【中台】子ども達が車に興味を持っていることを保護者にも伝えたら、整備工場に行ってくれたそうです。

【菅井】見てきたことを真剣に再現しようとしていましたね。コンビカーをひっくり返して修理していたんです。でも、車の下にもぐり込んで整備していた本物の姿とは違うことに納得できなくて。

【中台】砂場ワゴンにコンビカーをのせるとすき間ができるので、車の下にもぐれることに気付いたんです。

【田澤】ここでも好奇心が原動力になって、試行錯誤しながら自分の力で発見したんだよね。

【菅井】振り返ることで、子どもの育ちを可視化できて良かったです。

【中台】子ども達とあそびを楽しんで、日々振り返りもしていますが、洗車ごっこから整備ごっこへというような、少し長いスパンでの子どもの変化にも気付くことができました。

【田澤】2歳児もすごい！　子どもの力を引き出せるような保育を、これからも目指してください。

水あそびのウエップ

水あそびの中の子どもの姿を、「幼児教育において育みたい資質・能力」の３つの視点に沿って分類しました。３つの視点の項目と同じ色で囲ってある文字は、教育要領や保育指針に書かれている各項目のねらいや育ってほしい姿です。また、青囲みの文字は、事例の中で見られた子どもの姿です。

ウエップとはくもの巣という意味ですが、ウエップの手法で分類することで、あそびの中で子ども達がどんな力を発揮し、どんな力を育んでいたのかが明確になると同時に、「幼児教育において育みたい資質・能力」はあそびの中で主体的に育まれていることがよくわかります。

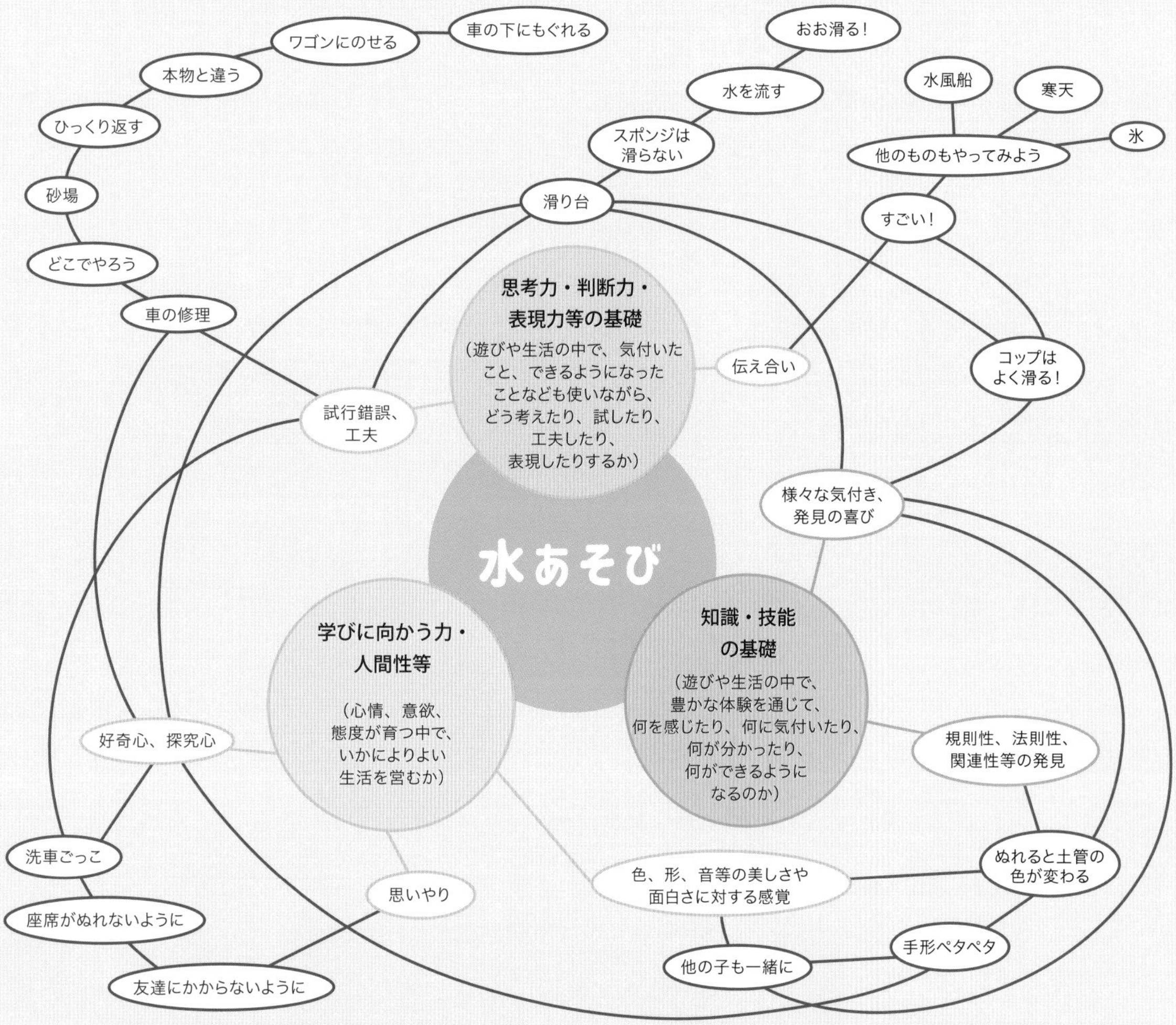

保育所保育指針の「乳児保育に関わるねらい及び内容」には「受容的・応答的な関わり」の重要性が書かれています。これは0歳児保育に関してですが、0歳児に限らず、どの年齢でも大切なことです。
この事例の中で保育者はその時々の子どもの興味・関心を受け止め、「こうしたらもっといいのでは？」と環境構成を考えたり一緒にあそんだり、応答的に対応しています。こうした関係性の中で子どもたちが育っていることがおわかりいただけると思います。

（田澤里喜）

保育実践を10の姿で考える❻

電車ごっこ

実践提供・稲野邉紗希（宮前幼稚園・神奈川県）

電車が大好きな３歳児のＲくんが、長い芯を見つけました。
「踏切の遮断機みたい……」。電車ごっこが始まりました。

いいもの見つけた！

あそびのはじまり　踏切だ！

長い芯を見つけたＲくん。「カンカンカンカン……」。
踏切の遮断機に見立ててあそび始めました。

カンカン
カンカン……
ガタンガタン
ガタンガタン！

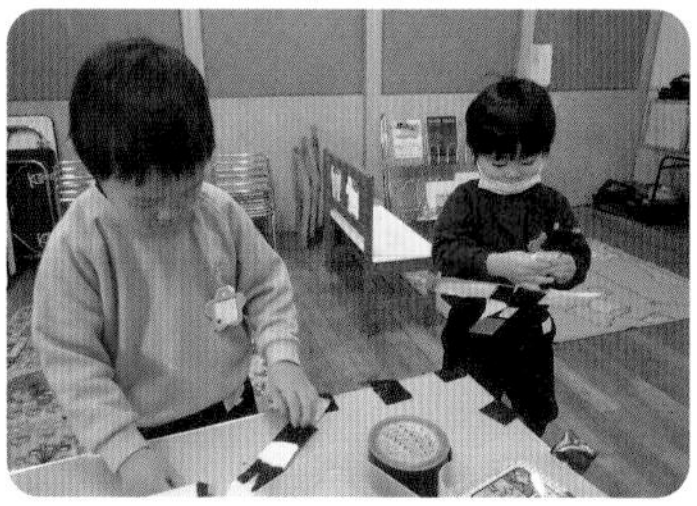

黄色と黒のガムテープを
交互に貼って……

友達が通ってくれると嬉しい

あそびのひろがり１　線路と道路を作ろう！

踏切をきっかけに、線路や道路作りが盛り上がっていきました。

道路にも踏切を描こう

段ボールをつなげて、線路が完成！

開閉式の遮断機に警報機もできて、
ますます本物らしくなった踏切

あそびの
ひろがり
2

電車を作ろう！

今度は本当に乗れる電車を作りたい！
と張り切る子ども達。車体の色や模様にこだわりながら、
イメージを形にしていきます。

本物をお手本に
IC カードも！

みんなで分担して
絵の具を塗って……

僕たちの町を
走っている
田園都市線
だよ！

あそびの
ひろがり
3

運転士になりきって……

「出発進行！」。運転士や乗客になりきって
友達とのやりとりを楽しむ中で、
あそびは一層充実し、
友達関係が深まっていきます。

駅で電車の到着を
待つお客さん

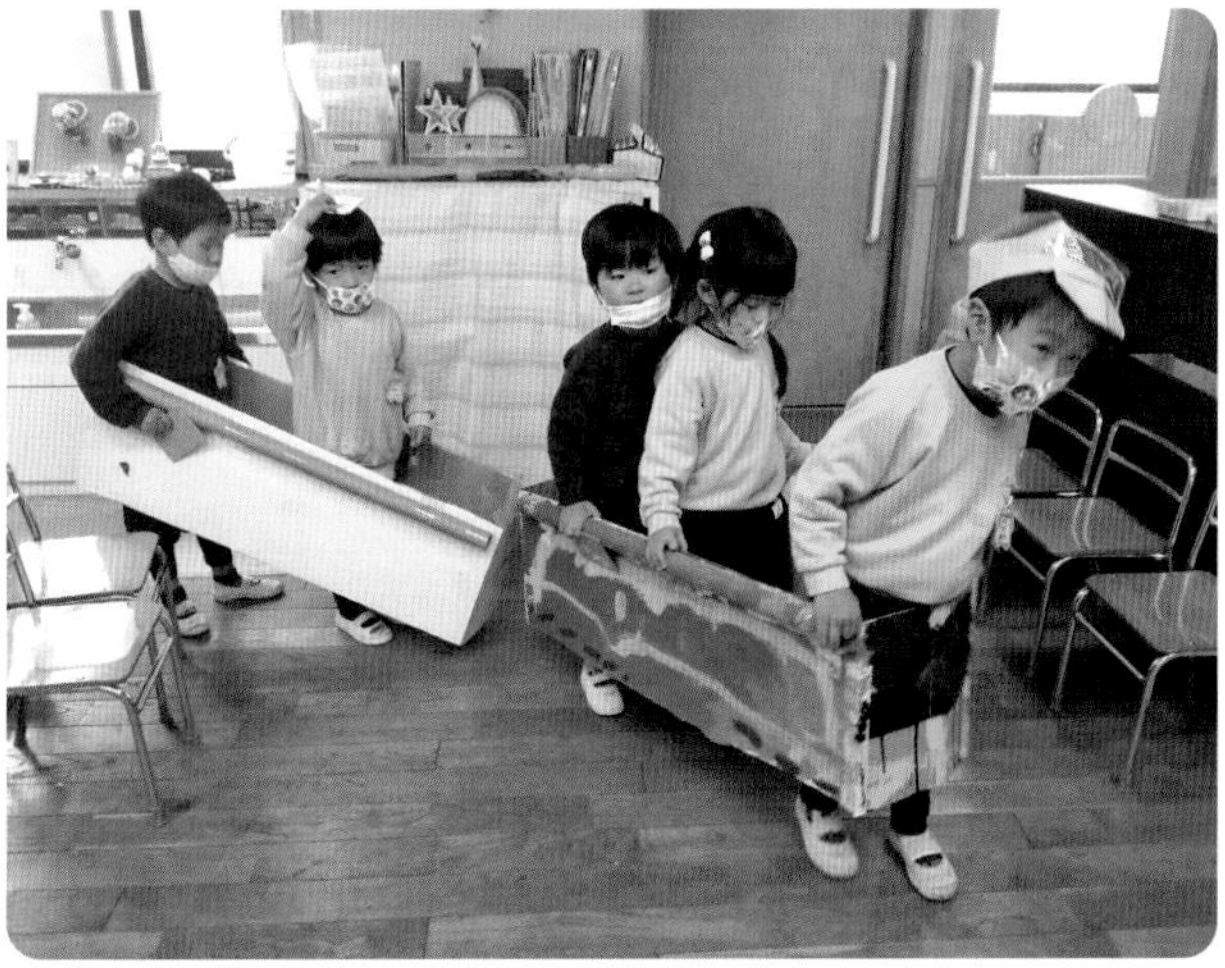

車掌さんの真似をして
「次は〜、梶が谷駅です」

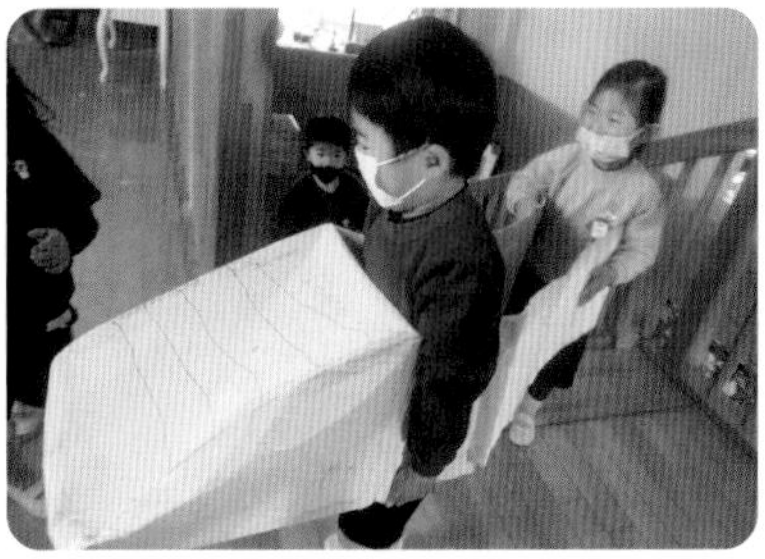

ドクターイエローも完成！
園舎内をぐるっとまわります

次ページで実践を振り返ります

電車ごっこを振り返る

副園長の亀ヶ谷先生と担任の稲野邉先生に、電車ごっこを振り返っていただきました。

本物の踏切を作りたい

【亀ヶ谷】電車ごっこはどんなきっかけで始まったんだっけ?

【稲野邉】Rくんが長い芯を踏切の遮断機に見たてたことからですね。黄色と黒のガムテープを貼った芯を持って、そこを友達に通ってもらったりしていました。

【亀ヶ谷】まさに、「健康な心と体」の、自分のやりたいことに向かっている姿だね。

【稲野邉】特に遮断機が本物みたいに上下するように、段ボールを使って工夫して……。

【亀ヶ谷】ほんとうにリアルな遮断機が完成したよね。自分で考えたり工夫したりして、最終的には達成感も感じて。自立心の芽生えにつながる姿だね。

【稲野邉】警報機の赤い矢印にこだわっていたので、イメージが実現できるように私も手伝いました。

【亀ヶ谷】リアルなものを目指す中で、標識や文字の役割にも気付いていたんだね。

本当に乗れる電車を作りたい

【亀ヶ谷】線路や踏切ができた後、あそびはどう発展していったの?

【稲野邉】本当に乗れる電車作りが始まりました。

【亀ヶ谷】子ども達は、どんなことにこだわっていたのかな?

【稲野邉】電車に詳しい男の子が、地元を走っている田園都市線を作りたいと言って……。

【亀ヶ谷】友達同士、共通のイメージを持って色を塗っていったんだ。「協同性」の姿だね。

【稲野邉】一緒に田園都市線を作ることが、とても楽しそうでした。

【亀ヶ谷】友達に共感する姿。「道徳性・規範意識の芽生え」だね。

【稲野邉】あそびの中で、友達同士のつながりがどんどん深まっていっているなと感じました。

【亀ヶ谷】車体作りでは、いろいろな素材も工夫して使っていたね。

【稲野邉】窓をつけるのに試行錯誤していましたが、銀色の紙を見つけてそれを貼ることに。

【亀ヶ谷】電車以外にも、駅の看板や改札も工夫して作っていたけれど。

【稲野邉】ICカードまで思いつくなんて、子どもの観察力はすごいですね。本物のICカードを見本にしながら、真剣に絵を描いていました。

【亀ヶ谷】「社会生活との関わり」、遊びや生活に必要な情報を取り入れている姿だね。

電車ごっこのやりとりを楽しむ

【稲野邉】電車や駅が完成すると、子ども達は運転士や乗客になり切って、友達とのやりとりを楽しんでいました。

【亀ヶ谷】電車ごっこでの子ども達のやりとりって、どんなことだったのかな?

【稲野邉】車掌さんの車内アナウンスの真似をしていましたね。「次は梶が谷駅です……」とか。

【亀ヶ谷】そういえば、最初に作った駅は梶が谷駅だったね。

【稲野邉】そうですね。地元の梶が谷駅を作りました。でも梶が谷駅は各駅停車しか停まらないので、急行が停まる駅も欲しいね、ということになって、溝の口駅や二子玉川駅も作り始めました。

【亀ヶ谷】自分たちで考えたことを実現していく、まさに「思考力の芽生え」、新しい考えを生み出す喜びがいっぱいという表情だったね。

【稲野邉】はい、とうとう保育室だけでは飽き足りなくなりました。新幹線の好きな子がドクターイエローを作って、ダイナミックに園全体を走り回っていました。

【亀ヶ谷】電車ごっこは3歳児の事例だったけれど、生き生きとあそぶ中で、10の姿につながる姿がたくさん見られたね。

電車ごっこのウエッブ

電車ごっこでの子どもの姿を、「幼児期の終わりまでに育ってほしい 10 の姿」に沿って分類しました。10 の姿の項目と同じ色で囲ってある文字は、教育要領や保育指針に書かれている各項目の目的です。また、青囲みの文字は、事例の中で見られた子どもの姿です。

ウエッブとはくもの巣という意味ですが、ウエッブの手法で分類することで、あそびの中で子ども達がどんな力を発揮し、どんな力を育んでいたのかが明確になると同時に、10 の姿はあそびの中で絡み合いながら子どもの育ちを支えていることがよくわかります。

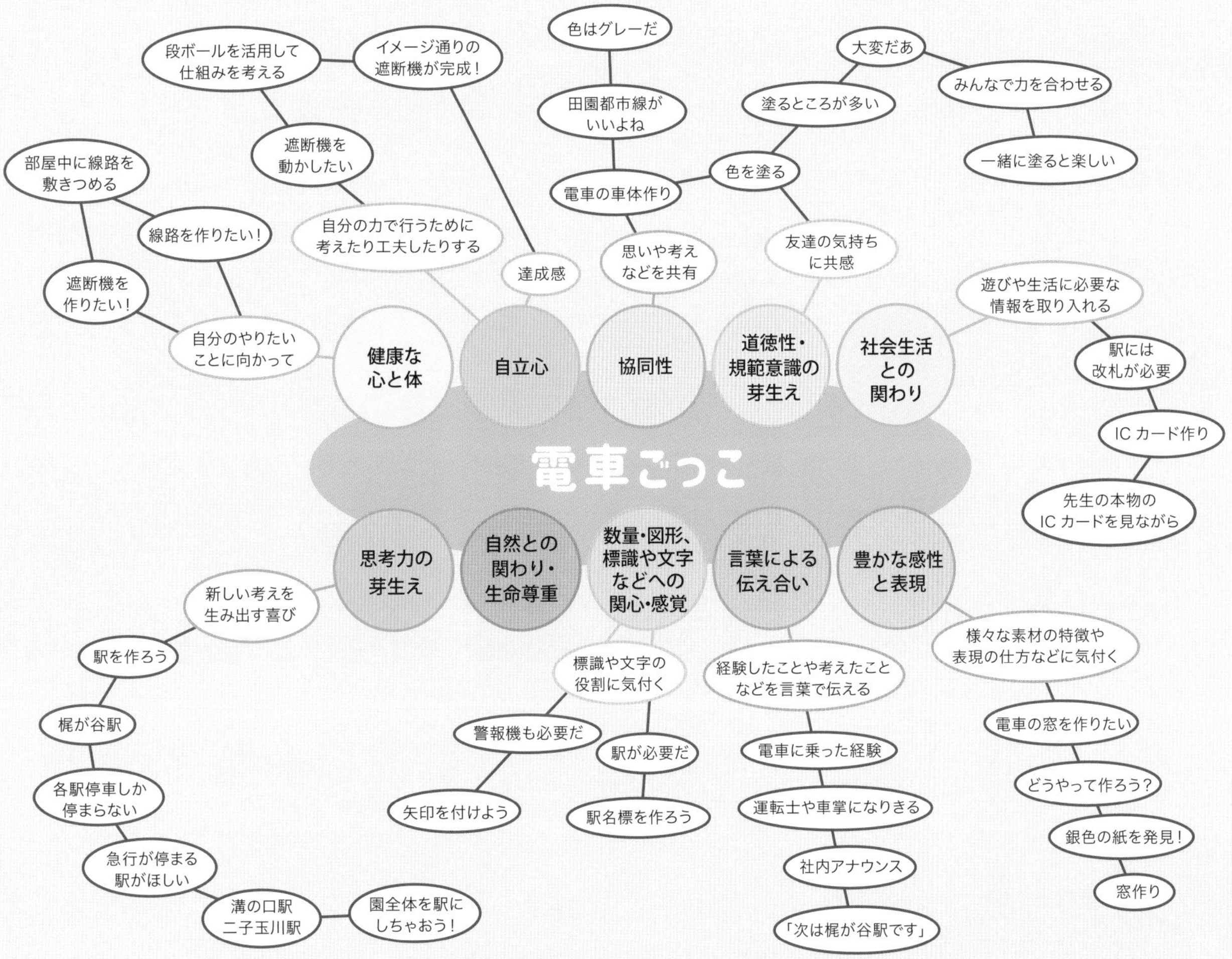

この事例の振り返りの最後に「10 の姿につながる姿がたくさん見られた」と亀ヶ谷先生がおっしゃっています。10の姿は幼児期の終わりに見られるような姿ですから、3 歳児に見られる姿とは必ずしも同じではありません。しかし、10 の姿は幼児期の終わりになって急に現れ出るというものでもなく、それまでの様々な育ちがつながって、じんわりと現れ出るものです。さらにいえば、3 歳児のあそびの中から「10 の姿につながる姿」をたくさん発見できるようになることが、これからの保育者には大事になってきます。そのためにも「振り返り」のような保育者同士の対話が園の中で行われるといいですね。

（田澤里喜）

保育実践を10の姿で考える⑦

いいにおい!

実践提供・赤川南海（東一の江幼稚園・東京都）

Aちゃんが家からキンモクセイを持ってきました。

「わあ、いいにおい！」。4歳児の子ども達のにおい探しが始まりました。

あそびのはじまり

キンモクセイは、いいにおい!

Aちゃんが持ってきたキンモクセイはとってもいいにおい。

「このにおい、どこかでかいだことがある！」。

植物博士の理事長先生と一緒に探し始めました。

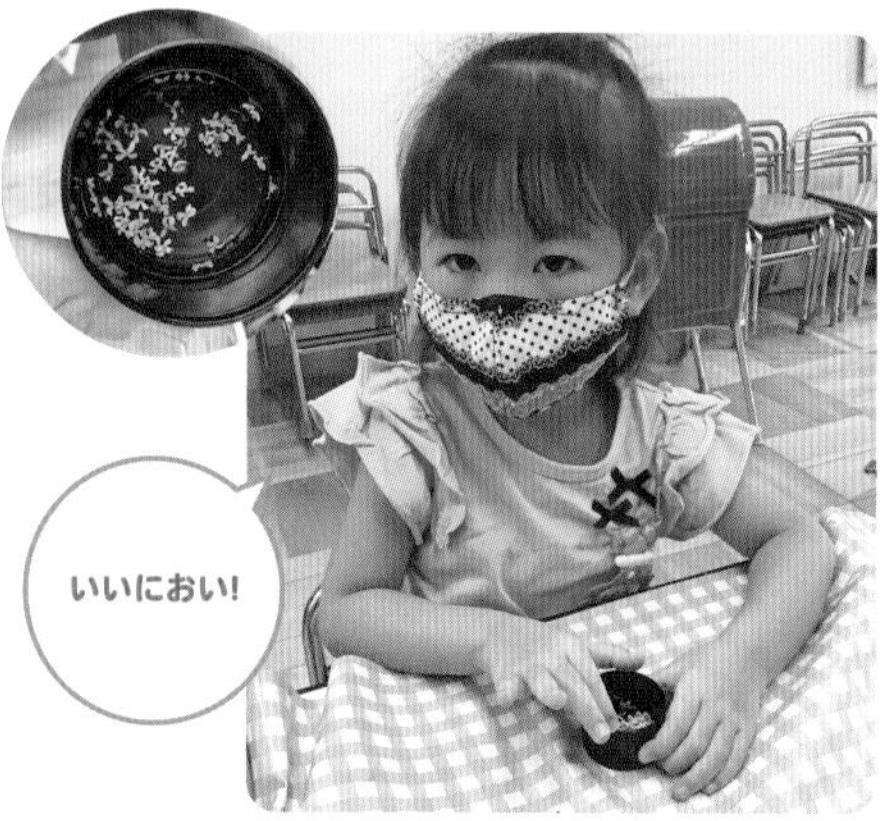
いいにおい!

キンモクセイの木を発見!

地面に落ちている花もいいにおい!

あそびのひろがり 1

いいにおいを集めよう

ほかにも、いいにおいのするものはないかな？
ローズマリー、イタリアンパセリ、シソ……いいにおいが
集まりました。においをとっておくには、どうしよう？

いいにおいが集まった!
キンモクセイ
ローズマリー
イタリアンパセリ
クスノキ
シソ

きんもくせい

ミントのはっぱを乾燥させたよ

においのする水を紙に吸わせたら……

あそびの
ひろがり
2

においを残したい!

いいにおいを残すためにいろいろ実験してみましたが、
においはだんだん消えてしまいます。そのとき、
担任の先生がモイストポプリの作り方を
調べてきてくれました。

キンモクセイの
モイストポプリを
作る準備。
花と茎に分けて、
花だけ使います

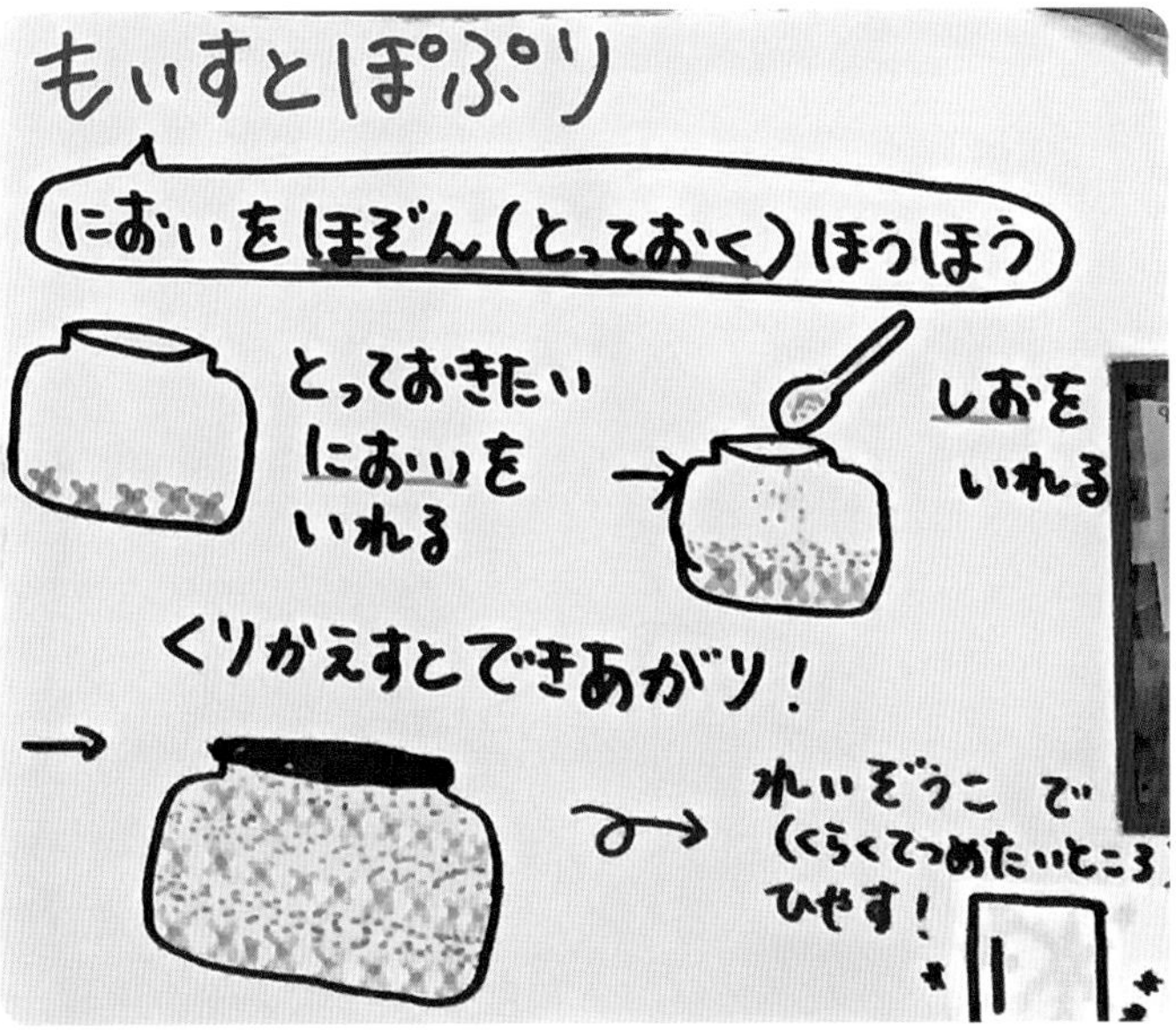
もいすとぽぷり
においをほぞん(とっておく)ほうほう
とっておきたい
においを
いれる
しおを
いれる
くりかえすとできあがり!
れいぞうこ で
(くらくてつめたいところ)
ひやす!

作り方をわかりやすく掲示

小さい
花なので、
分けるのは
たいへん!

あそびの
ひろがり
3

モイストポプリを作ろう!

モイストポプリは、容器の中に
いいにおいのするものと塩を重ねてふたをします。
いろいろなモイストポプリが完成しました。

いいにおいの
材料を準備して

いいにおいのものと塩を重ねていきます

れもんのかわ
9がつ17にち

いろいろないいにおいを閉じ込められたよ

次ページで実践を振り返ります

「いいにおい!」を振り返る

園長の田澤先生と担任の赤川先生に、あそびを振り返っていただきました。

わくわくする気持ち

【田澤】Aちゃんはどうして園にキンモクセイを持ってきたの?

【赤川】Aちゃんのお母さんが「いいにおいをみんなにもかがせてあげたら」と言ってくださったんです。

【田澤】そうしたら周りの子達もいいにおいに素直に反応して、におい探しに行くことになったんだね。

【赤川】植物に詳しい理事長先生にもお手伝いをお願いして、子ども達はわくわく探検に出かけ、いいにおいを集めることができました。

【田澤】「健康な心と体」の自分のやりたいことに向かっている姿だね。「自然との関わり・生命尊重」の好奇心や探究心、「自立心」の身近な環境に主体的に関わる姿でもある。わくわくする気持ちが「いいにおい!」のあそびのキーワードだね。においのあそびが発展していく中で、ルールみたいなものはあったの?

夢中になってあそぶ中で

【赤川】特に約束事を決めなくても材料の塩をこぼさないとか、冷蔵庫の中の様子は保育者と一緒に見るとか、していました。

【田澤】ルールをつくったり守ったり、は「道徳性・規範意識の芽生え」の項目だけど、夢中になって取り組んでいるときはその対象を自然に大切にしようとする。きまりをつくるより、子どもが夢中になれるものを提供することが大事だね。次に「思考力の芽生え」。気付く・考えるなどの姿がいろいろ見られたと思うけれど。

【赤川】食べ物としてしか意識していなかったレモンが、においの強いものでもあることにハッとしたり。

【田澤】においのする水を紙に吸わせる実験は?

【赤川】失敗でした。でも試すことだけで子どもたちには楽しくて……。

【田澤】失敗も楽しんじゃうのもいいよね! モイストポプリは赤川先生が提案したんだよね。

【赤川】楽しそうだから一緒にやろうよっていう気持ちでした。

【田澤】そのあそび仲間的な感覚も大切だな。楽しく友達と関わり合っていく中で、「協同性」に関連して気付いたことはあった?

【赤川】数に限りのある材料や道具は友達とシェアしていました。くさいにおいを友達同士で笑い合ったり。

【田澤】友達と一緒だからこそ面白い、うれしいという経験も大事だね。次に「社会生活との関わり」。地域の身近な人との触れ合いは?

【赤川】他のクラスの子のおばあちゃんがにおい作りは面白そうねって、ミントを持って来てくださいました。

【田澤】自分達のあそびを身近な大人も一緒に面白がってくれたら、子ども達は嬉しいよね。社会を意識する第一歩なのかもしれない。

10の姿の芽生え

【田澤】モイストポプリの作り方を掲示していたけれど。

【赤川】子ども達は文字や数字でプロセスを確認していました。直接あそびに関わっていない子達が興味を持つことにも役だったと思います。

【田澤】ドキュメンテーションはあそびを広げる大事なツールだね。「数量や図形、標識や文字等への関心・感覚」にもつながるし。

【赤川】できあがるまでの日にちを示しましたが時間の感覚をおぼろげにでも知ることができたと思います。

【田澤】あそびの中で、「言葉による伝え合い」はどうだった?

【赤川】作り方についてよく話し合っていました。どんなにおいがするかについても伝え合っていました。

【田澤】最後に「豊かな感性と表現」ですが。

【赤川】いいにおいに感動していましたが、それをあらためて発表するまでにはならなかったですね。

【田澤】自分が満足するだけで完結しちゃったのかな。この後、いろいろな経験をして、他の人にも知らせたくなる時が来るのかもしれないね。でも、4歳児にも少しずつ10の姿が芽生えていて、これが幼児教育の終わりまでつながっていく、という視点で保育していくことが大事だね。

いいにおい！のウエッブ

においあそびでの子どもの姿を、「幼児期の終わりまでに育ってほしい10の姿」に沿って分類しました。10の姿の項目と同じ色で囲ってある文字は、教育要領や保育指針に書かれている各項目のねらいや育ってほしい姿です。また、青囲みの文字は、事例の中で見られた子どもの姿です。

ウエッブとはくもの巣という意味ですが、ウエッブの手法で分類することで、あそびの中で子ども達がどんな力を発揮し、どんな力を育んでいたのかが明確になると同時に、10の姿はあそびの中で絡み合いながら育まれ、子どもの成長を支えていることがよくわかります。

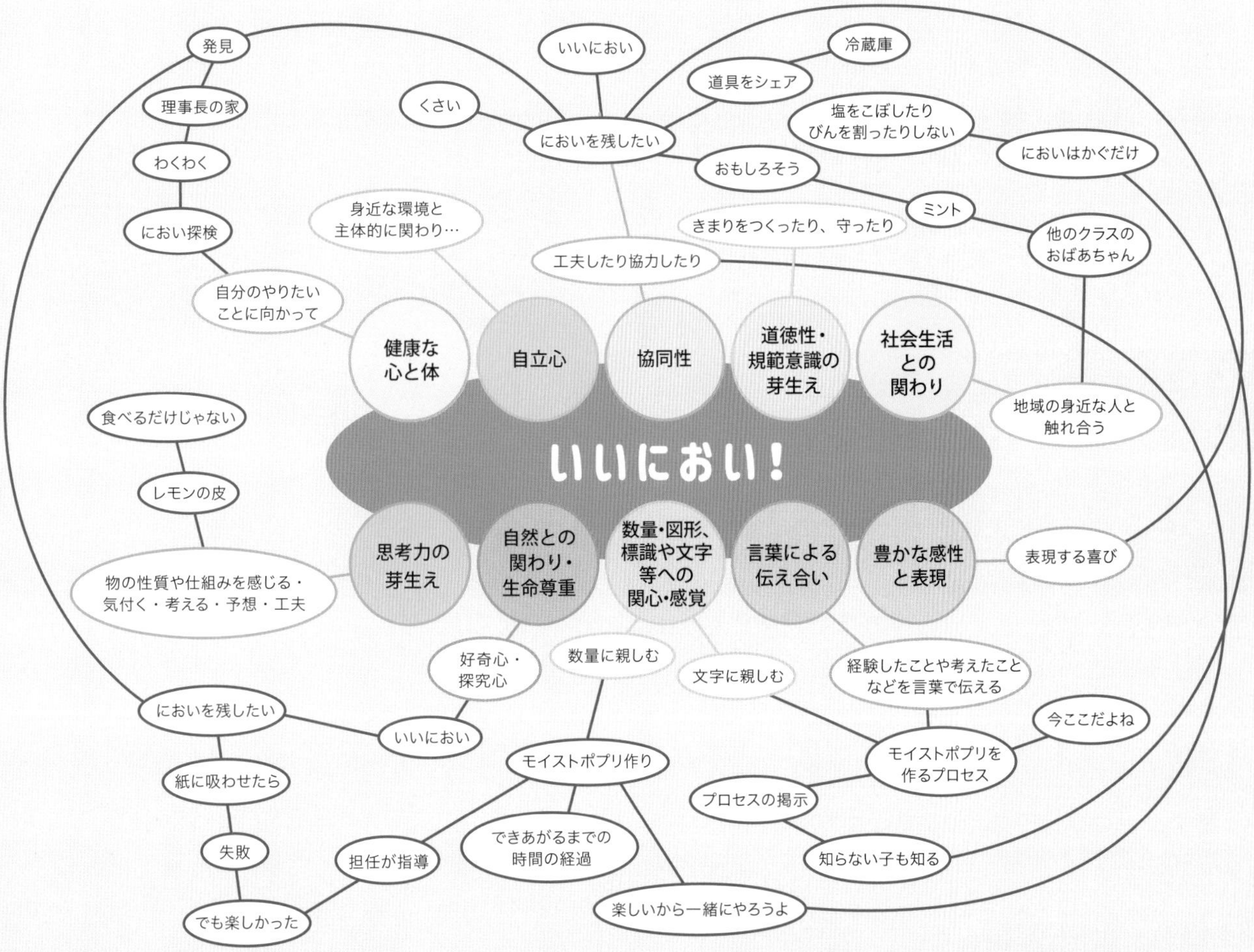

この事例には、Aちゃんのお母さん、理事長、他クラスのおばあちゃん、そして担任など様々な人が関わっています。身近な大人達が子どものにおいへの興味・関心を面白がっているからこそ、子どものあそびが広がるための環境ができあがっていきました。このように周囲の大人と関わりアイデアを提供してもらうことは、あそびを豊かにし、学びを深めていく要素の一つになるのです。

（田澤里喜）

保育実践を10の姿で考える❽

人形劇ごっこ

実践提供・石塚絢子（宮前幼稚園・神奈川県）

1学期に1回、人形劇団が来園して劇を上演してくれます。

人形劇を見たことをきっかけに、パペットを使って4歳児の人形劇ごっこが始まりました。

あそびのはじまり

人形劇を見たよ！

10月のある日、人形劇団が来園。
夢中になって劇を見ている子ども達の姿がありました。

保育室のパペットで人形劇のまねっこ「みてみて！ 手が動くよ！」

ホールで人形劇を鑑賞

人形や背景は劇団員の人達の手作り

あそびのひろがり 1

パペットを使って人形劇

机をステージにして、人形劇が始まりました。
クラスの友達が観客です。

顔が見えないように机の下に隠れよう！

人形劇のはじまりはじまり～！

友達が笑ったり、拍手をしてくれたりするのがうれしい

あそびのひろがり 2

人形を作ろう！

既製のパペットでは
物足りなくなった子ども達。
オリジナルの人形作りが始まりました。

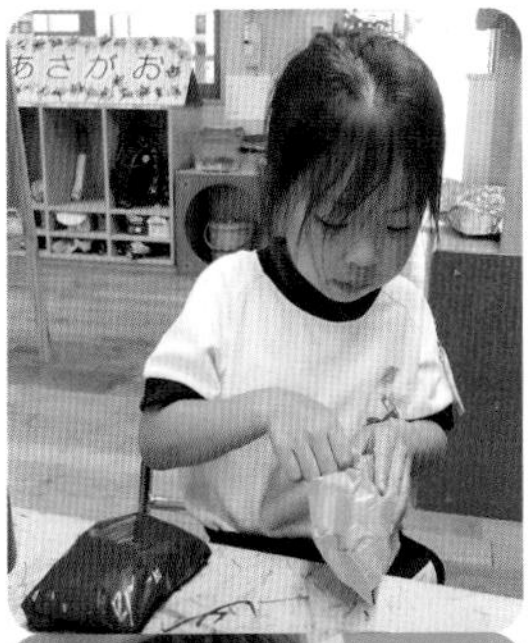

ふわふわになるように、
カラービニールに綿をつめて…

オリジナルのネコの人形が完成！

オリジナルの人形同士で、人形劇ごっこ

あそびのひろがり 3

お客さんを呼ぼう！

「みんなに見てもらいたいな！」

お客さんを呼んで人形劇を披露することになりました。

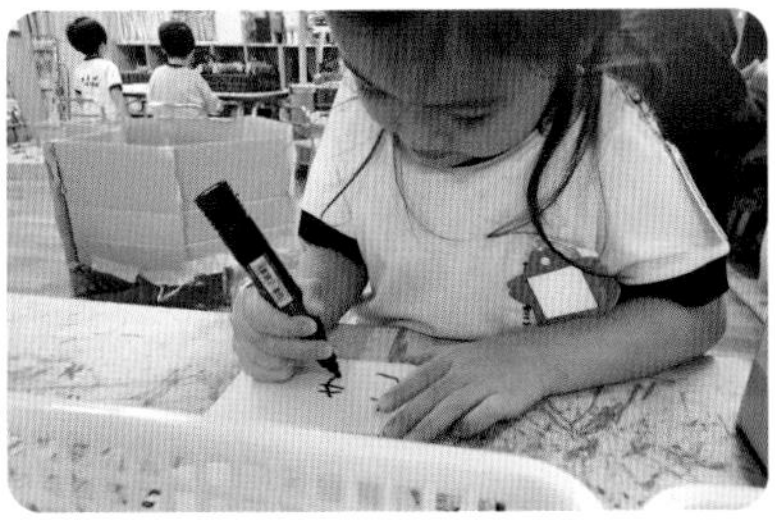

お客さんに配るチケット作り

お客さんがたくさん集まりました

声を合わせて
「はじまり
はじまり〜」

演じ手もにこにこ笑い合いながら、人形劇は続きます

次ページで実践を振り返ります

人形劇ごっこを振り返る

副園長の亀ヶ谷先生と担任の石塚先生に、劇あそびを振り返っていただきました。

園外の環境から情報を取り入れる

【亀ヶ谷】劇あそびは、人形劇団の劇を見たことがきっかけ？

【石塚】はい。私たちもやりたいと、保育室にあるパペットを使った人形劇ごっこが始まりました。

【亀ヶ谷】人形劇団の人形劇を見て刺激を受けたのは、「社会生活との関わり」の園外の環境から遊びに必要な情報を取り入れる姿だね。「健康な心と体」の自分のやりたいことに向かって心と体を十分に働かせている姿でもある。パペットを使ったあそびは、どう変わっていったの？

【石塚】本物の人形劇のように、演じ手は顔が見えないように机の下に潜って、人形だけが見えるようにして楽しむようになりました。

【亀ヶ谷】人形をジャンプさせたり走らせたりしていたよね？

【石塚】はい。うさぎの人形だったので……。人形同士で会話もさせていました。

【亀ヶ谷】どんどん人形劇らしくなって、人形を使って「豊かな感性と表現」の表現する楽しさを味わっていたんだ。せりふのやりとりは「協同性」の共通の目的の実現に向けて、考えたり、工夫したり、協力したりする姿だね。

オリジナルの人形作り

【亀ヶ谷】この後、あそびは自分たちで人形を作ろうという方向に発展していったね。

【石塚】やっぱり既製のパペットでは発展性がなかったんです。ネコの人形が欲しいというところから人形作りが始まりました。

【亀ヶ谷】そこで石塚先生は、カラービニールや綿を用意して人形作りコーナーを作ってあげて。「自立心」の考えたり工夫したりできる環境設定だね。でも、その中でトラブルがおきたりしなかった？

【石塚】子ども達のいろいろ作りたいという思いに比べて用意した素材は十分ではありませんでした。だから「あっ、そのビニール、私が使いたかったのに……」などとトラブルになりかけましたが、別の子が「私、たくさんあるから使っていいよ」と譲ってくれたり。

【亀ヶ谷】友達の気持ちに共感したり、相手の立場に立って考えて行動したり。４歳児なりの「道徳性・規範意識の芽生え」だね。

お客さんに見せたい

【亀ヶ谷】子ども達の希望通り、オリジナルの人形ができたけれど。

【石塚】人形劇をお客さんに見てもらいたくなったんです。「人形劇をするよ」って周りにいる子に声をかけていました。

【亀ヶ谷】「自立心」の自分の力で行うために考えたり、工夫したりしながらあそんでいたんだね。

【石塚】でもなかなかお客さんが集まらなかったんです。するとその様子を見ていた子が、「チケットやポスターを作ったらいいんだよ」というアドバイスをくれたんです。

【亀ヶ谷】友達のアドバイスをきっかけに、新しい考えを生み出す喜びを味わいながらチケットやポスターを作っていったんだ。これは「思考力の芽生え」の姿だね。チケットもポスターも文字や数字を書いたりするから、「数量や図形、標識や文字などへの関心・感覚」も磨かれるね。そして、一生懸命作ったおかげでお客さんも集まった。

【石塚】子ども達が望んでいた形で人形劇を始めることができました。演じ手もお客さんもにこにことっても楽しそうで、私もうれしくなりました。

【亀ヶ谷】人形劇は「言葉による伝え合い」のイメージのやりとりを楽しむあそびそのもの。子ども達の達成感も大きかっただろうな。４歳児のあそびの中にも、10の姿の芽生えをいろいろな場面で確認することができたね。

人形劇ごっこのウエッブ

人形劇ごっこでの子どもの姿を、「幼児期の終わりまでに育ってほしい10の姿」に沿って分類しました。10の姿の項目と同じ色で囲ってある文字は、教育要領や保育指針に書かれている各項目の目的です。また、青囲みの文字は、事例の中で見られた子どもの姿です。

ウエッブとはくもの巣という意味ですが、ウエッブの手法で分類することで、あそびの中で子ども達がどんな力を発揮し、どんな力を育んでいたのかが明確になると同時に、10の姿はあそびの中で絡み合いながら子どもの育ちを支えていることがよくわかります。

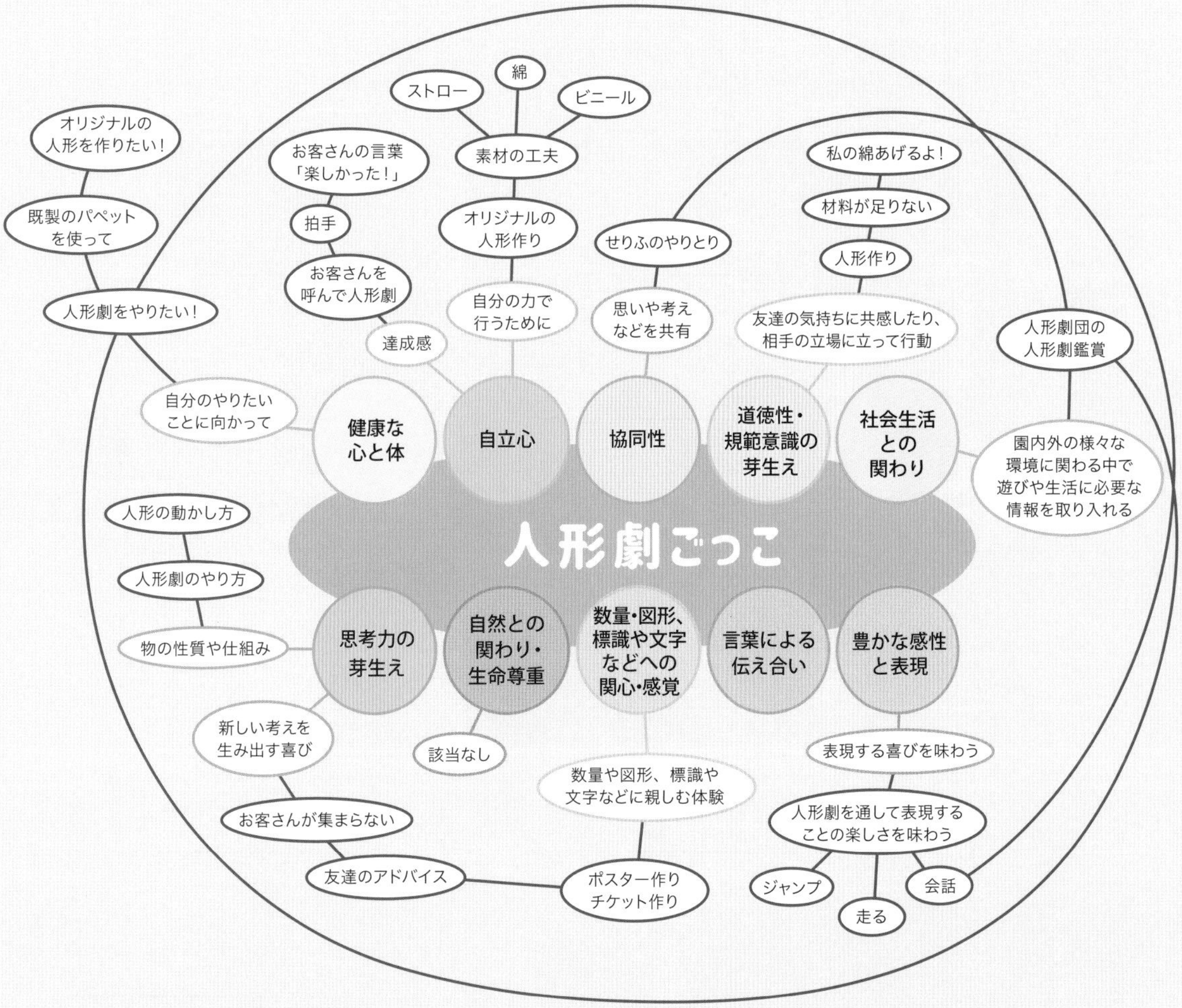

子ども達はファンタジーと現実（リアル）の世界を行きつ戻りつしながら成長していきます。この事例では、実際に見た人形劇をリアルに再現しようと様々なことに取り組んだり、協力したりする姿が見られます。根底に流れているのは、人形劇で味わったファンタジーの世界への強いあこがれです。 つまり、ファンタジーを再現するためにとことんリアルを追求しているのです。その追求に保育者の環境構成が重なり合い、様々な10の姿も見られました。子ども達の大好きなファンタジーの世界にも、たくさんの学びや育ちがあることがわかります。

（田澤里喜）

保育実践を10の姿で考える⑨

紙飛行機を飛ばしたい!

実践提供・柴原佳恵（東一の江幼稚園・東京都）

雨の日、A君が紙飛行機を飛ばしているのを見て、他の子たちもやってみたくなりました。

「やってみたい」から始まったあそびには考え工夫する4歳児の姿がありました。

あそびのはじまり 紙飛行機飛ばそう!

A君が廊下で折り紙の紙飛行機を飛ばしているのを見て、「僕も作りたい!」。折り紙の本を見ながら、みんなで紙飛行機作りが始まりました。

廊下で紙飛行機を飛ばすA君

折り紙の本を見たり教え合ったりしながら、紙飛行機作り

あそびのひろがり1 順番に「レディーゴー!」

紙飛行機が完成して、「さあ飛ばそう!」。
でもみんなで一度に飛ばそうとすると廊下は大混乱。
並んで順番に飛ばすルールが自然に生まれました。

なんだか飛ばしにくいなあ

「レディーゴー!」

順番に一人ずつ飛ばすルールに

あそびのひろがり 2 どこまで飛んだかな？

誰の飛行機が一番飛んだかな？
先生が着陸点にマークを貼ったり、
テープで飛距離を測ったり、わかりやすくしてくれました。

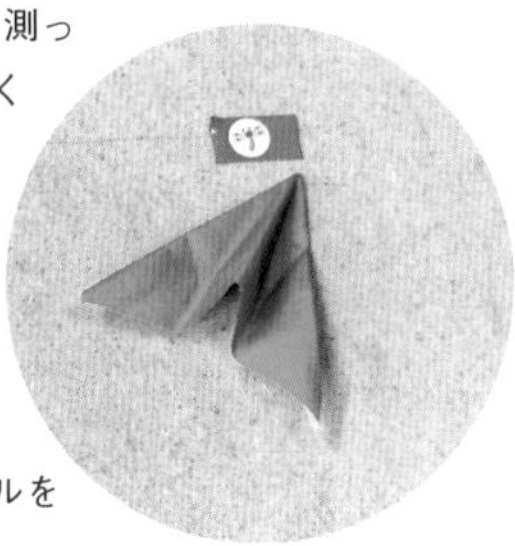

着陸点にはマークシールを

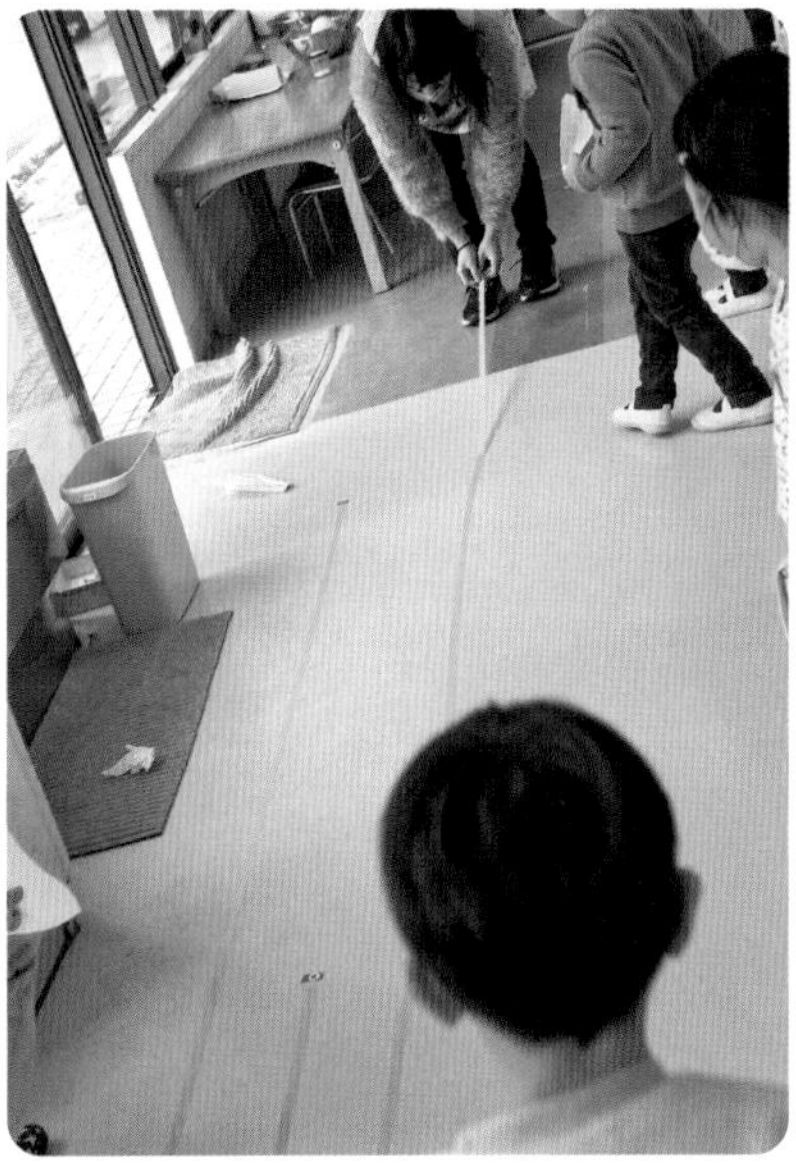

飛距離をテープで示す

ぼくの飛行機は真ん中の線

あそびのひろがり 3 A君の飛行機の秘密

園長先生に教えてもらったA君のコピー用紙の紙飛行機

A君の飛行機はよく飛びます。他の子が折り紙の飛行機を作っている間に、園長先生からコピー用紙の紙飛行機の作り方を教えてもらっていたのです。

A君に借りて、コピー用紙の紙飛行機の作り方を調べ中

あそびのひろがり 4 どこまで飛ぶかな？

コピー用紙の紙飛行機はよく飛ぶので、やってみたい子はどんどん増えていきました。
遠くまで飛ぶのが、嬉しくてたまりません。

自分たちなりに工夫しながら飛行機を飛ばしています

テープを貼って飛距離を測ってくれる子も

次ページで実践を振り返ります

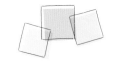

紙飛行機のあそびを振り返る

園長の田澤先生と担任の柴原先生に、
紙飛行機のあそびを振り返っていただきました。

工夫したり、諦めずにやりとげる

【田澤】この事例は、紙飛行機を飛ばしたいA君の希望を柴原先生が叶えてあげたことから始まったんだね。

【柴原】そこに他の子も集まって、あそびが豊かになっていきました。

【田澤】人が増えていったのは「健康な心と体」の自分のやりたいことに向かっていく姿だね。

【柴原】人数が増えるほど、狭い廊下ではうまく飛ばせなくなって、やりづらさを感じた子ども達が順番を決めて飛ばすようになりました。

【田澤】「道徳性・規範意識の芽生え」の友達と折り合いを付けながら、きまりをつくったり、守ったりをしていたんだ。園生活での積み重ねで、自分達で工夫する力を持っているんだね。この事例では、「自立心」にあてはまるけれど、工夫したり諦めずにやりとげたりする姿がいろいろ見られたね。

【柴原】紙飛行機は前にも園庭で飛ばしたりしていましたが、うまく飛ばせなくて長続きしませんでした。でもA君みたいに諦めない子もいて、飛ばすコツも身に付けて、それを教えることで友達関係が築けたり。

【田澤】「協同性」の考えたり、工夫したり、協力したりする姿でもあり、「言葉による伝え合い」でもあり。

【柴原】「A君みたいに飛ばしたい」という競争心も強かったと思います。

【田澤】友達に負けたくないからこそ工夫し、うまく飛ばせたことが達成感や自信へとつながる。「協同性」「思考力の芽生え」「自立心」「社会生活との関わり」。いろいろな力が育ち、発揮されていたんだね。

【柴原】一人ではなく、友達と一緒だからこそ、経験できたことですね。

子ども同士で解決する

【田澤】「協同性」では特にどんなことが印象的だった？

【柴原】園長先生がA君にコピー用紙の紙飛行機を教えてあげましたね。他の子より飛ぶのでA君は自信や優越感を持てました。違いに気付いた子ども達がA君に「作って、教えて」と言うと、A君は戸惑ってうまく話せなかったようですが、頼りにされるのが嬉しくて一生懸命伝えようとしていました。

【田澤】ここでも、子ども同士で解決していたね。

【柴原】友達同士のルールでは、目に当たると危ないから人に向けて飛ばさない、歩いているときに誰かが飛ばそうとしたら止まって待ってあげるとか、安全のための工夫も自分達でしていましたよ。

【田澤】飛距離をテープを貼って測るというのは、柴原先生のとてもいいアイデアだったね。

【柴原】自分は飛行機を飛ばせないけれど、遠くまで飛ばせる子はすごいな、だったら私はテープを貼ってあげようという子が現れて、私は見ているだけに……。

【田澤】飛ばす人とテープを貼る人、役割分担をどっちも楽しんでいたね。共通の目的に向かって協力する「協同性」の姿であり、飛距離を測る、比べるは「数量」への関心・感覚だね。

【柴原】飛ばす人、測る人の役割分担では「ここまで飛んだよ」「ありがとう」など、「言葉による伝え合い」も盛んでした。

【田澤】そうだったね。ルールをつくるときも言葉のやり取りがたくさんあった。「豊かな感性と表現」ということではどうだった？

【柴原】紙飛行機がよく飛ぶと、飛ばした子の目が輝くし、見ている子達からも歓声が上がって……。そんなシンプルな喜びがあそびを広げていったのだと思います。

【田澤】柴原先生の的確な援助があってこそだけど、子ども同士で伝え合ったり、ルールをつくったり、考えたりという姿がたくさん見られたね。こういう経験が蓄積され重なり合って、年長組になると、よりはっきりと10の姿が見えてくるんだろうね。

紙飛行機のあそびのウエッブ

紙飛行機のあそびでの子どもの姿を、「幼児期の終わりまでに育ってほしい10の姿」に沿って分類しました。10の姿の項目と同じ色で囲ってある文字は、教育要領や保育指針に書かれている各項目の目的です。また、青囲みの文字は、事例の中で見られた子どもの姿です。

ウエッブとはくもの巣という意味ですが、ウエッブの手法で分類することで、あそびの中で子ども達がどんな力を発揮し、どんな力を育んでいたのかが明確になると同時に、10の姿はあそびの中で絡み合いながら子どもの育ちを支えていることがよくわかります。

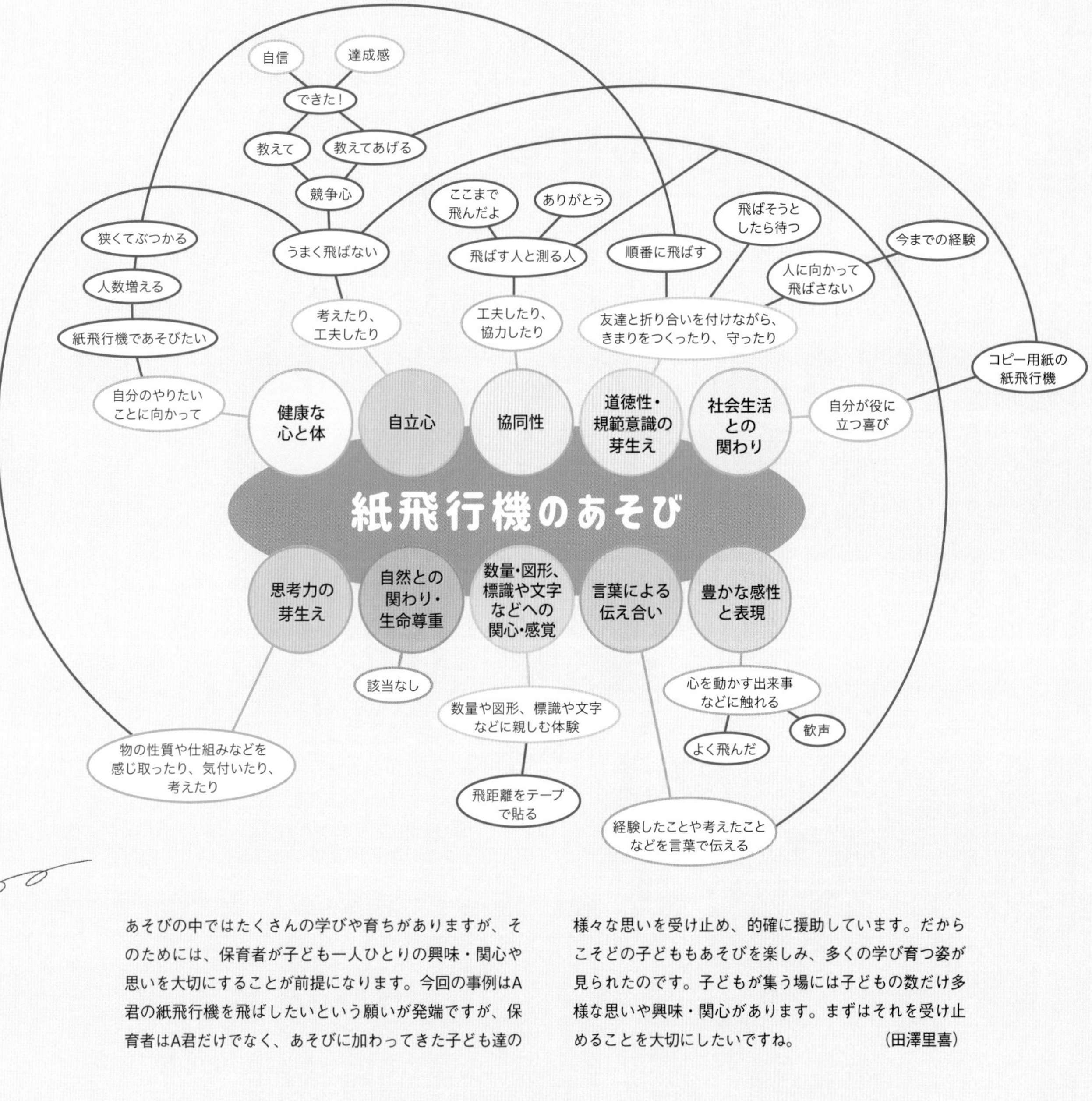

あそびの中ではたくさんの学びや育ちがありますが、そのためには、保育者が子ども一人ひとりの興味・関心や思いを大切にすることが前提になります。今回の事例はA君の紙飛行機を飛ばしたいという願いが発端ですが、保育者はA君だけでなく、あそびに加わってきた子ども達の様々な思いを受け止め、的確に援助しています。だからこそどの子どももあそびを楽しみ、多くの学び育つ姿が見られたのです。子どもが集う場には子どもの数だけ多様な思いや興味・関心があります。まずはそれを受け止めることを大切にしたいですね。　（田澤里喜）

保育実践を10の姿で考える⑩

Rくんのために コマ大会

実践提供・岩本和奏（宮前幼稚園・神奈川県）

Ｒくんはコマであそぶのが大好き。ところが体調を崩して園全体のコマ大会に出られませんでした。

残念がっているＲくんのために、クラスでコマ大会を行うことになりました。

あそびのはじまり 園全体のコマ大会

園のクリスマスプレゼントでコマをもらった５歳児。
３学期になるとコマ回しが盛り上がり、
園全体でコマ大会を行うことになりました。
企画・準備・当日の運営は子ども達が進めます。

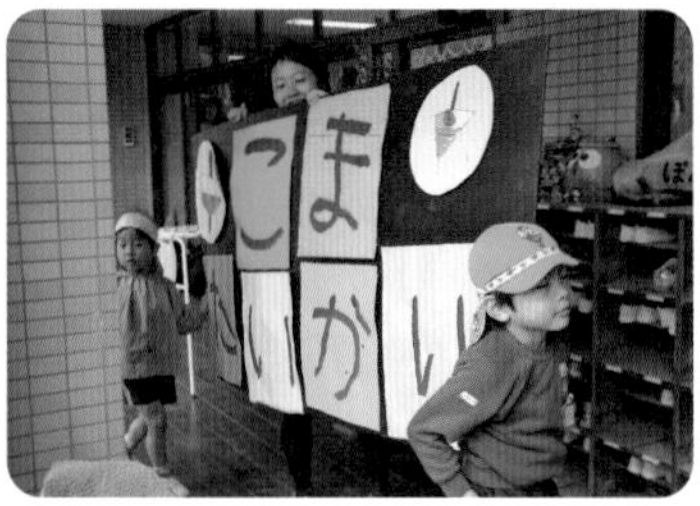

子ども達による手作りの看板

司会のアナウンスで大会が進んでいきます

たくさんの応援を受けながら、白熱のコマ対決

あそびのひろがり１ コマが大好きなRくんのために

Ｒくんはコマ大会を楽しみにしていたのに、体調を崩して出られませんでした。
残念がっているＲくんを見て、Ｓくんが
「ぽぷら組のコマ大会を開こうよ！」と提案するとみんな大賛成。
クラスの半数が実行委員として準備を進めることになりました。

どんなコマ大会にするか話し合い

話し合いで決まったことは書き出して……

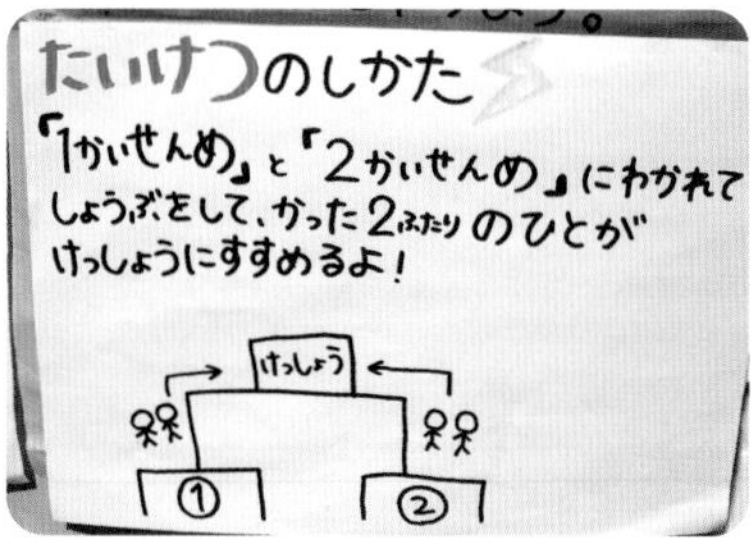

対決の方法は保育者がわかりやすくイラストに

あそびのひろがり 2 準備

コマ大会に向けて、「もの作り（参加賞／メダル／トロフィー）チーム」と「司会チーム」に分かれて準備を進めることになりました。

廃材を組み合わせてトロフィー作り

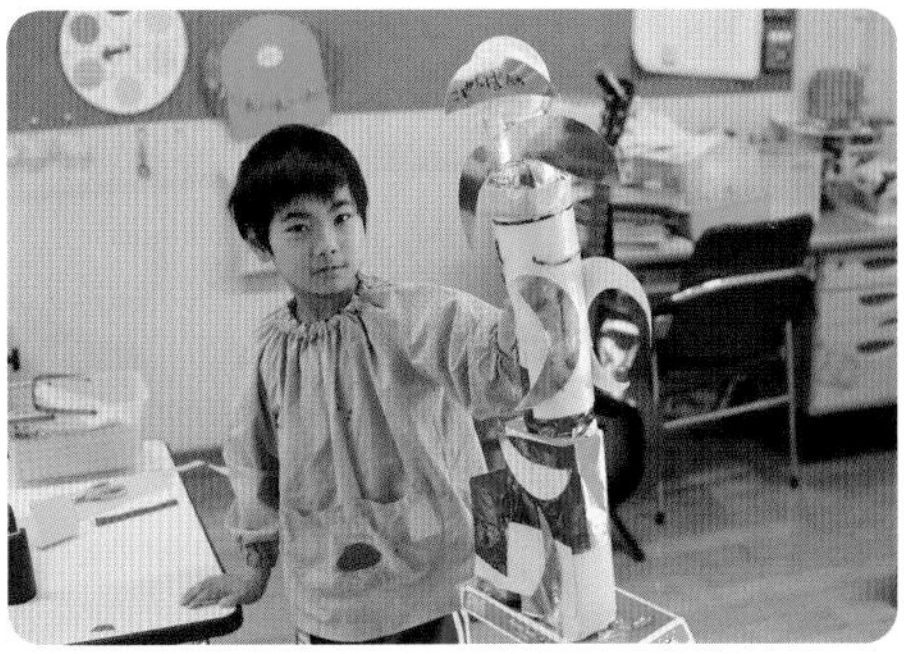

イメージ通りのトロフィーが完成

色や素材にこだわったメダル

あそびのひろがり 3 ぽぷら組のコマ大会

２週間後、Ｒくんやコマ好きの子が参加してコマ大会が開かれました。
出場選手も実行委員も、みんなワクワク！

対決ルールと賞品を目立つように設置

Ｒくんも元気に参戦。「僕のコマ、頑張れ！」

表彰式
メダルやトロフィーを手渡す実行委員

次ページで実践を振り返ります

コマ大会を振り返る

副園長の亀ヶ谷先生と担任の岩本先生に、
コマ大会を振り返っていただきました。

Rくんのために

【亀ヶ谷】コマ大会はどんなことがきっかけで始まったんだっけ？

【岩本】3学期が始まってすぐ、園全体のコマ大会があったんですが、コマが大好きなRくんは体調不良で参加できませんでした。Rくんは「すごく出たかったのに……」と悔しがって。その様子を見ていた子ども達から「クラスでコマ大会を開いたらRくんも出られるよね」と言う声が上がって、やってみることになりました。

【亀ヶ谷】Rくんのためにコマ大会を開こうというのは、「道徳性・規範意識の芽生え」の、友達の気持ちに共感し、相手の立場に立って行動する姿だね。その後、コマ大会に向けてどう進んでいったの？

【岩本】園全体のコマ大会の時は、コマ大会実行委員の子ども達が大会を運営しましたが、クラスにもコマ実行委員をやりたい子が現れて……。

【亀ヶ谷】「健康な心と体」のやりたいことに向かう姿だね。

【岩本】実行委員になろうとするのは、「社会生活との関わり」の、相手の気持ちを考えて関わり、自分が役に立つ喜びを感じる心が育っているからですね。

実行委員の取り組み

【岩本】実行委員は「もの作りチーム」と「司会チーム」の2グループに分かれて、それぞれ準備を進めていきました。「もの作りチーム」では、賞品をどうするか話し合い、廃材を利用してトロフィーやメダルなどを作ることになりました。

【亀ヶ谷】これまでの園生活で廃材に親しみ、「思考力の芽生え」の物の性質や仕組みを知っていたから生み出すことができたアイデアだね。実際に賞品や掲示物を作っていくことが、数量や図形、標識や文字などに親しむ機会にもなった。

【岩本】「司会チーム」では、大会当日の進め方や、対戦方法をどうするかを話し合っていました。

【亀ヶ谷】自分の考えを仲間に伝えるのは、まさに「言葉による伝え合い」。そして話し合ったことをみんなにわかるように紙に書いたりすることで、このチームも数量や文字などに親しんでいたね。こうして振り返ると、実行委員としてコマ大会の準備をしている中で、「自立心」の自分の力で行うために考えたり、工夫したりとか、「協同性」の友達と関わる中で、互いの思いや考えなどを共有し、共通の目的を実現する、とか、様々な力が発揮されていたんだね。

みんなが達成感を味わう

【亀ヶ谷】さあ、いよいよコマ大会当日になるわけだけど。

【岩本】実行委員の子ども達は張り切って「コマ大会を始めます」と宣誓したり、選手達も絶対に1位になるんだと、仲間の声援を受けながら頑張ったり。

【亀ヶ谷】コマ大会は「豊かな感性と表現」の心を動かす出来事で、みんなが表現することを喜んでいたんだね。Rくんはどうだったの？

【岩本】頑張っていましたよ。結果は3位でしたが、トロフィーをもらってすごく誇らしげで、それを見ていた周りの子達も、Rくんが喜ぶ姿をとてもうれしそうに見ていました。

【亀ヶ谷】コマ大会を通して、岩本先生はどんなことが印象に残った？

【岩本】実行委員の子ども達は自分達で企画し、準備し、運営まで無事にやりとげることができました。そして選手たちは一生懸命コマ回しの練習をしてみんなの応援を受けながら戦うことができました。Rくんのために始まったコマ大会でしたが、クラスのみんなが達成感を味わい、目を輝かせていたことがうれしかったです。

【亀ヶ谷】それぞれが自分の役割を果たしながらひとつのことをやりとげるのは、さすが5歳児らしい姿だったね。10の姿がしっかり育まれていることが確認できました。

コマ大会のウエッブ

コマ大会の事例での子どもの姿を、「幼児期の終わりまでに育ってほしい10の姿」に沿って分類しました。10の姿の項目と同じ色で囲ってある文字は、教育要領や保育指針に書かれている各項目の目的です。また、青囲みの文字は、事例の中で見られた子どもの姿です。

ウエッブとはくもの巣という意味ですが、ウエッブの手法で分類することで、あそびの中で子ども達がどんな力を発揮し、どんな力を育んでいたのかが明確になると同時に、10の姿はあそびの中で絡み合いながら子どもの育ちを支えていることがよくわかります。

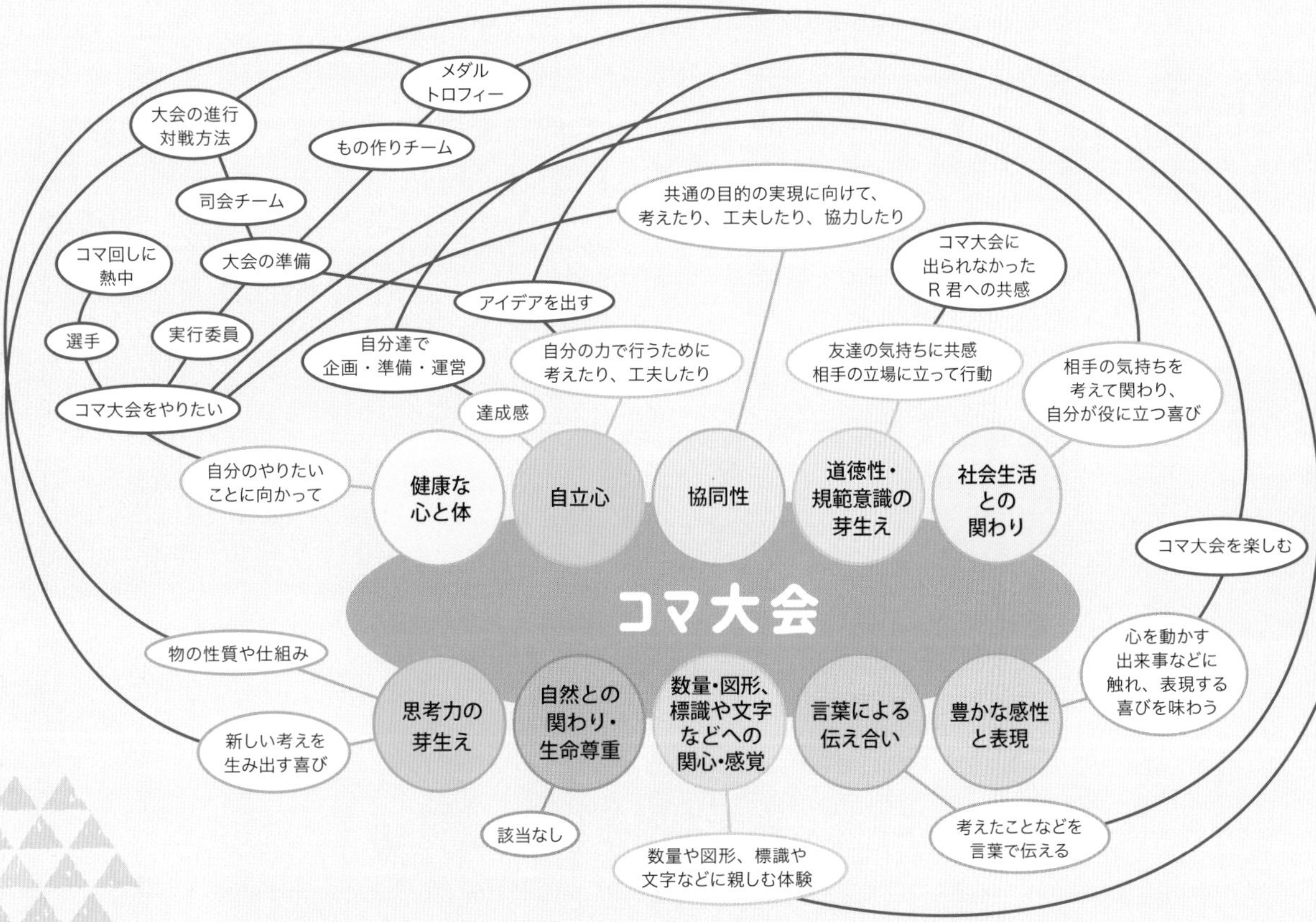

この時期の5歳児には、今までの経験を生かして、自分たちなりにより良い生活をしようとする姿が見られるようになります。この事例でも、たとえば、話し合いで決まったことを紙に書き出したりしているのは、保育者がそうしている姿を見たことがあって、書き出した方がわかりやすいことを経験から知っていたからでしょう。

また、今までRくんとたくさんあそんできたからこそ、「Rくんのためにコマ大会を……」という思いが強くなったのだと思います。そして役割分担をしながら準備をしていく中で協同性が発揮されているのは、一人ひとりの子どもの意欲を大切にする保育を続けてきたからこそ現れ出た姿です。

（田澤里喜）

保育実践を10の姿で考える⑪

もっと高いものを作ろう！

実践提供・石田貴行（東一の江幼稚園・東京都）

5歳児が高い山を作りました。その高さを実感できるように保育室の壁にビニールテープで示すと、高さを測ることへと興味が広がっていきました。

あそびのはじまり　高い山を作ろう！

「でか山作ろう！」A君が呼びかけると、どんどん友達が集まってきました。そこで担任が「2チームに分かれて勝負しよう！」と提案。競争が始まりました。

「でか山作ろう！」と呼びかけるA君

2チームに分かれて山作り

砂を積み上げる人、水を運ぶ人、砂を固める人……、自然に役割分担が

あそびのひろがり 1　高さを測ろう

どちらの山も高くなったところで、メジャーで測って比べることにしました。

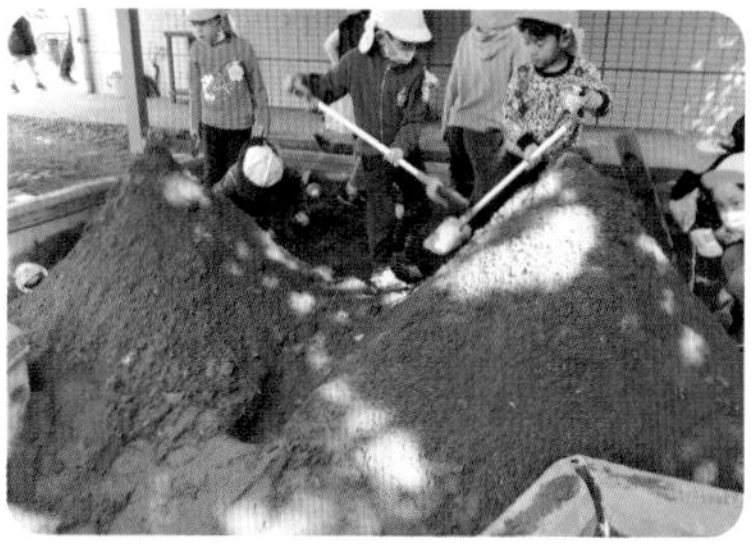

「こっちの方が高いよ！」「宇宙に届くくらい高くしよう」。会話も弾んで……

「どっちの山が高いかな？」。メジャーで測ろう

一緒に山を作った仲間と記念写真

あそびのひろがり 2

こんなに高いの！

子ども達が山の高さを実感できるように、保育室の壁にビニールテープで高さを示しました。

すると自分の身長と比べたり、もっと高い山作りに挑戦したり、高さへの興味が広がっていきました。

山の高さと自分の身長を比較

日に日に高くなっていく山作りの記録

「今日はもっと高い山にしよう！」
意気込む子ども達

あそびのひろがり 3

高いものを作ろう！

山だけでなく、積み木やカプラでも高さを
測ったり比べたり。あそびが広がっていきました。

ハラハラドキドキの積み木の塔

カプラでも高さ競争

次ページで実践を振り返ります

もっと高いものを作ろう！を振り返る

園長の田澤先生と担任の石田先生に、
高いものを作るあそびを振り返っていただきました。

あそびの中で育まれる道徳性

【田澤】山作りは男の子2人の「でか山作ろう」という会話から始まったんだよね。

【石田】私が「先生はこっち側でもう一つ山を作るから、どっちが高くなるか勝負しよう」ということに。

【田澤】山を2つにしたのは、もっと多くの子にあそびに関わってほしいという石田先生の願いがあったからだね。そして他の子達も加わってあそびが広がる中で、自然に役割分担もできていった。

【石田】山を高くしていく子、水をくんで運ぶ子、砂を固める子、もっと固くするために白砂をかける子も。

【田澤】「社会生活との関わり」の自分が役にたつ喜びを感じて行動する姿だね。その前に「でか山」を作りたいという意欲は「健康な心と体」の自分のやりたいことに向かっていく姿だし、山作りに加わるのは「協同性」の共通の目的に向かう姿。そして砂山を高くするためのいろいろな工夫は、「自然との関わり・生命尊重」の今までに身近な事象に積極的に関わってきたことで得られた知識だね。水の性質や砂の性質を知った上で丈夫な山にする工夫には「思考力の芽生え」の姿も見られるね。

【石田】山を作っていて誰かが水をかけ始めると、他の子から「もっと持ってきて」という声が上がりました。「言葉による伝え合い」が自然に広がっていった気がします。山を高くすることに夢中になっていると誰かに砂をかけちゃうこともありますよね。すると周りをよく見ようというルールも自然に生まれました。

【田澤】「道徳性・規範意識の芽生え」のきまりをつくったり守ったりだ。

【石田】誰かに砂をかけちゃったらごめんと言う声も自然に出て……。

【田澤】仲良くあそんでいる中で子ども同士の関係性が構築されると、道徳性も自然に育っていくんだろうね。

子どもの声に耳を傾ける

【田澤】高さを測るのにメジャーを持ってきたのは？

【石田】最初は私ですね。どっちの山が高いかは目測でも判断できましたが、メジャーを使うことで90㎝と１００㎝というように数字として理解できたのでは。

【田澤】こういうことに興味をもつのは「数量や図形などへの関心・感覚」の姿だね。保育室の壁にも高さを示すようにしたけれど。

【石田】高さをわかりやすく示すことが刺激になって、もっと高くしようという意欲につながりました。でも面白いのは高さに興味をもつ子もいれば、その隣できれいな山作りにこだわる女の子たちもいて。

【田澤】自分達のやりたいことにこだわるのがまたいいね。

【石田】同じ高さへの興味でも、カプラや積み木などで高いものを作る子もでてきて、それぞれが自分なりに考えて実行するようになりました。

【田澤】「自立心」の自分の力で行うために考えたり工夫したりする姿かな。でもそれは石田先生が子ども達の声によく耳を傾けながら子どもの行動を予測し、環境を整えておいたからこそ可能になったこと。素晴らしいよ。山の高さの隣に子どもの背の高さが並んでいるのも楽しい。

【石田】あそびの面白さって子どもの声を聞くことから始まると思うんです。

【田澤】自分達の話をよく聞いてくれたり、筋肉痛になるくらい一緒に面白がってあそんでくれたり、そんな先生が近くにいてくれて子ども達は嬉しいだろうな。石田先生が一番印象的だったことは？

【石田】山作りが面白いと感じた子ども同士が、心から楽しんであそび込んでいたことです。

【田澤】記念写真の子ども達、いい顔してるものね。山作りは「豊かな感性と表現」の心を動かす出来事だったんだね。

【石田】この事例の後も、面白さを共感し合った友達と一緒に過ごしたり、他のあそびで楽しむ姿が見られました。友達関係が一気に深まるターニングポイントになったのだと思います。

もっと高いものを作ろう！のウエッブ

事例での子どもの姿を、「幼児期の終わりまでに育ってほしい10の姿」に沿って分類しました。10の姿の項目と同じ色で囲ってある文字は、教育要領や保育指針に書かれている各項目の目的です。また、青囲みの文字は、事例の中で見られた子どもの姿です。

ウエッブとはくもの巣という意味ですが、ウエッブの手法で分類することで、あそびの中で子ども達がどんな力を発揮し、どんな力を育んでいたのかが明確になると同時に、10の姿はあそびの中で絡み合いながら子どもの育ちを支えていることがよくわかります。

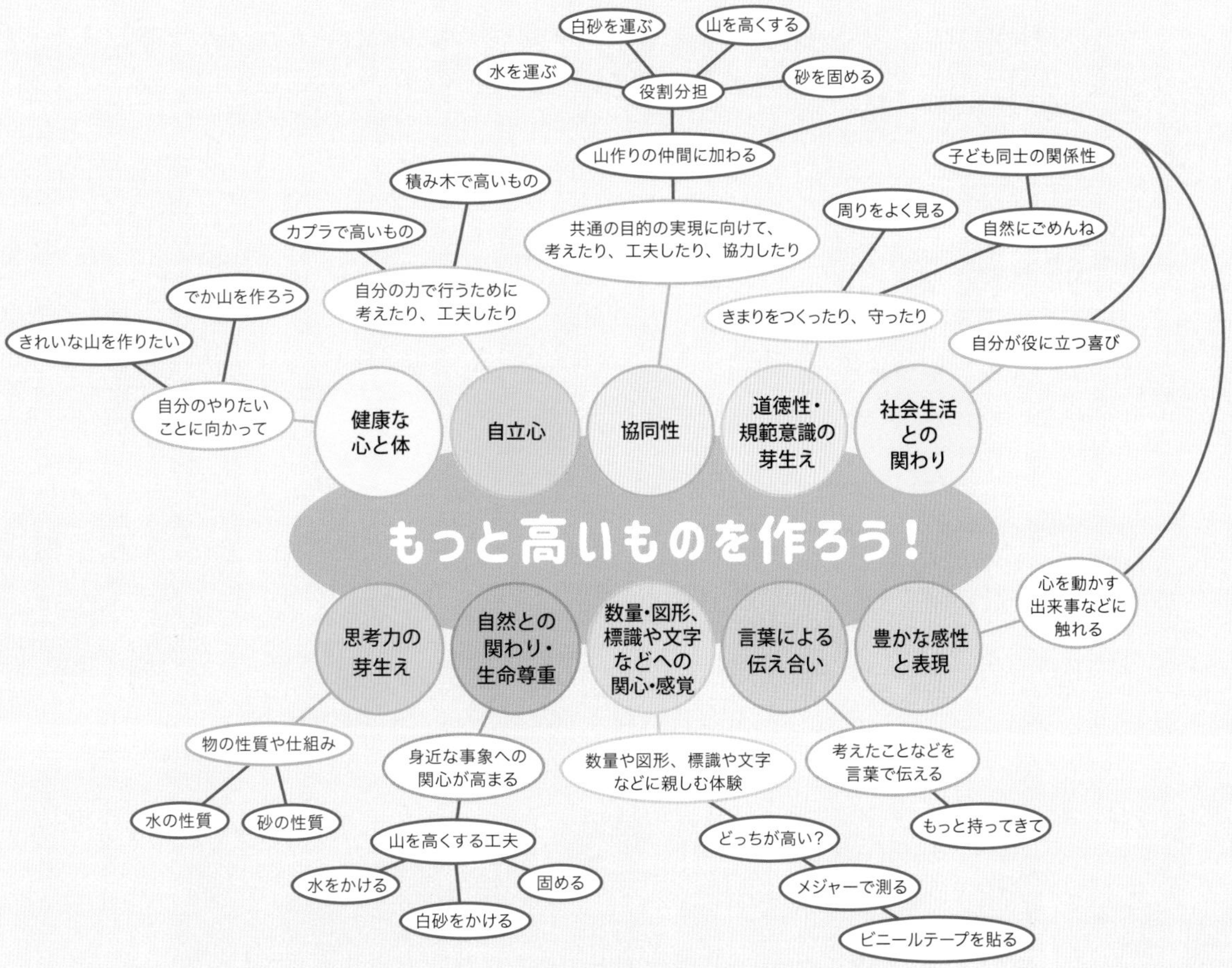

今回の事例では、「でか山を作ろう」という声から始まった子ども達のあそびと、その中での保育者の役割に焦点を当ててみました。ここでの保育者の役割とは、保育者が設定したことを「させる」「やらせる」のではなく、子どもの興味や関心を捉え、願いを持ち、子ども達の意欲を高めるように工夫し実行することをいいます。

事例の中で、保育者はたくさんの子どもが参加した方が楽しくなると考えて２つの山を作る提案をしたり、高さへの理解が深まるように、壁面に高さをテープで示したりしています。こうした保育者のタイムリーな提案や環境構成が子どもたちのあそびをより広げ、その中で学びが深まり、10 の姿がより豊かに見られるようになっていくのでしょう。

（田澤里喜）

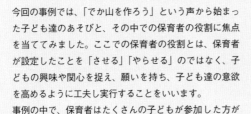

保育実践を10の姿で考える⑫

ウエディングドレス作り

実践提供・日比野里紗（宮前幼稚園・神奈川県）

もの作りが大好きなどんぐり組※の子ども達。塗り絵のドレスの絵柄に興味を持ったことをきっかけに、本物の生地を使ってのウエディングドレス作りが始まりました。

※どんぐり組＝認定こども園の２号認定（満３歳以上で保育に必要な事由に該当）の子ども達が教育時間後を過ごす異年齢児クラス名。

あそびのはじまり 塗り絵からドレスへの興味へ

日頃から様々な題材の塗り絵を楽しんでいた子ども達。

その中にドレスの塗り絵がありました。

「あら、私のウエディングドレスに似ている！」。

担任が結婚式の写真を子ども達に見せると、

「素敵！」「ドレスを作ってみたい！」。

ビニール等の素材を使ったウエディングドレス作りが
始まりました。

ドレス作りのきっかけとなった塗り絵

担任のウエディングドレスの写真

あそびのひろがり 1 写真を見ながら……

保育者のウエディングドレス姿や、
他にもいろいろなドレスの写真を参考にしながら
ドレスを作ります。
「ここはリボンを使おうよ！」
「やっぱりピンク色がいいんじゃない？」など、
子ども同士で話し合いながら
工夫する姿がありました。

友達と相談しながら

フラワーペーパーで装飾作り

ビニール素材の
ウエディングドレスが完成

あそびのひろがり 2 ファッションデザイナーの生地屋さんへ

どんぐり組がウエディングドレス作りを楽しんでいることが、
職員会議で話題になりました。
ある保護者から「保護者にファッションデザイナーがいて、
生地屋さんも開いている」という情報が……。
子ども達に伝えると「行ってみたい！」と大興奮。
早速、生地屋さんに出かけました。
見たことがないほど種類が多いのに圧倒されながらも、
ドレス作りに使う生地を、目を輝かせながら選んでいました。

保護者が営む生地屋さん

ウエディングドレスに
ピッタリの生地はどれかな？

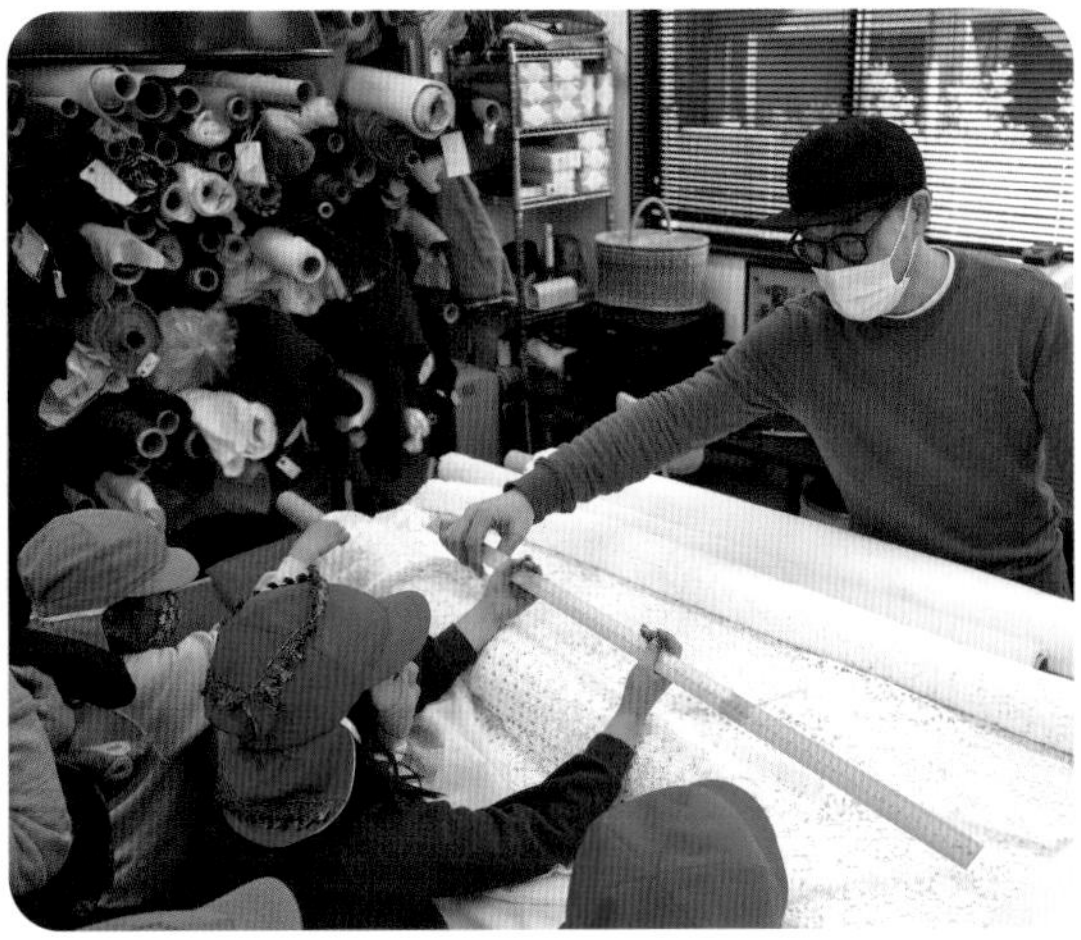

ものさし・はさみ・ミシン……、
様々な道具を紹介してもらいました

あそびのひろがり 3 本物の生地で作ろう！

自分達で選んだ生地を使ったウエディングドレス作りが始まりました。
針を使って縫ったりミシンを使ったりなど、初めてのことにも挑戦。
世界に一つだけのドレスの完成を目指します。

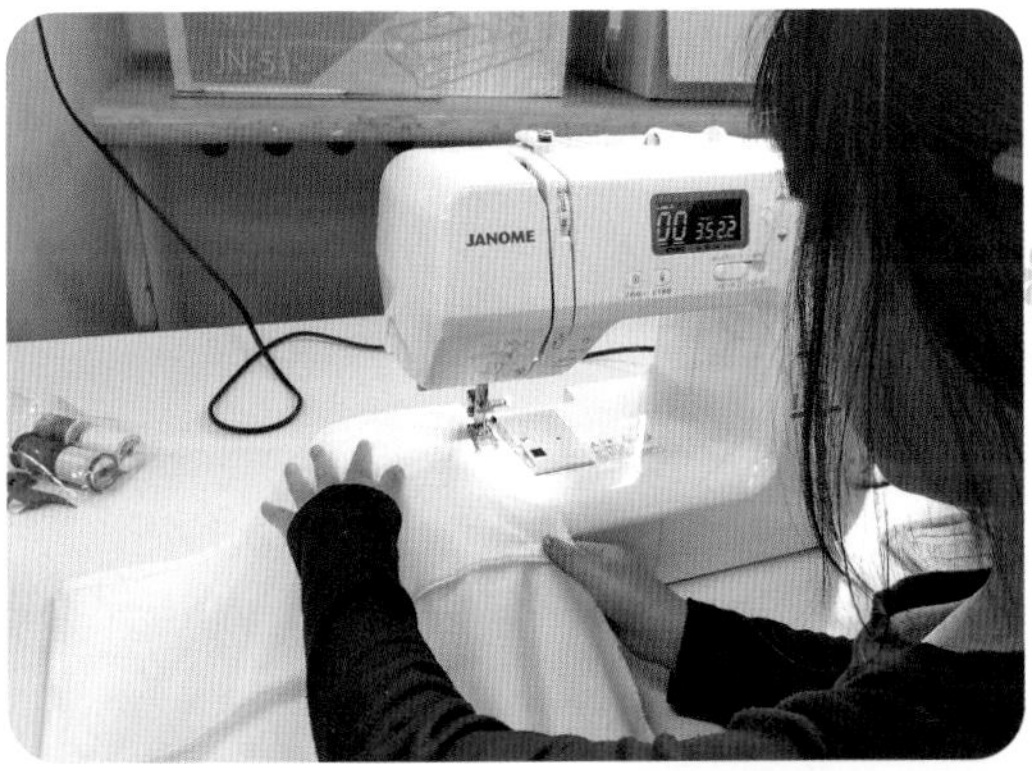

ミシンは最初は保護者と一緒に。
慣れたら子どもだけで

素敵な模様の生地も合わせて使おうか……

一つひとつ丁寧に縫い合わせていきます

次ページで実践を振り返ります

ウエディングドレス作りを振り返る

副園長の亀ヶ谷先生と担任の日比野先生に、ウエディングドレス作りのあそびを振り返っていただきました。

きっかけは塗り絵から

【亀ヶ谷】ウエディングドレス作りは、どんなことがきっかけで始まったんだっけ？

【日比野】どんぐり組の子ども達はふだんから塗り絵が好きで、その中にドレスの絵柄がありました。それが私のウエディングドレスに似ているという話をしたら、子ども達からドレスを作ってみたいという声が上がったんです。

【亀ヶ谷】「健康な心と体」の、自分のやりたいことに向かっていく姿だね。カラービニールを使ったり、モールやリボン、いろいろな素材を使いながら作っていたけれど、それは「自立心」の、自分の力で行うために考えたり、工夫したり、にあてはまるね。子ども同士の関わりはどうだった？

【日比野】ここにはリボンを使ってみよう、ここはレース素材にしてみようなどと、話し合いながら進めていました。

【亀ヶ谷】自分達のドレスを作ろうと、「協同性」の共通の目的の実現に向けて、積極的に関わり合っていたんだね。当然「言葉による伝え合い」も活発で、自分で考えたアイデアを伝え合ったりしていた。

【日比野】意見が食い違うことがあっても、話し合って折り合いをつけていました。

【亀ヶ谷】「道徳性・規範意識の芽生え」の友達の気持ちに共感したり相手の立場に立って行動する姿だ。

生地屋さんを見学

【亀ヶ谷】1着目のドレスが完成した頃に、姉妹園の保護者の中に、ファッションデザイナーをしながら生地屋さんも営んでいるお父さんがいることがわかったんだよね。

【日比野】そうなんです。それで、実際に生地屋さんを見学させていただけることになりました。

【亀ヶ谷】「社会生活との関わり」の、地域の身近な人と触れ合う体験ができることになったんだ。

【日比野】子ども達は、本物の生地を目の前にしてどきどきわくわく、目を輝かせていました。

【亀ヶ谷】生地屋さんの見学は、子ども達にとって「豊かな感性と表現」の心を動かす出来事だったね。きれいな布地に目を奪われていただけではなく、生地の長さや装飾用のボタンがどれくらい必要か考えたり、「数量・図形、標識や文字などへの関心・感覚」の数量や図形に親しむ機会としても貴重だったね。

【日比野】生地屋さんでは布地を見るだけではなく、ものさし、はさみ、ミシンなど、本物の道具に出合うこともできました。

【亀ヶ谷】「思考力の芽生え」の、物の性質や仕組みを知ることもできたね。

本物の生地でドレス作り

【亀ヶ谷】生地屋さんの仕事に触れたり、生地や飾りを買ったりすることができて、このあと、ウエディングドレス作りはどんなふうに発展していったの？

【日比野】本物の生地で、ミシンを使ったり、針で縫い付けたりなど、初めてのことにも積極的に挑戦していました。

【亀ヶ谷】生地屋さん見学という心を動かす出来事を契機に、本物のウエディングドレスを作りたいという意欲が一層強くなったんだね。そして、自分達のドレスを作り上げていくという表現過程を、友達同士で楽しみ、味わっていた。日比野先生はこの事例の中で、どんなことが一番印象的だった？

【日比野】年齢もクラスも違う子ども達が、一つにまとまっていったことですね。自分達のドレスを作り上げた子ども達の自信に満ちた笑顔も忘れられません。

【亀ヶ谷】保護者の協力で心を動かされ、子ども達の自立心や協同性が大いに発揮された事例だったね。

ウエディングドレス作りのウエッブ

ウエディングドレス作りでの子どもの姿を、「幼児期の終わりまでに育ってほしい10の姿」に沿って分類しました。10の姿の項目と同じ色で囲ってある文字は、教育要領や保育指針に書かれている各項目の目的です。また、青囲みの文字は、事例の中で見られた子どもの姿です。

ウエッブとはくもの巣という意味ですが、ウエッブの手法で分類することで、あそびの中で子ども達がどんな力を発揮し、どんな力を育んでいたのかが明確になると同時に、10の姿はあそびの中で絡み合いながら子どもの育ちを支えていることがよくわかります。

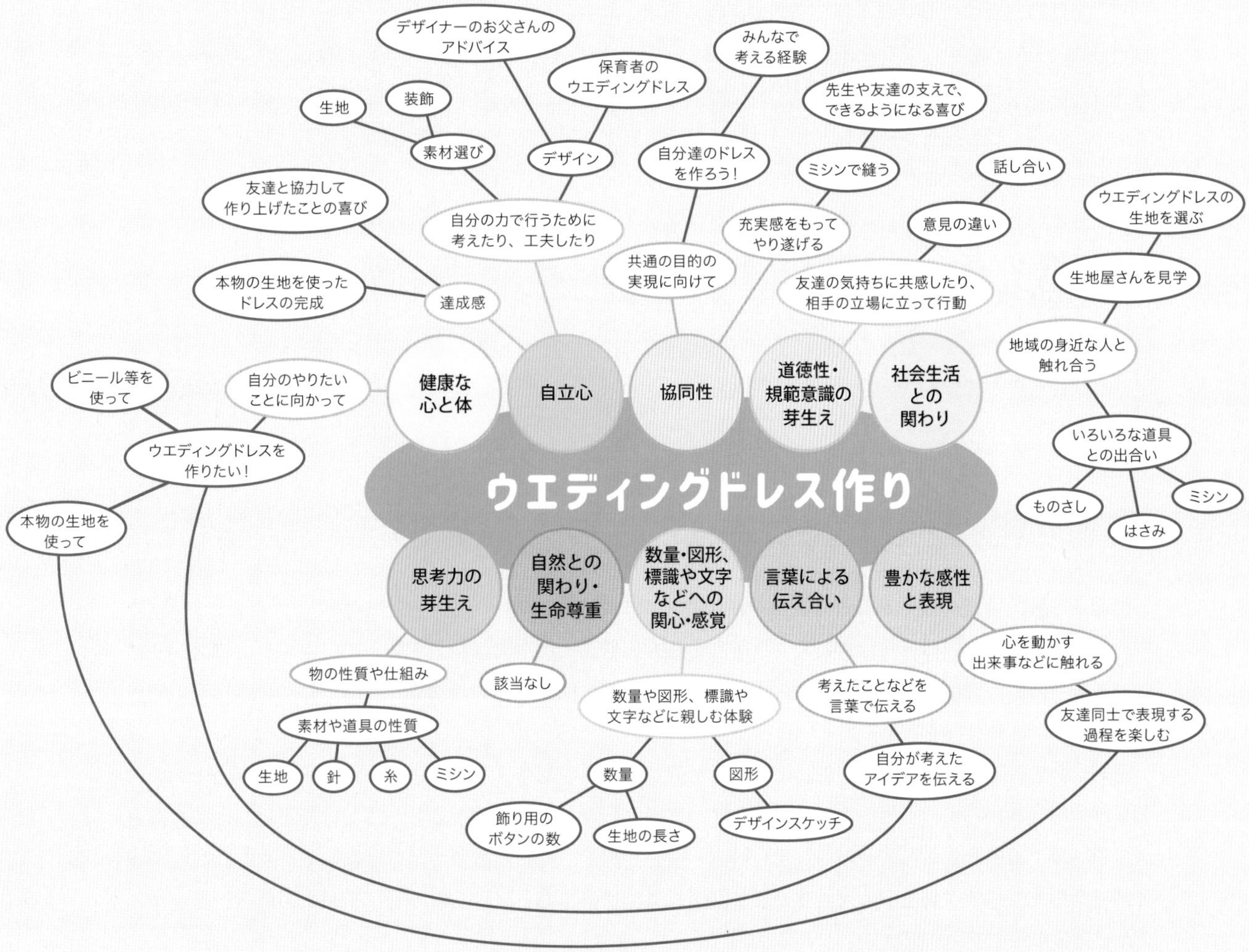

ウエディングドレス作りの中で、子ども達は塗り絵をきっかけにして、保育者のウエディングドレス、生地屋さん、ミシンなど、たくさんのホンモノに出合っています。ホンモノに触れたからこそ、子どもたちの興味・関心はさらに広がり、ウエッブ図に見られるような多様な姿につながっていったのでしょう。

あそびの中には様々な学びがありますが、その多くは無自覚なものです。子ども達は楽しい、面白い（時に悔しい、悲しい）などの思いを感じつつあそぶ中で、多くのことを無自覚に学んでいて、それが幼児期の終わりに10の姿として現れるのだと改めて実感しました。　（田澤里喜）

column 2

東一の江こども園が大切にしていること

東一の江こども園は東京都江戸川区にあるこども園です。2023 年、東一の江幼稚園と併設されている小規模保育施設「東一の江保育園こすもす」をひとつにして、幼稚園型認定こども園となりました。

こども園となるにあたって、園のホームページのタイトルを「あそびのなかに育ちと学びがある」としました。これが東一の江こども園の一番大切にしている保育理念です。

子ども達の生活の中心はあそびです。保育者の指示・命令に従う毎日ではなく、また、決まったことに取り組むことを中心にするのでもなく、「やりたい！」「どうなってるの？」と、子どもの興味･関心を出発点に、あそびのなかで子どもたちが試したり、時に失敗したり、笑ったり、泣いたり、保育者も一緒になって考えたりしながら、子ども自身は自覚していませんが、生きていく上で大切な育ちや学びを得ています。東一の江こども園はそれを大切にしたいのです。

だからといって、ただあそんでいればいいとは思っていません。本書の様々な事例などを見ていただければわかるとおり、あそびが充実するような環境の工夫やアイデアを常に考えています。

子どもたちは日々の生活のなかで少しずつ育っていきます。その「少しずつ」がやがて大きな育ちや学びにつながっていきます。だからこそ、子ども達が「ああ、たのしかった。また明日もあそぼうね」と思えるような保育を日々重ねていきたいと願っています。

（田澤里喜）

宮前幼稚園・宮前おひさまこども園が大切にしていること

宮前幼稚園・宮前おひさまこども園は神奈川県川崎市にある認定こども園です。園では「今この瞬間を、わくわく生き活きとびっきりに輝いて！　子どもも大人も」という言葉を大切にしています。これは、子どもはもちろん、保育者や保護者といった大人も、様々なことに好奇心を持ちながらわくわく楽しんでくれたらとの期待が込められています。

園には大きな築山、小川、森、田んぼといった豊かな自然があり、子どもたちが水や土、草花の変化などを五感で感じながらあそび込める環境になっています。しかし、自然環境の豊かさだけで子どもの育ちにつながるわけではありません。子どもが自ら興味・関心を抱き、それが広がったり深まったりすることによって幼児期の大切な学びがあると考えています。保育者には子どもと対話しながら、子どもの経験が充実するための環境構成の工夫を重ねていってほしいと願っています。

そこで、1 人だけで保育を抱え込むのではなく、保育者同士で語り合うことを大切にしています。また、写真や動画などの記録を保育に取り入れることで、子どもの姿を共有し、その時の思いや気持ちを読み取ったり、あそびが面白くなるアイデアを出し合ったりしています。10 人の保育者がいたら、10 通りのアイデアが生まれるはずです。だからこそ、みんなで意見を出し合い、子ども一人ひとりの思いに寄り添い、願いが実現できる保育を目指しています。

（亀ヶ谷元譲）

3章

もっと環境の工夫を

本章では、子どものあそびがより面白く、充実するためのアイデアと工夫を紹介しています。

幼稚園教育要領等では、環境を通して行う教育は子どもの主体性と保育者の意図がバランスよく絡み合うことが重要だと示しています。

子どもが主体性を発揮しながら園生活を過ごすためには、保育者が願いや意図をもって関わったり、環境を構成したりすることが欠かせないのです。しかし、実際には、「なかなかあそびが盛り上がらないのはなんでだろう？」「ちょっと関わりすぎてしまったかな？」など、そのバランスに難しさを感じている方も多いのではないでしょうか。

本章では、保育者があそび心をもって子どもと関わることの大切さや、思わず体を動かしたくなる環境の工夫、その他にも、保育者同士であそび環境の充実を考える園内研修のあり方など、多様な視点から保育者のアイデアと工夫を紹介しています。

具体的な実践例からヒントを得て、いろいろとチャレンジしてみてください！

もっと環境の工夫を❶

お店やさんごっこ

子どもの「やりたい」をキャッチして、スピーディーな援助を

文／田澤里喜（東一の江幼稚園・東京都）

あそびは結果よりもプロセスが大事

子ども達の成長になぜあそびが重要なのか？ それは、あそびは子どもたちが主体的に様々な感情と出会いながら、その中で、生きていく上で必要な多くのことを学べるからです。

そうであるならば、子ども達のあそびについては、結果ではなく、プロセスに注目しましょう。子ども達が心の底から「やりたい！」と思って、ああしよう、こうしようと試行錯誤していくことが大切なのです。

今回は、子ども達が心の底からあそびを楽しむために必要な保育者の配慮や関わりについて、「お店やさんごっこ」を例にあげて考えていきましょう。

子ども達の「やりたいこと」を探る

子ども達が「お店やさんごっこをやりたい」と言っても、何がしたいかは様々です。本物みたいなかっこいいお店を作りたいのか、八百やさんに並ぶたくさんの種類の野菜を作りたいのか、それとも店員さんになりきって、売ったり、お金のやりとりをしたり、を楽しみたいのか……。

まずは、子ども達のことばにじっくり耳を傾けてみることが大切です。

今回取り上げた事例の5歳児クラスの子ども達は、花やさんがやりたいと思っていました。そこで担任が、「どんなお店にしようか？ どんな花を作りたい？」と問いかけましたが、花やさんがやりたいという気持ちはあっても、どんなことがしたいのかという具体的なイメージは固まっていなかったようです。

子ども達のやりたい気持ちを高めるには、どう関わっていったらいいのでしょうか？

保育者の援助

担任は「子ども達が花やさんのイメージを共有できるきっかけをつくろう」と考えました。そして「保育雑誌に載っていたお店やさんごっこの店のデザインや花の作り方を、子ども達の目に触れるところに掲示すること」を思いつきました（写真①）。

保育雑誌のお店やさんの実例をコピーして掲示

写真①

あそびの広がり

花やさんの掲示に子どもたちが集まってきました。「このお店かっこいいね！」「この花は、どうやって作るのかな？」

お店やさんの写真を見ることで、花やさんでやりたいことが、子ども達にも明確になってきました（写真②）。

どんな花を作ろうかな？
やりたいことが明確に

写真②

いろいろな種類の花でいっぱいの、おしゃれなお店にしたいと、子ども達同士で相談し、たくさんのアイデアが生まれていきました。

「花やさんに行ったら、漢字で『花屋』って書いてあったよ」

「でも、漢字は難しいよ」

「じゃあ、先生に書いてもらったら」

自分たちでできないことは、できる人の力を借りようと考えるのは見事な問題解決能力です。やりたいという真剣な気持ちから生まれた発想です（写真③）。

漢字の花屋の旗も
みんなのアイデアから

写真③

援助のポイント＝子どもの「やりたい」が薄れないうちに……

子ども達に「やりたい！」という気持ちが芽生えても、あそびが始まるまでに時間がかかってしまうと、その思いは薄れていってしまいます。

そうならないために、保育者は目の前にいる子ども達が、なにをやりたいと思っているのかを素早くつかみましょう。そして、やりたいことに集中できる環境をつくり、イメージをふくらませるためのスピーディーで的確な援助が必要です。

初めは難しいかもしれませんが、「子ども達が『今やりたいこと』はなにか」にアンテナをはっていると、だんだんキャッチできるようになっていくでしょう。

子どもの「やりたいこと」をキャッチする

▼

スピーディーで的確な援助

▼

あそびの広がり＝子どもの豊かな学び

もっと環境の工夫を❷

保育者の「あそび心」

「面白い！」保育者の直感をストレートに！

文／田澤里喜（東一の江幼稚園・東京都）

「あそび心」を発揮する

子どものあそびが広がるためには、保育者自身がそのあそびを楽しいと思い、子どもと一緒にあそぶことが欠かせません。

そして、保育者もあそび仲間として、「こんなことをしたら、面白いだろうな！」と「あそび心」を大いに発揮しましょう。子ども達が「ああしよう、こうしよう」とイメージを豊かにするためのよい刺激となって、あそびはより活性化していくことでしょう。今回はそんな「あそび心」の実例を、いくつかご紹介します。

病院ごっこで……

病院は子ども達の興味を大いにかきたてます。病院ごっこやお医者さんごっこのために、廃材を利用して注射器、聴診器、ナース帽、薬などを作るとあそびが盛り上がりますが、さらに楽しくなるようにカルテを作ってみました（写真①）。

保育者が作ったこのカルテは病状、痛いところ、検査項目、検査結果、薬などについて記入できるようになっています。しかも、ラミネート加工をしてあるので、水性ペンで何度も書いたり消したりできるように工夫されています。子ども達がカルテの内容をどこまで理解できるかわかりませんが、カルテがあることで、よりお医者さんになりきることができそうです。保育者の「あそび心」が子どもも想像力をより豊かにするのです。

この病院ごっこにはもうひとつ、保育者の「あそび心」から生まれた面白い小道具があります。救急車の運転に必要な「運転免許証」（写真②）です。特別な許可証を持っているといううれしさで、運転する子どもの表情も真剣になります。保育者の「あそび心」が子どもの心に響いて、子ども達はいっそうあそびに没頭していきました。

何度も書いたり
消したりできるカルテ

写真①

インコの世話をしたい

私の園でつがいのセキセイインコを飼うことになったとき、「世話をしたい！」「わたしもやりたい！」という子がいっぱい出てきました。みんなの気持ちはうれしいけれど、このままでは、だれが、どんな世話をしたのかわからなくなってしまいます。そこで保育者が考え出したのが、セキセイインコを世話するためのチェックシート（写真③）です。

　チェックシートを見れば、その日のインコの世話がまだなのか、済んだのか、だれでも確認することができます。そして、このチェックシートには、インコの健康状態の判断材料になるうんちの観察や鼻の色（オスとメスは鼻の色で見分けることができます）の観察の項目もあります。「餌や水をやるだけで終わるのではなく、子ども達の意欲を大切にしようとする。それが、飼育動物により愛情をもって関わるきっかけになるように……」。保育者らしい配慮にも「あそび心」が感じられます。

子どものプライドをくすぐる免許証

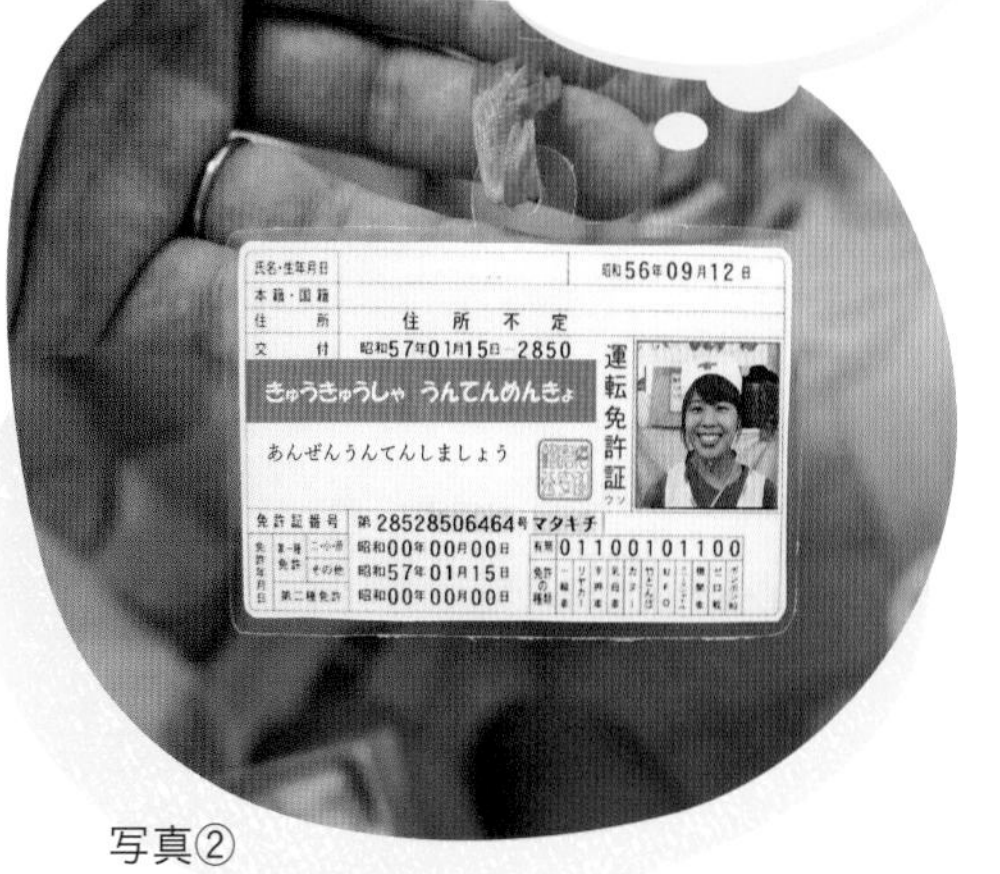

写真②

みんなで情報を共有できるチェックシート

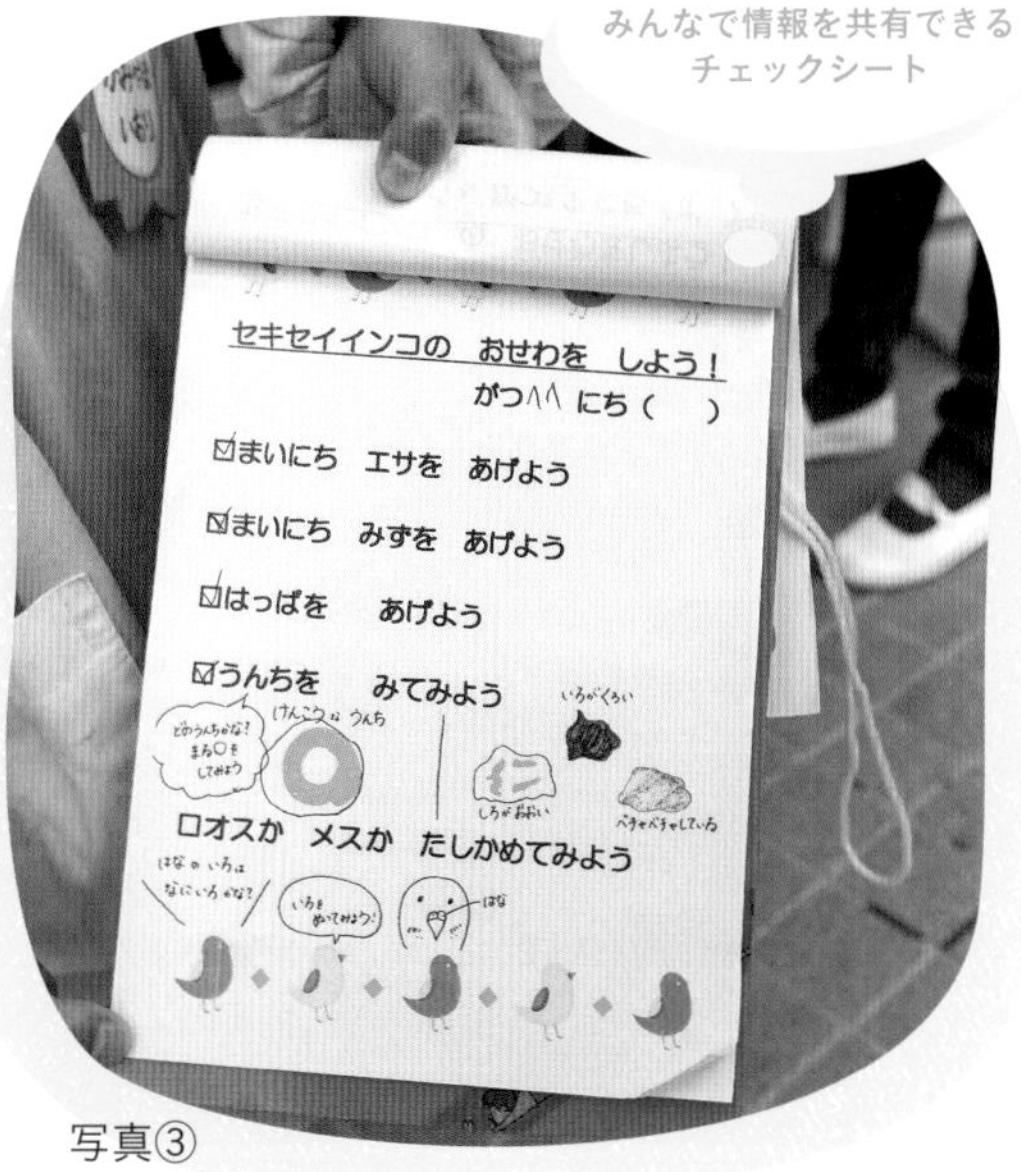

写真③

カマキリは何を食べるの？

カマキリを飼っていた年長児が「カマキリは何を食べるの？」とつぶやきました。どんな餌を食べるのか実験が始まりました。アブラムシ、イモムシ、ムカデなど、園庭で捕まえた生き餌があるかと思えば、突然ソーセージも……。子どもらしい自由な発想が、なんとも愉快でワクワクします。そのワクワクをもっと多くの子ども達にも知らせたいと願って、保育者は実験結果をポスターにして貼り出しました（写真④）。

　正面を向いたカマキリの顔のアップの写真はとてもインパクトがありますね。保育者が「あそび心」を発揮してデザインしたポスターの効果は絶大で、それまで関心のなかった子どもが、昆虫は何を食べるかに興味を持つようになったり、今度はこれをやってみたらと、実験にアドバイスをくれる子も出てきたり、他のクラスや学年にまで、関心が広がっていきました。

　3つのケースを紹介してきましたが、どのケースでも、保育者は難しいことをしているわけではありません。保育者自身が直感的に「面白い！」と思ったことを、子ども達にストレートに提案しています。それだからこそ、子どもの心にも、すとんと受け入れられるのでしょう。

　保育者の「あそび心」は、子どものもっとやりたいという意欲を引き出します。そして、あそびの中でのより深い学びへとつながっていくのです。

写真を効果的に使ったインパクトのあるポスター

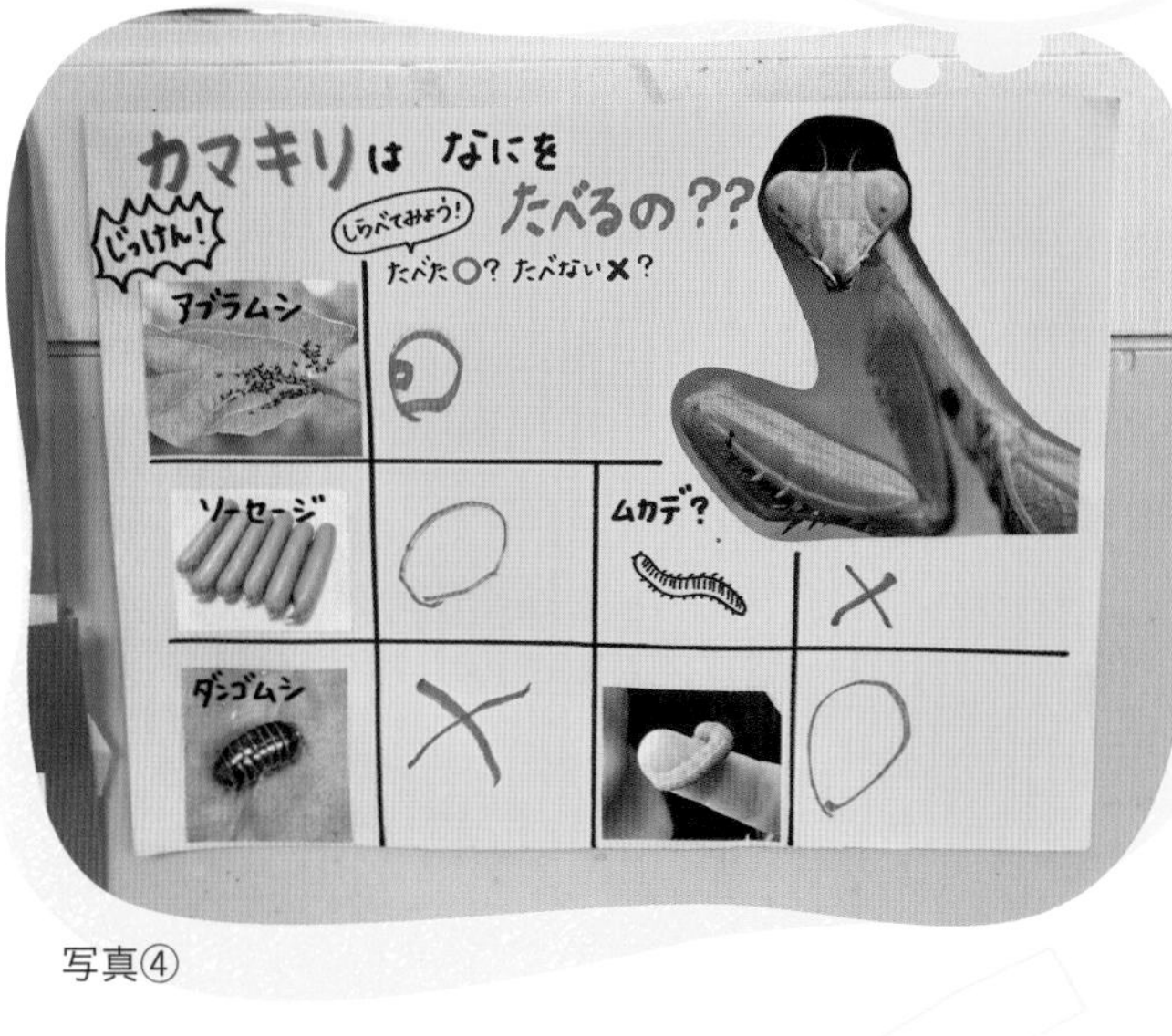

写真④

もっと環境の工夫を ❸

園庭あそびに、ひと工夫

「なにを大切にしたいか」を考えて

文 / 櫻井喜宣（さくらい幼稚園・神奈川県）

あそびがマンネリ化していないか

砂場あそびやなわとびなどは、どの園でもよく見られる園庭あそびです。子ども達は毎日のびのびとあそんでいるようですが、よく見ると、ただ同じことをくり返しているだけで、あそびが深まっていく様子が感じられないこともあります。マンネリ状態から抜け出し、あそびを活性化させた実例をご紹介します。

砂場でのままごとあそびに本物の調理器具を

砂場に本物の調理器具を置いてみたら……

写真①

ままごとあそびは、ファンタジーの世界を想像してあそぶ場合もあれば、料理をしたり、食べたり、日常生活を再現したいと思ってあそぶ場合もあります。日常生活を再現する場合、どうしたらよりリアルな体験ができるだろうかと考え、家庭で使っているフライパンやカップ、木製皿、泡立て器、フライ返しなどを、砂場に置くことにしました（写真①）。

すると、「次は卵をかきまぜるから、そのシャカシャカ（泡立て器）貸して！」「もうすぐお味噌汁できるから、そのカップでコーヒー飲んで待ってて！」など、あそび方も、イメージの広がりも、言葉のやり取りも、より具体的になり、子ども達のこだわりがたくさん表現できる場へと変化していきました（写真②）。本物と触れることで、子どもにスイッチが入ることを実感しました。

子ども達の表現が豊かに

写真②

なわとびチャレンジ

跳んだ回数を記入する
なわとびちょう

写真③

一人なわとび（単縄）に夢中になる子ども達。「先生！　数えてて！」と自分が跳ぶ様子を保育者に見せに来ます。

「1・2・3・4…20・21！」。たくさん跳べて子どもはとても満足そう。けれど、しばらくすると、「さっき何回跳べたっけ？」と聞きに来ます。

「子ども達の意欲をもっと自信に変えられるようにするにはどうしたらいいだろう……？」。そこで思いついたのが『なわとびちょう』です（写真③）。

子ども達は『なわとびちょう』に大喜び。保育者が跳べた回数を記入し、「明日はもっと跳べるようになりたい」と意欲を持つ子、「今日は16回跳べたよ」と、『なわとびちょう』に自分で数を記入するのが嬉しい子。反応は様々ですが、『なわとびちょう』を持ち歩き、今まで以上になわとびであそび込むようになりました。さらに、子ども同士で数字の書き方を教え合う姿もありました。『なわとびちょう』を通して「対話的な深いまなび」の場面を目のあたりにすることができました。

＜なわとびりんぴっく＞

なわとびでは、友だち同士で跳んだ回数を意識し合ったり、競い合ったりする姿も多く見られました。そこで、『オリンピックイヤー』にちなんで、『なわとびりんぴっく』というボードを、園庭に掲示することにしました（写真④）。なわとび連続100回以上のチャレンジに成功すると『なわとびりんぴっく』の掲示板にその子の名前が掲げられるのです。

なわとびで、「全員、何回跳べるように」というような到達目標を作ってしまうと、それに向けて頑張る子もいる反面、なわとびに興味がない子や苦手な子は、その目標が苦痛になってしまいます。一人ひとりの個性を尊重しているとは言えません。

『なわとびりんぴっく』は到達目標ではありませんし、参加、不参加も子どもの自由です。「自分のしたいことが充分にできて、得意なことをいろいろな人から認めてもらえるように」と意図して保育者が考えたものです。

自由な雰囲気の中で、子ども達は「もっともっと跳べるようになりたい」と努力したり、「抜かれて悔しい」思いをしたり、子ども同士励まし合ったり、貴重な経験をすることができました。これをきっかけに、どろだんご選手権やふらりんぴっく（フラフープ）なども始まりました。

3つの事例を紹介しましたが、大切なのは保育者として「なにを大切にしたいのか」をまず考えることです。そして、どうしたらそれが実現できるような環境になるか、ひと工夫してみましょう。ほんのちょっとしたことから、子どものあそびは大きく変わる可能性を秘めているのです。

なわとびりんぴっくの掲示板。
得意なことを認めてもらえるのも
幼児期の貴重な体験

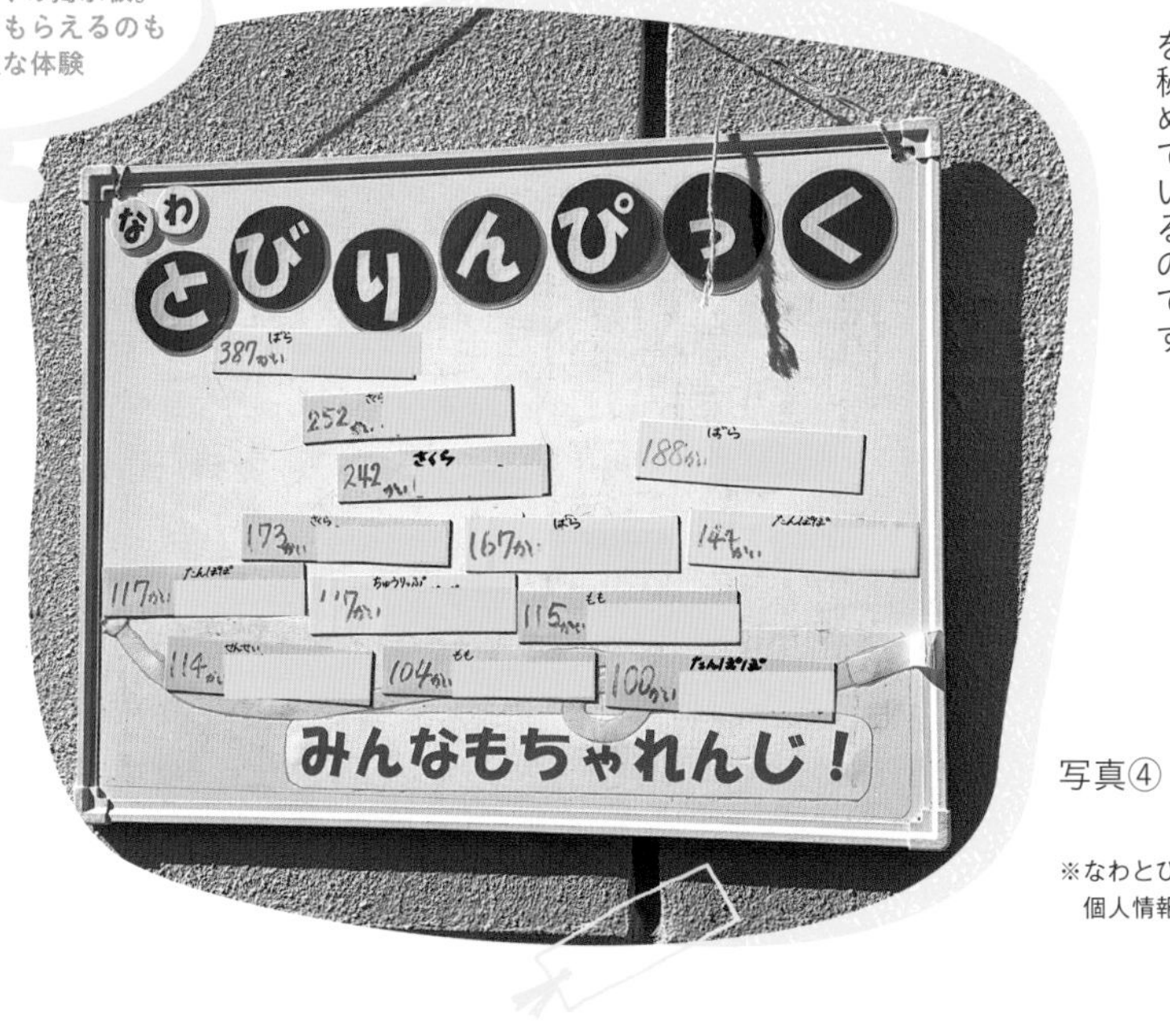

写真④

※なわとびりんぴっくのボードには、実際は子どもの名前が書いてありますが、個人情報にあたるため、誌面の写真には修正を加えています。

もっと環境の工夫を 4

「使いやすい片付けやすい環境」

心地よい、生活・あそびの場を

文 / 佐藤　援（双葉の園ひがしやま保育園・東京都）

「整理」は保育者が、「整頓」は子どもと一緒に

あそびが広がるようにと、遊具をあれもこれもと用意したら、もので溢れかえってぐちゃぐちゃに。かといって、ものを少なくすれば、あそびが充実しない。片付けるときも、思っていた以上に時間がかかったり、しまい方が雑だったりすると嫌な気持ちになってしまう。整理整頓の悩みは尽きません。

保育室の整理整頓を考えるとき、「整理」は、ものの数、収納場所、必要か、不要かを判断して環境をつくること、「整頓」は、決められた場所にものを戻すこと、と考えます。

子ども達の片付けがうまくすすまないのは、片付けにくかったり、使いにくい環境だからなのかもしれません。一緒に片付け（整頓）をしながら、環境づくりのアイデア（整理）を子どもの目線で考えてみましょう。

色分けされていることで、
子どものあそびの発想も
豊かに

写真①

色で分ける

カラフルなおもちゃや教材は、ごちゃ混ぜに収納せずに、できるだけ色で分けて収納しています（写真①）。子ども達のあそびの様子を見ていると、色にこだわったり、色を選んで楽しんでいる姿に気づきます。ままごとの場合、素材が色分けしてあることで、「黄色はたまごやき」「緑色はブロッコリー」など、彩りを考えながらあそびやすくなります。色分けされていることで、ブロックなど、構成を楽しむあそびもぐんと盛り上がります。色数の多いペンや色鉛筆は、「赤、ピンク」「黄色、オレンジ」など、同系色でまとめて置いておいても良いでしょう。

細かく色分けすると、片付けが大変なのでは、と思うかもしれません。でも、子ども達は色分けしてあるとおりに片付けることが楽しいのです。慣れてくると、大人よりもずっとこだわって、色を分けて片付けるようになります。

大きさ、形に合わせて片付けたくなる！

ままごとコーナーはいろいろな種類のおもちゃがあるため、片付けはとりわけ大変です。そこで、皿やコップ、鍋などの底の大きさどおりに、〇や□の形を棚に貼り付けました（写真②）。形合わせのパズルのように、ぴったりの形の上に食器のおもちゃを置いていく、というアイデアです。

誰かに指示されなくても、「これはここに置

けばいいんだな」と理解できるので、子どもはもちろん、大人にも効果てきめんです。担任ではない保育者が突然片付けを任されても、スムーズに片付けられます。特に、合同保育を行っている部屋などではとてもオススメです。

写真②

形合わせパズルのアイデアで片付けも楽しく

数がピッタリは気持ちいい

同じ用途の遊具が、きちんと収納されていると、気持ちがいいですね。必要なものの数だけ収納する場所を用意すると、この気持ちよさをたくさん味わうことができます。写真③のように、専用の収納箱などを用意すると、数の確認もひと目でできます（収納する単位が5になっていると、10までの数を理解する手助けにもなります）。

ものが不足しているときは、「まだひとつ足りないけれど、どこにあるかな？」と探して揃える、という習慣がつくように声をかけると、丁寧に片付けられるようになります。

写真④のけん玉収納は、そこを通るたびに思わず手を伸ばしてひとあそび。使い終わった後もさっと収納できます。この収納を設置してから、棚に置いてあるときよりも子ども達が率先してあそぶようになりました。収納された様子が素敵に見えるのもポイントのひとつですね。片付け終わった後に、また使いたくなる収納アイデアです。

5の単位で区切られた収納スペース

写真③

見た目の美しさも収納のポイント

写真④

明日も続きができるように

子ども達のあそびは、翌日へとつながっていくこともよくあります。作ったものを、明日また続きができるように、とっておきたい場合もあるでしょう。「いつでも完璧に片付けなければならない」と考えず、可能な範囲で取り置きスペースを確保するといいでしょう（写真⑤）。

保育室はモデルルームではありません。子どもにとって心地よい生活・あそびの場でありたいですね。

明日までとっておけるスペースも確保

写真⑤

もっと環境の工夫を ⑤

行事と日常のつながり

共通経験が あそびを豊かに

文／亀ヶ谷元譲（宮前幼稚園、宮前おひさまこども園・神奈川県）

行事を通して、日々のあそびをもっと豊かに

皆さんの園には遠足・運動会・発表会など様々な行事があると思います。行事は子ども達の日常に彩りを加え、あそびがさらに面白く豊かになっていく絶好の機会です。今回は行事と日常がつながり、あそびが充実していくためのアイデアや工夫を紹介します。

水族館遠足のあとで……

遠足で水族館に出掛けました。子ども達は水槽の中の生き物に興味津々。なかでも、〝海の生き物ショー〟でのイルカのダイナミックなジャンプに視線は釘付けでした。

遠足の翌日、保育室の一角を海のコーナーにしてみました。床には大きなブルーシートを敷き、イルカになりきれるように画用紙でお面や背びれを作れるようにしました。子ども達の「ショーをやってみたい！」の声に応えて、フラフープやボールを使って、輪くぐりやジャンプなどイルカショーの〝芸〟がダイナミックに表現できるよう工夫しました（写真①）。

イルカショーを
ダイナミックに表現

写真①

さらに、保育室全体が海の世界になるように、模様が美しい熱帯魚を描けるコーナーも作りました。素材は紙ではなくクリアファイルを使うことで、ファイルの透明感にフェルトペンの発色が映え、カラフルな模様の熱帯魚が完成しました。保育室に飾ったり、持ち手をつけてペープサートにしたり、保育室がワクワクする空間になっていきました（写真②）。

遠足をきっかけに、子ども達の海への興味が高まっていました。そこに、保育者のアイデアと魅力的なアイテムが加わり、子ども達の創造性が豊かに発揮されました。

透明なクリアファイルに
カラフルな模様が映える

写真②

運動会の魅力的な競技

運動会を契機に、子ども達は他の学年の姿に刺激を受けたり、憧れの気持ちを持ったりするようになります。そこで、他の学年の競技に挑戦できる環境を用意しました。

雨の日でも楽しめる
新聞玉入れ
写真③

写真③は玉入れです。カゴは逆さまにしたビニール傘を吊るして、玉は新聞紙を丸めたものを使います。この日は雨でしたが、この玉入れなら室内でもあそべます。新聞あそびをしていた年中児に「年長さんの玉入れをやってみよう！」と提案すると、大盛り上がりの新聞玉入れ対決となりました。身近な素材も、保育者のちょっとした工夫で、楽しい運動会競技に変身しました。

写真④は、運動会で踊ったダンスを披露し合っている姿です。音楽があれば、保育室でも園庭でもどこでもステージに早変わり。運動会では、年長児は自分で染めた縄、年中児はすずらんテープで作ったポンポンを持ってダンスに取り組みましたが、その時に身につけていたものを異年齢間で貸し借りをすることで、子ども達の意欲はさらに高まりました。運動会の時、精一杯応援したり、憧れの気持ちを持っていたからこそ、子ども達は「踊ってみたい！」という気持ちが強くなったのでしょう。

ポータブルスピーカーがあれば
どんな場所も舞台に
写真④

発表会（劇あそび）

年少児が『三匹のこぶた』の劇あそびを楽しんでいました。保育者は、劇活動以外でも、お話の世界を楽しめる方法はないかと考えました。園庭に花壇用のレンガがあったことを思い出し、「レンガの家作りができたら面白そう！」とアイデアが浮かびました。保育室の一角に、さりげなくレンガを積んでおくと、子ども達に大ヒット！　興味を持った子が集まり、レンガの家作りが始まりました。レンガを積むだけにとどまらず、園庭の土と水を混ぜて泥のセメントを作る子や、砂場道具の左官コテで泥のセメントをならす子など、レンガの家作りはどんどん本格的になっていきました（写真⑤）。

劇あそびを通して、クラスのみんなが『三匹のこぶた』のお話に親しみ、物語のイメージが根付いていたからこその姿でしょう。

真剣にほんもののの
レンガの家作り
写真⑤

3つの事例に言えることは、行事が子ども達の共通の経験となっていることです。共通の経験だからこそ、イメージも共有されているので、保育者のアイデアや子どもの発想にみんなが共感し、あそびがさらに面白くなっていきます。

日々のあそびが行事によって深まったり、豊かになったり、行事と日常はつながっています。行事は行事のために行っているのではなく、日常の生活やあそびを豊かにする機会だと考えると、様々なアイデアが湧いてくるでしょう。

もっと環境の工夫を⑥

造形あそびが活発になる環境作り

子ども達が手に取って、すぐ使えるように

文／三上祐里枝（RISSHO KID'S きらり・神奈川県）

種類別にケースに入れて、見えるように並べる

写真①

道具の置き方

道具などを用意しておくときの基本は、子どもに見えるように置いておくことです。とびらのある棚の中にしまっておいたのでは、子どもが使いたい道具を探しても、すぐに見つけることができません。

道具は種類別にケースに入れて置くようにします。はさみ・セロハンテープ・のり・ボンド・マーカー・色鉛筆など、それぞれの道具ごとに分けて、見えるように置きます。

はさみの種類や大きさは年齢や用途によって異なるため、種類別（布切り用・段ボール用・左利き用など）にしています。

テープ類とのりやボンドは別のケースに入れていますが、「接着するときに使う」という同じ用途のものなので、となりあわせに置いています（写真①）。

素材の置き方

造形あそびに必要な素材も、子ども達が使いやすい状態にしておくことが大切です。

ストローや割り箸、モールなどは3〜5㎝くらいの長さに切っておきます（写真①右奥）。折り紙や画用紙は子どもが使いやすいサイズに切っておくとともに、四角（正方形や長方形）だけでなく、三角や円形、花形のものなども置いておくと、製作の発想が広がるきっかけにもなります（写真②）。

容器の活用

散らばりやすい素材は容器に収納しておきます。中身が見える透明な容器を使うと便利です。ビーズやスパンコールなど、特に細かな素材はふたの付いている容器に入れ、それ以外の素材はふたのない容器に入れます（写真③）。

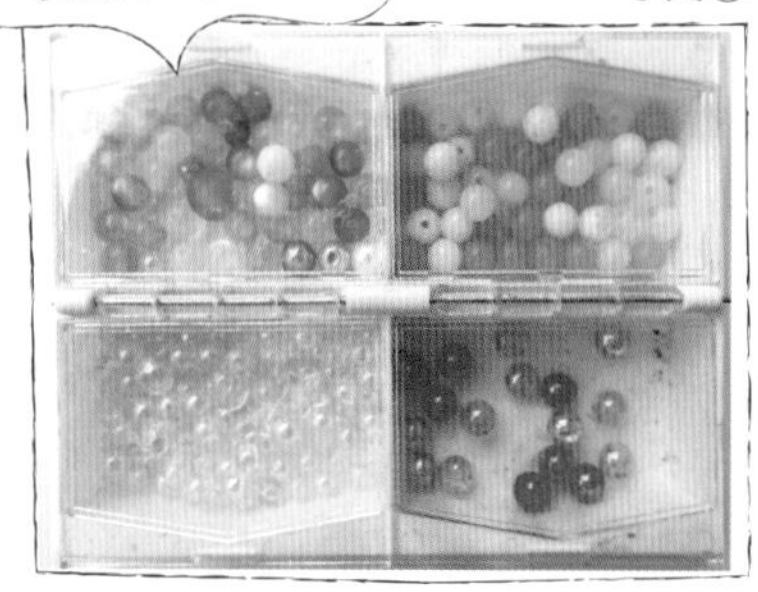
散らばりやすいビーズはふた付きの容器に

写真③

いろいろな形を用意しておくと、子どもの発想も豊かに

写真②

使いやすさへの配慮

毛糸は適当な量をトイレットペーパーの芯に巻いて出します（刺繍糸のようなもっと細い糸は、木製のクリップに巻いておきます）（写真④）。

ビニールテープやワイヤーなど、丸い素材はフックにかけて色がわかりやすいように（写真⑤）。

すずらんテープは30㎝程の長さに切って出しておきます（写真⑥）。

道具と同じように、素材についてもちょっとした配慮や工夫があると、子ども達の作りたい気持ちが高まることでしょう。

毛糸はトイレットペーパーの芯に巻いておく

写真④

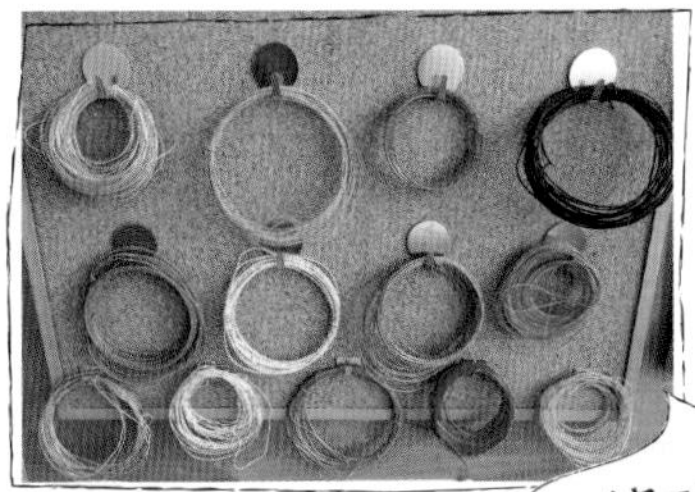

ワイヤーは巻きつけてフックにかける

写真⑤

すずらんテープは30㎝くらいの長さに切って

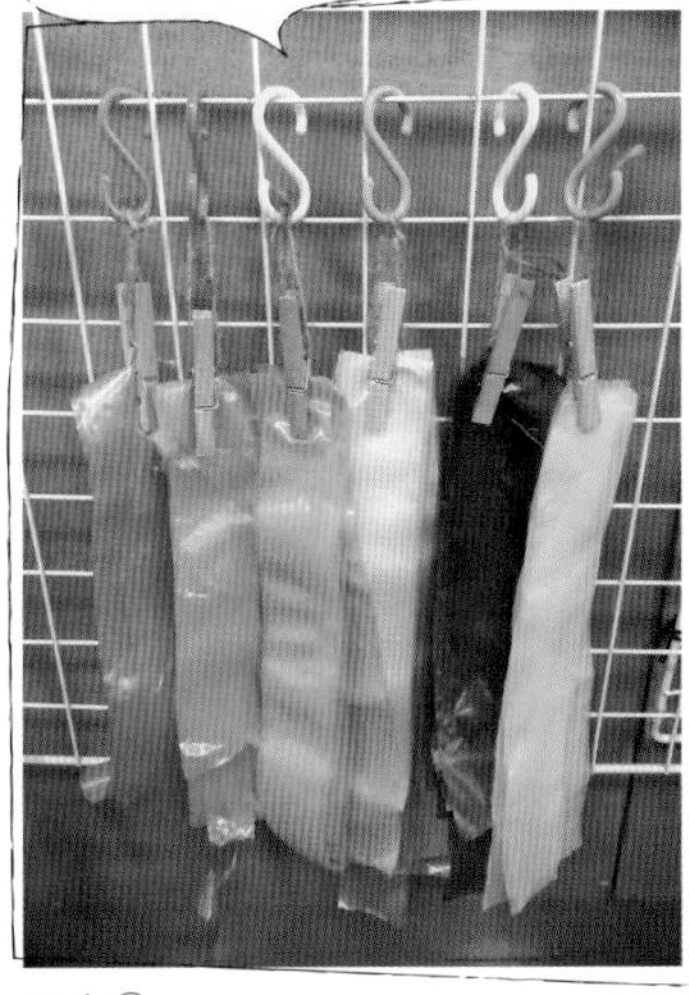

写真⑥

季節感のある色や素材を

夏の季節感のある素材

写真⑦

季節の変化に合わせて、その時期に多く使われそうな色や素材は多めに用意します。春：ピンクや緑の折り紙、夏：水色のスポンジ、秋（ハロウィン）：オレンジ色のリボン、冬（クリスマス）：赤や緑のビーズ、など（写真⑦）。

素材の使われ方を定期的にチェック

出している素材の使われ方を定期的に確認しましょう。一定期間置いていても使われない素材は、一度置くことをやめてみます。一方で人気のある素材はすぐになくなってしまうので、補充のタイミングを見極めます。ただし素材の使い方が乱雑な場合は、子ども達と使い方を見直すことも必要です。

どんな素材が使いたいかなど、子ども達の意見を取り入れましょう。100円ショップなどに道具や素材を買いに行くのも、子ども達には楽しい経験です。

手作りの収納棚

より使いやすい棚を追求した結果、100円ショップのスノコを使って、手作りの収納棚を作ることにしました。

スノコはホットボンドと結束バンドでつなぐことができるので、子ども達の身長に合った高さのものが作れます。また、棚の下にキャスターを取り付け、好きな場所に素材ごと移動することが可能になりました（写真⑧）。

キャスター付きで移動ができる手作り収納棚

写真⑧

「常に子ども達が使いやすい」状態に

子ども達の造形あそびがよりいきいきとしたものになるように願い、私たちの園で取り組んできたことをご紹介しました。大切なのは、道具や素材が子ども達が使いやすい状態になっているか、常に考えることです。「すぐに使える環境」があることで、子ども達の創作意欲は大いに高まるのです。

もっと環境の工夫を 7

地域資源の活用

地域のスーパーの協力を得たイモ祭り

文／高野千春（花小金井愛育園・東京都）

子ども達の興味・関心を広げるために

子ども達のあそびや生活がより豊かなものになるように、地域の資源を活用することがあります。園の環境には限りがあるので、地域にある資源を活用すると、子ども達の興味・関心をさらに広げることができるからです。そうした事例のひとつとして、イモ祭りの様子を紹介します。

お祭り、やりたいな

新型コロナウイルスの影響で、「地域の秋祭り」は中止になってしまいました。それを残念に思ったのか、一人の子が「お祭りやりたいな」とつぶやきました。保育者が「秋にやるお祭りってどんなものかな？」と話題を広げると、子ども達から「おいもを食べる『イモ祭り』がいい」という意見が出てきました。このクラスの子ども達は、2歳のとき、3歳児の焼きいもの活動がうらやましくて、自分たちも焼きいも作りをした経験があります。そんなことを思い出したのでしょう。そこで保育者は本棚から、ドキュメントファイルを取り出してきました（写真①）。

「2歳のときの焼きいもの写真だ！」「みんなで、スーパーにおいもを買いにいったんだよ」「いろんな形のおいもがあったよ」……。

去年の焼きいも作りの話を聞いて、4月に入園してまだ焼きいもを作ったことがない子ども達も、大いに興味がわいたようです。

イモ祭りをするためには、どんなことが必要かを紙に書き出してみることにしました（写真②）。いもはどこで買えるのか、どんな種類のいもを買えばいいのか、いくつ買えばいいのか……。子ども達の気持ちはどんどん盛り上がって、「みんなでスーパーにおいもを買いに行こう」ということになりました。

みんなでスーパーへ

子ども達が望んだことだからといっても、コロナ禍の中、いきなり大勢の子どもが訪れたのでは、お店に迷惑をかけてしまいかねません。そこで保育者はスーパーの担当者に連絡をとり、事前の打ち合わせをしました。スーパーに買い物に行くにあたっては、手を丁寧に消毒すること、商品に手を触れないように約束することなど、園側の事前準備について伝えました。さらに、買い物がスムーズに進むように、購入したいいもの種類を知らせて、仕入れておいてもらう手はずを整えました。

こうした細かなやりとりを通して、スーパー

昨年度の焼きいものドキュメントファイル
写真①

どんないもをいくつ買うか、みんなで相談
写真②

側も協力を快諾してくださり、3歳児クラス24名全員で、スーパーに買い物に行けることになったのです。

スーパーで、本物のお金を払って買い物をする緊張感やワクワク感は、園でのお店やさんごっことは比べものになりません。園を飛び出しての活動は、子ども達にとって忘れられない体験になりました（写真③）。

ほんもののお店は
ワクワクドキドキ
さつま芋
94
写真③

いざ「イモ祭り」

みんなで買ってきたおいもは、「たき火で焼いて食べよう」ということになりました。

すると「たき火をするには、どうしたらいいのか？」「サツマイモはどう焼いたらおいしくなるのか？」など次々と疑問がわいてきます。

「乾いた枯れ葉を集めると、火がよく燃えるらしいよ」（写真④）「おいもは湿らせた新聞紙でくるんで、そのあともう一回アルミはくでくるんでから焼くとおいしくなるんだって」（写真⑤）。友達や家族に聞いたりしながら、子ども達は、ひとつひとつ解決していきました。こうした試行錯誤をくり返したうえでできあがった焼きいもは、なによりのごちそうになりました（写真⑥、⑦）。

乾いた枯れ葉を
たくさん集めて
写真④

1個ずつ丁寧に
くるんで
写真⑤

おいしく焼けるかな？
SPACE
写真⑥

おいしい！
写真⑦

身近な資源を生かす

焼きいもは、子ども達が掘ってきたいもを食べるために行うことが多いと思います。収穫した喜びが食べる喜びにつながっていく楽しい活動です。

今回の『イモ祭り』では地元のスーパーに協力していただいたことで、お金のやりとりをして買い物をするという、ごっこあそびではない、ほんものの体験をすることができました。

普段の保育では味わえない社会的な経験は活動のスパイスになり、子ども達は「イモ祭り」に真剣に取り組んでいきました。その分、子ども達の学びも、より豊かなものになったのです。

地域資源は園の立地条件によって変わりますが、必ず保育に生かせるものがあるはずです。たとえば園でラーメンやさんごっこが流行ったとき、本物のラーメンやさんに行ったとしたら、あそびは大きく変わることでしょう。

わざわざお店に行かなくても、園の保護者の中にはある分野について詳しかったり、得意だったりする人が必ずいます。そういう人たちの話を聞いたり、特技を見せてもらったりすることからも、子ども達のあそびや生活は豊かになるに違いありません。

なお地域の資源を活用するうえでは、負担になるかもしれないのに協力してくださる方への感謝の気持ち、そして事前の打ち合わせだけでなく、事後のお礼も忘れないようにしたいです。

もっと環境の工夫を ⑧

運動したくなる環境を作る

「楽しい」&「やった！ できた！」

文／町山太郎（まどか幼稚園・東京都）

多様な運動を経験できるように

子どもはなぜ運動をするのでしょう？「楽しそう」と挑戦するワクワク感、そして「できた！」という達成感が味わえるからではないでしょうか。誰かから強いられて行う運動は長続きしないのです。

子どもには、運動を好む子も好まない子もいます。保育者は運動を好まない子に目が行きがちですが、よく見ると運動を好む子も得意な運動はよくしていても、他の運動は避けている場合があります。どの子も多様な運動をしたくなるような、環境の工夫が必要です。

まず保育者が楽しむ

環境の工夫というと「もの」の準備をイメージしがちですが、ヒトも大切な環境です。保育者がドッジボールに熱中している姿を見れば子どもたちも一緒にやりたくなるものです（写真①）。運動が得意か苦手かは問題ではありません。保育者自身が運動を楽しもうとする姿勢が大切です。

子どもにとっては保育者だけでなく、他の子どもも大切な環境です。特に同じクラスの子どもは良い刺激として作用します。帰りの集まりなどで、「○○くん、たいこ橋に長くぶら下がれてすごかったね」などと紹介すると、次の日には自分もやってみようという子が増えてきます（写真②）。

子どもは保育者とドッジボールがしたくなる

写真①

写真②

友だちを見て、自分もやりたくなる

「やりたくなる」ように視覚に訴える

ボールを投げるという運動も、ただ投げるのではなく、的を用意して当てるようにすると、やりたい気持ちが高まります。的の点数に差をつけても楽しいでしょう（写真③）。室内では、縄や長いゴムなどを張っておくだけでも、跳んだり、潜ったりといった運動を引き出すことができます。そこにマットや縄ばしごなどを加えていくと、見るからに楽しいサーキット場ができあがります（写真④）。何をどこに置くか、子ども達と相談して決めていくと、子ども達の「やりたくなる」気持ちをさらに引き出すことができます。

的に向かって投げるのは楽しい！

真③

写真④

サーキット場が完成！

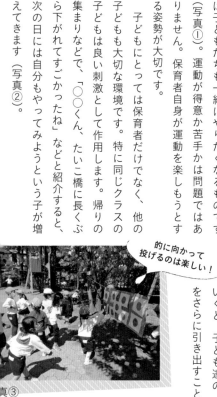

自分で作った道具であそぶ

画用紙を好きな形に切って絵を描いたものにたこ糸を付けるだけで手作り凧が作れます。凧を作れば、誰だって自分の凧を揚げたくなるものです。戸外に凧作りができるテーブルを用意しておくと、いっそう凧揚げの運動あそびにつながりやすくなるでしょう（写真⑤、⑥）。

園庭で凧作り
写真⑤

さあ、
揚げに行こう！
写真⑥

段ボール箱を使うと、もっとダイナミックな遊具も作れます。縦方向、横方向、段ボール箱の好きな向きに穴をあけます。いくつもの段ボール箱をひもでつなげると巨大な迷路のようなトンネルが完成。這ったりくぐったりの運動が展開されます（写真⑦）。

運動あそびの道具を自分たちで作ることによって、より積極的に運動に取り組むようになるのです。

あそび道具の多様な使い方を伝える

段ボール箱はつなげてあそぶこともできますが、もっとシンプルなあそび道具としても様々に使えます。

段ボール箱を乗り物に見たてて、友だちを乗せて運んだり、広げて大きな輪のようにすれば、中に入ってキャタピラあそびもできます（写真⑧）。

保育者は、あそび道具には様々な使い方があることを子どもたちに伝えたり、工夫して使うことを促すような声かけを心がけましょう。

ダイナミックな
段ボール箱の遊具
写真⑦

段ボール箱は乗り物にも
キャタピラにも
写真⑧

掲示物などでモチベーションを高める

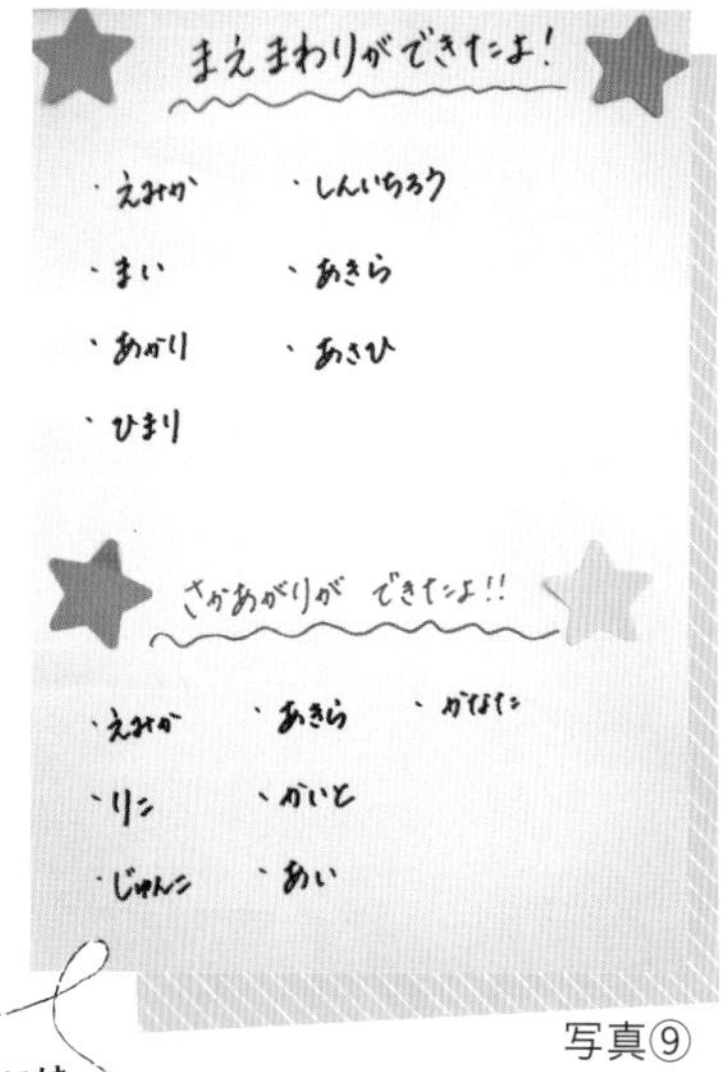
まえまわりができたよ！
・えみか　・しんいちろう
・まい　・あきら
・あかり　・あさひ
・ひまり
さかあがりが　できたよ!!
・えみか　・あきら　・かなた
・りこ　・かいと
・じゅんこ　・あい
名前の掲示には
配慮が必要
写真⑨

鉄棒のまえまわりができるのは誰かな？　さかあがりができるのは？　できるようになった子の名前を掲示することによって（写真⑨）、自分も名前を掲示されるようになりたいと、今まで以上に真剣に運動に取り組むようになります。ただし、鉄棒が上達するのは、簡単ではありません。なかなかできないと、興味を持たなくなってしまうかもしれません。チャレンジを続ける気持ちが損なわれないように、保育者は応援しましょう。

また、すぐにできるようになった子が優秀で、なかなかできない子が引け目を感じるというようなことがないように、自分のペースでいいことや、練習を続ければ上達できることを話しましょう。

運動は得意、不得意が表れやすい活動です。ひとつの運動だけを行うのではなく、これまで紹介してきたあそびを同時進行で実施するなどして、どの子も得意な運動を見つけられるように配慮することも必要です。

みんなが運動好きになって、心身ともに健やかに成長してほしいですね。

もっと環境の工夫を ⑨

ごっこあそびを発展させるには……

「多様な素材」と「スピーディーな対応」

文／田口恭之（かほるこども園・山梨県）

ごっこあそびを発展させるために

あそびが発展するには、子どもが「○○をしたい」と思ったとき、すぐに行動に移せることが大切です。子どもたちのやりたい気持ちにこたえられるよう、私たちの園では、はさみやのり、ボンド、テープ、紐、折り紙、画用紙などの製作素材や、新聞紙、段ボール、空き箱、トイレットペーパーの芯、ペットボトル等の廃材など、必要なものをタイムリーに子どもの手の届くところに置くようにしています（写真①）。

写真①

使いやすい広い製作テーブルと、手に取りやすい製作素材

また、子ども達が「○○ごっこ」をより具体的にイメージできるように、新聞広告や雑誌の切り抜きなどをラミネート加工して、ビジュアル資料を作っています。

ドーナツやさん しようよ！ 〜イメージを膨らませ合うおもしろさ〜

ある年少児が、日曜日にドーナツやさんに出かけた話をしたことをきっかけに、「僕たちも年長さんみたいにおみせやさんであそびたい」ということになりました。「ドーナツやさんにはどんなドーナツがあるかな？」。保育者は子ども達の興味・関心が広がるように、ドーナツ店のメニュー表をラミネート加工しました（写真②）。また、ドーナツを作る素材として、紙粘土や新聞紙、絵の具、シール等を揃えました。そして、子ども達がドーナツやさんになりきってあそぶための手がかりになるように「お店の看板も作ろうか」と提案してみました。

メニュー表のラミネート加工

写真②

保育者があそびの楽しさを演出したことで子ども達のワクワク感が膨らみ、ドーナツやさんごっこは大いに盛り上がりました。「お金もほしいよね」「ドーナツを入れる袋も作ろうよ」。子ども達からイキイキとしたアイデアがどんどん生まれていったのです（写真③）。

写真③

子どもたちのアイデアで作ったお金と袋

けっこんしき しよう！
～ドレス作り～

年少組の女児はおしゃれに夢中です。お化粧コーナーでお化粧のマネをしたり、大人っぽいドレスに着替えたりする姿がよく見られました。やがて興味は踊りへとつながり、舞踏会から「結婚式をしよう！」と発想はジャンプ。

保育者は結婚情報誌や様々なドレスのラミネート資料をお化粧コーナーに貼りました。同時に、カラーポリ袋やマジックペン、折り紙、布等、カラフルな素材を用意しました。

それを見た子ども達には「ドレスが作りたい！」という創作意欲が高まり、「どんなドレスにしようかな？」。素敵なドレスを作るためにイメージ図を描きました。そして、そのデザイン画を基に、用意されている素材を使って、世界にひとつしかない自分だけのドレスはどうしたらいいかをよく考え、作っていきました（写真④）。ドレスを作り終えると、「アクセサリーはどんなものがいいかな？」（写真⑤）、「どんな式場が素敵かな？」……結婚式のあそびはさらに続いていきました。

デザイン画を元に
ドレスを作っていく
写真④

アクセサリーを
考える姿も
真剣そのもの
写真⑤

いえづくり しよう
～だいくさんになりたくて～

年少組の子ども達は、園庭で木材を組み立てたものを家に見たて、お家《うち》ごっこをしてあそんでいました。ある日の振り返りの時間に「お家ごっこは面白いけど、もっと本物みたいな家を作りたい」という意見が出ました。「じゃあ、どんな家がいい？」、担任が質問すると、「一人ずつ入れるのがいい」ということに。そこで実際に一人が入れる家はどのくらいかを床にビニールテープを貼って確かめてみました。「これじゃあ小さすぎる。もっとたくさん入れる家がいい」。

担任はいろいろな家や建物の写真のビジュアル資料を用意しました（写真⑥）。それを見ながら話し合うことで、子ども達も共通した家のイメージを持てるようになり、「一度に13人入れるくらい大きくて、四角い形で、屋根は三角の家」を作ることに決まりました。

いよいよ家作りの始まり……ところが、家作りに必要な段ボールやペットボトルが足りません。さあどうしよう？

「家から持ってくればいいよ」という意見で問題はすぐに解決。担任は家庭に協力を頼むのに、お便りを出さなくても大丈夫だろうかと心配しましたが、子ども達は必要なことを、家族にことばで伝えることができました。早速翌日から、家作りに必要な廃材が家庭から届けられるようになり、みんなで入れる大きな家作りは無事にスタートすることができたのです（写真⑦）。

家作りのビジュアル資料で、
話し合いも円滑に
写真⑥

みんなが入れる
家作り
写真⑦

「いいね！」文化

ごっこあそびを発展させるためには、的確な造形素材のタイムリーな用意と、子どもたちがあそびのイメージを共有できるビジュアル資料がかかせません。

そして、私たちの園で、もうひとつ大切にしているのが「いいね！」文化です。子どもたちは自分が「いいね！」と思ったらそのあそびに参加します。もし興味がなければ参加しなくてもいいのです。自ら楽しいと思ってあそぶからこそ、一人ひとりの子どもの良さが発揮され、深い学びにつながっていくのではないでしょうか。

もっと環境の工夫を ⑩

保護者との連携

保護者との連携で
あそびをより豊かに

文 / 西井宏之（白梅学園大学附属白梅幼稚園・東京都）

保護者と共有する

保護者と連携すること、そのためには日々の保育を伝えるのが大事だとはわかっていても、どう伝えていいのかわからない、あるいは「連携」と言われてもピンとこないという方もいらっしゃるかもしれません。そこで、伝え方の工夫やヒントをご紹介したいと思います。

私たちの園では、文章とイラストで構成した「クラスだより」で、保育の様子を伝えていました。けれど、毎日の発行ではないので、今日あったことを、リアルタイムで知らせることはできませんでした。

そこで、最近は写真を用いたドキュメンテーションを作成しています（写真①）。日々の保育で〝面白い〟と感じたことを、写真と言葉で伝えます。吹き出しをつけて、子ども達が発していた言葉を添えるとより臨場感がでます。

「やってみようかな」と思ったら、今日あったこと（例：畑の苗を植えた、園外保育に行った等）を写真付きでお知らせすることから始めてみるのもいいかもしれません。慣れてきたら、子どもがつぶやいていたことばや、保育者自身が感動したことなども書き加えていくと、あそびや生活の中で子ども達が経験していることが、いきいきと保護者に伝わるでしょう。

年長：たか2
ドンじゃんけんは、格闘技？！
2021年度　6月8日42号
Category・協同

せーので右側チームと左側のチームが線上を走り、出会ったところでじゃんけん。相手チームの、ここの部分を踏めば一点！

自分の仲間が負けたら、すぐに出られるように様子をじっと見守る。この「見る」がないと、すぐに相手に踏まれてしまうからだ。

見よ！この魂の入ったジャン拳を！

最近、子どもたちが外遊びに興じていること。そして、友だちとの関わりを求めていることで、もう少し外遊びのバリエーションがあった方がいいかと思い、火曜日のみんなの活動で、「どんじゃんけん」をやってみました。従来は年中で行い、そのクラスにもよりますが、流行ったり流行らなかったり、そんな遊びです。

しかし、めちゃくちゃ面白かった！！年長のドンじゃんけんは、さながら格闘技！（叩き合ってはいない）。相手チームのマットを踏むべく、とにかくダッシュ！守るほうは、自分のチームの仲間が負けると、相手の猛追を避けるべくディフェンス！言葉ではちょっと表しづらい・・・のですが、とにかく面白い！実際に、また動画で見てほしい・・・。

写真①

遠くからでも
大きく見やすく

保護者からの持ち込み

私たちの園は徒歩通園なので、保護者は必ず登降園時に来園します。そのタイミングを生かして、その日の保育の様子を保育者から保護者へ、手短に伝えるようにしています。

毛糸を使った指編みが50メートルを超えるほど盛り上がっていた時には、「家に不要な毛糸があったら、ぜひご持参ください」と伝えると、すぐに多くの家庭から毛糸が届くようになりました（写真②）。

写真②

家庭の協力で
さらに盛り上がった指編み

また、なぜ「虫よけスプレー」をすると虫が寄って来ないのかが話題になった時、手作りのスプレー液を家から持ってきた子がいました。子どもたちはどうやって作るのか興味津々。そこで、降園時にそのことを保護者に伝えると、翌日、スプレー液の作り方を書いた紙を持ってきてくれました（写真③）。

〝今、知らせたい！〟とか〝すぐに募集したい〟というような場合は、ドキュメンテーションなどではなく、直接伝えることもよいでしょう（写真④）。

手書きの「虫よけスプレー液」の作り方

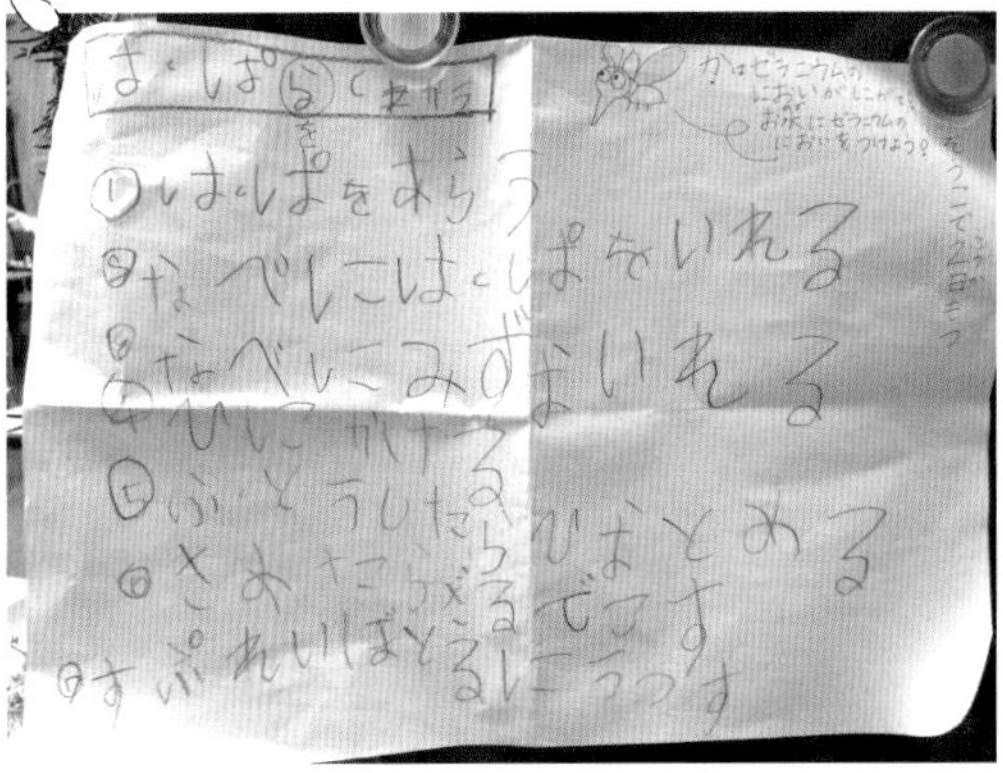

写真③

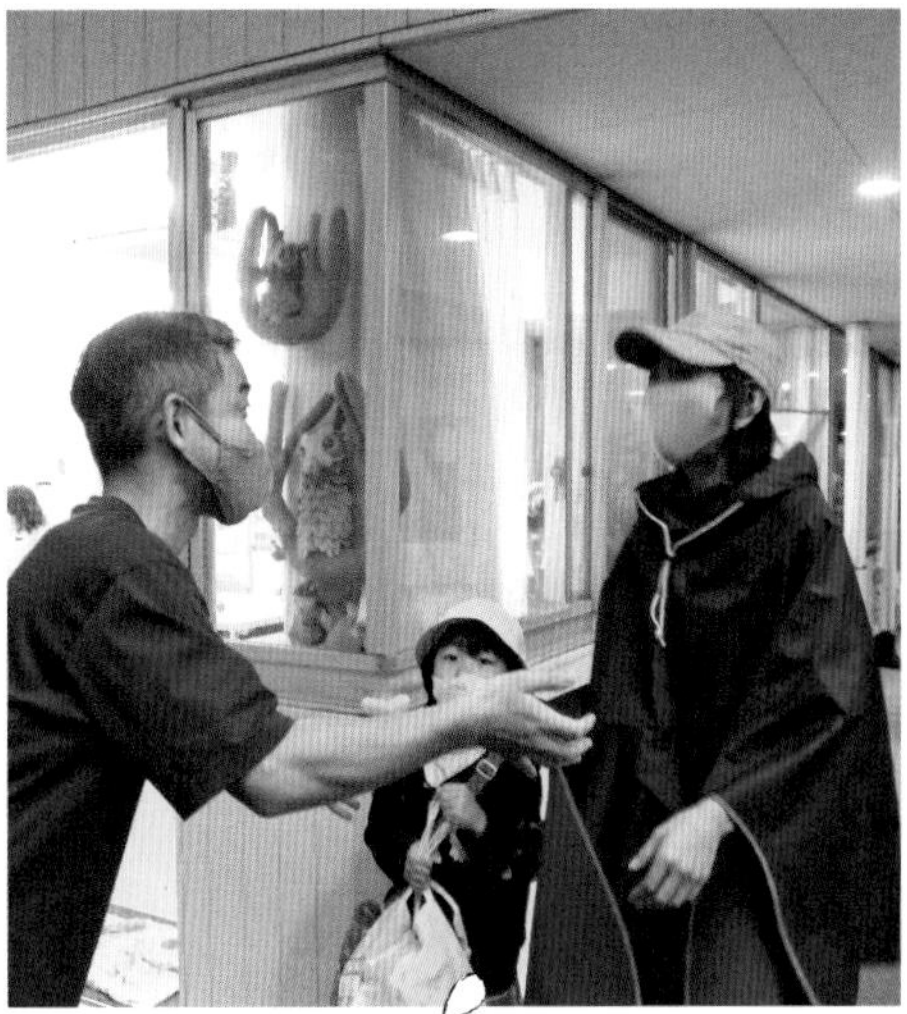
写真④

保育の様子を、直接保護者に伝えることも

保護者に提供する

園や家庭で経験したことが、クラス全体に広がっていった事例を最後にご紹介します。

クラスでゼリーを作ることになりましたが、だれも作ったことがなく、子ども達の熱気もそれほど感じられませんでした。そこで、降園時にゼリー作りをすることを保護者に伝えると、翌日から、ゼラチンを持ってきてくれる子、家の人が教えてくれた作り方を紙に書いてくる子など、ゼリーの情報が集まるようになりました。

週明けの月曜日には、「フルーツ缶詰でゼリーを作ったよ」「うちはかき氷シロップでやったよ」「ゼラチンは水だと溶けないんだよ」「ゼラチンはちゃんと量らないと固まらないんだよ」……。休みの日に家庭で実際に作った楽しさ、経験から得た知識が語られると、他の子にとっても魅力的な刺激になりました。園で聞いたことを家庭で実践し、家庭で経験したことを園でアウトプットするという、とても良い循環が生まれたのです（写真⑤）。

家庭でもやってみてください（各家庭の事情を考慮して強制ではなく）と提案したこと、家庭から提供された素材や子どもが聞き書きしてきたレシピはこう生かされましたと丁寧にフィードバックしたことが成功のポイントでした（写真⑥）。

家庭での経験が園のあそびに生きる

写真⑤

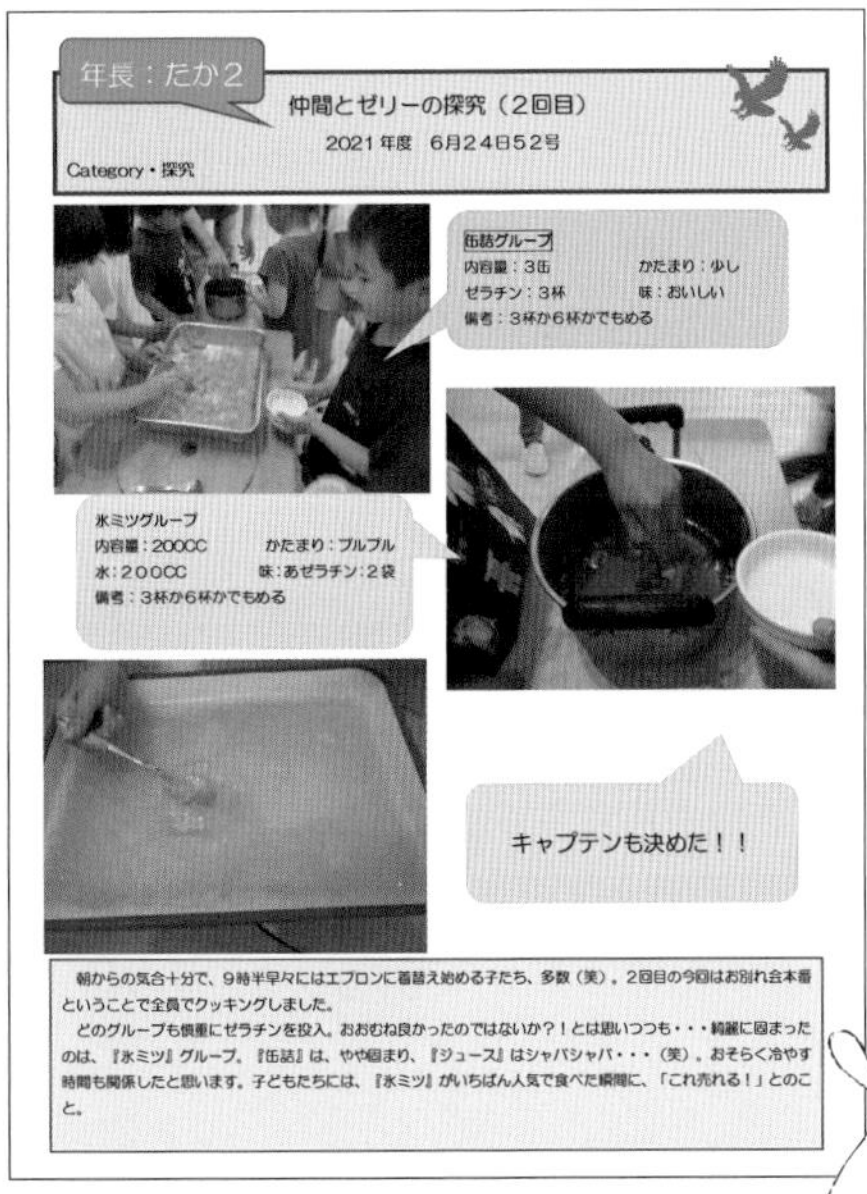
年長：たか２

仲間とゼリーの探究（２回目）

2021年度　6月24日52号

Category・探究

缶詰グループ
内容量：３缶　かたまり：少し
ゼラチン：３杯　味：おいしい
備考：３杯か６杯かでもめる

氷ミツグループ
内容量：200CC　かたまり：プルプル
水：２００CC　味：あゼラチン：２袋
備考：３杯か６杯かでもめる

キャプテンも決めた！！

朝からの気合十分で、９時半早々にはエプロンに着替え始める子たち、多数（笑）。２回目の今回はお別れ会本番ということで全員でクッキングしました。

どのグループも慎重にゼラチンを投入。おおむね良かったのではないか？！とは思いつつも・・・綺麗に固まったのは、『氷ミツ』グループ。『缶詰』は、やや固まり、『ジュース』はシャバシャバ・・・（笑）。おそらく冷やす時間も関係したと思います。子どもたちには、『氷ミツ』がいちばん人気で食べた瞬間に、「これ売れる！」とのこと。

写真⑥

保護者の協力には、ドキュメンテーションで丁寧にフィードバック

日々の保育の中で、子どもが興味を持って取り組んだことを伝えたり、子どもが家庭で作ったものを園に持ってくることを認めたりすると、保護者も子どものあそびを面白がって、協力的な関係が生まれるきっかけになる場合があります。保育者が伝えたことが、家庭に帰ってから親子の話題になるだけでも連携です。大きく構えなくても「お子さんはこんなことを楽しんでいますよ」と伝えることから、園と家庭との連携は始まり、子どものあそびはより豊かになっていくのです。

もっと環境の工夫を⑪

あそびをクラスで共有する

だれもがあそびの主人公

文／土井敬喜・事例実践／鈴木理恵（南大野幼稚園・神奈川県）

ピアノの発表会、私も出たいな

自由あそびの時間にAちゃんが言いました。

「私ね、今度ピアノの発表会に出るんだ。」

「発表会って、なにするの?」Bちゃんが聞くと、「お客さんが大勢いるところで、ドレスを着て大きなピアノを弾くんだよ」。「いいなあ」。

次の日、Bちゃんは、ピアノの発表会の絵を描いて登園してきました。「発表会ってこんな感じ?」（写真①）。Aちゃんに聞くと、「発表会は大きいホールでやるんだよ!」。

「大きいホール?」Bちゃんは良いことを思いつきました。「それなら園のホールでできるね」。

写真①

絵を描くにつれて
発表会に出たい思いは高まって

Bちゃんは保育者のところに駆け寄ります。「ねえ、ホールでピアノの発表会やってもいい?」

そこから、発表会の準備が始まりました。

発表会で何をする?

ホールで発表会の準備をしていると、「なにしてるの?」子ども達が集まってきました。「僕もピアノ弾いていい?」「私はチアで踊りたい!」「私もチアに出たい!」「僕は歌をうたいたい!」「飾り付け手伝おうか?」……。やりたいことを口々に話す子ども達。ピアノの発表会というより、コンサートのようになってきました。

「他にもコンサートに出たい子がいるかもしれないね」。保育者は、紙に「ピアノ」「チア」「うた」「スタッフ」と書き、みんなが見られるように紙を廊下の壁に貼り出しました（写真②）。すると、「この紙なに?」興味を持って見る子ども達。コンサートのあそびは広がりを見せていきました。

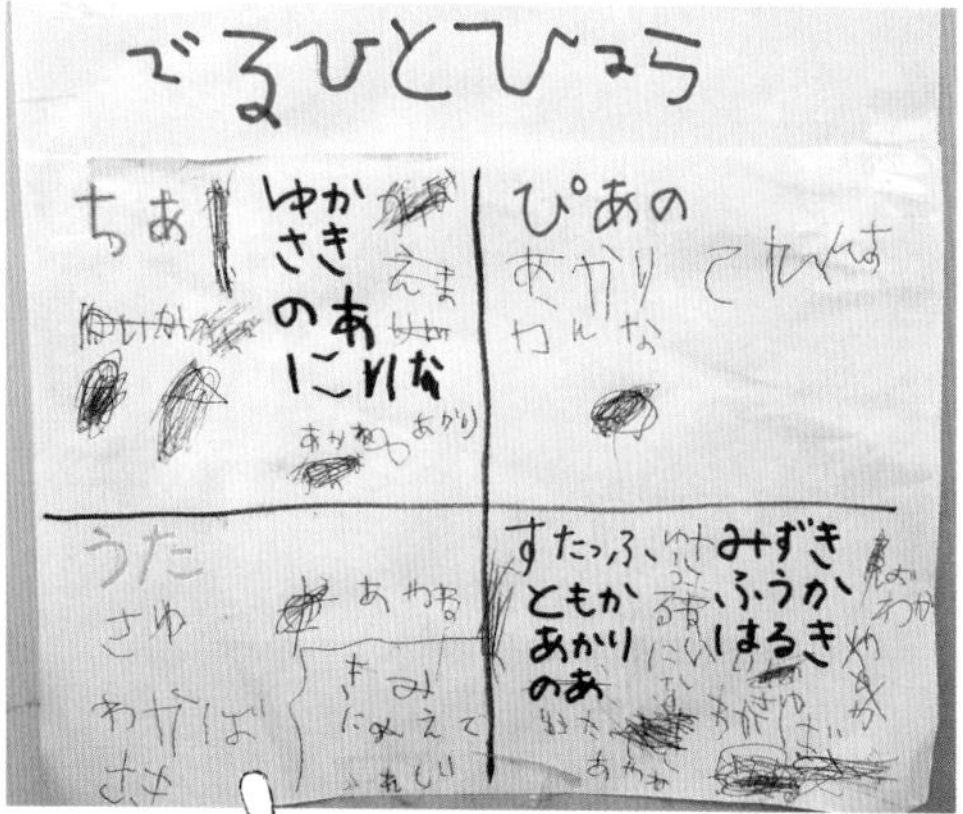

写真②

廊下に紙を貼って、
コンサートに出たい人を募集

クラス全体のあそびへ

私たちの園では、降園する前に、「サークル活動」という時間をつくっています。ここでは、話したいことのある子が「今日、自分がどんなことをしてあそんだか」を発表します。だれかが楽しいと思ったり、興味を持ったりしていることを、クラスのみんなで共有できたら……ということを目的にしています（写真③）。

丸くなって話を聞く
サークル活動

写真③

「私たち、コンサートをするの……」。発表が始まると、すぐにいろいろな声が返ってきました。「私、ポスター作ろうか?」「僕、受付するよ」「音楽を流す人」「約束を言う人」……。保育者がホワイトボードに書き出していくと、コンサートをするためには、いろいろな役割をする人や準備が必要なことがわかりました（写真④）。

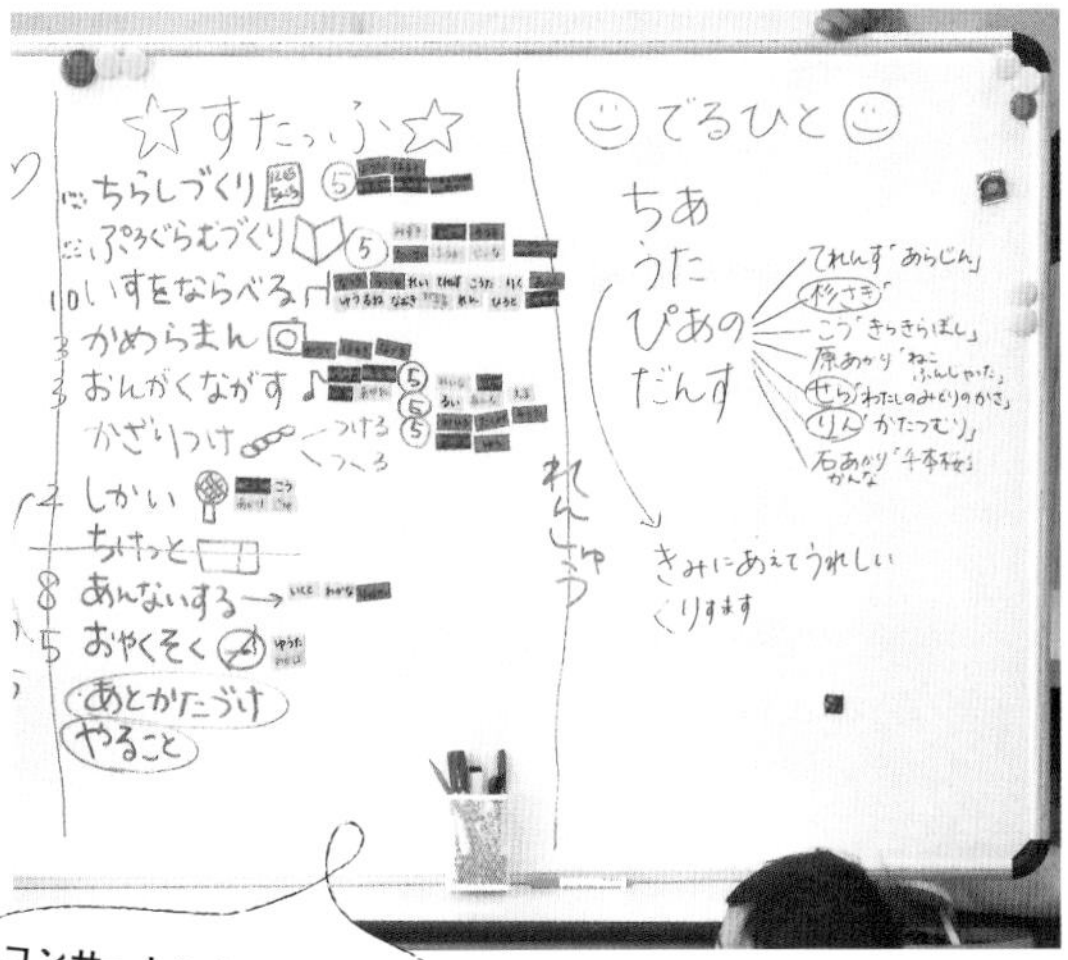

写真④

コンサートに必要なことを
リストに

みんなが主人公

こうして、それぞれのしたいことが決まって、コンサートの準備が具体的に始まりました（写真⑤）。子ども一人ひとりが得意な力を発揮したり、責任を果たしたりすることで、和やかで楽しいコンサートへとつながっていったのです（写真⑥）。

真剣にプログラム作り

写真⑤

写真⑥

元気に発表するチアチーム

コンサートというと、演じる人たちだけにスポットが当たりがちですが、子ども達にとっては、裏方として支えるスタッフ一人ひとりも、それぞれの持ち場を十分に楽しんでいます（写真⑦）。そして「単に見ているだけ」に思える観客の子ども達もあそびの共有者です。彼らの拍手や歓声があるから、コンサートは盛り上がります（写真⑧）。出演者、スタッフ、観客、どれか一つの要素が欠けても、あそびは楽しくなりません。一人ひとりがみな主人公なのです。

ぼくはカメラマン

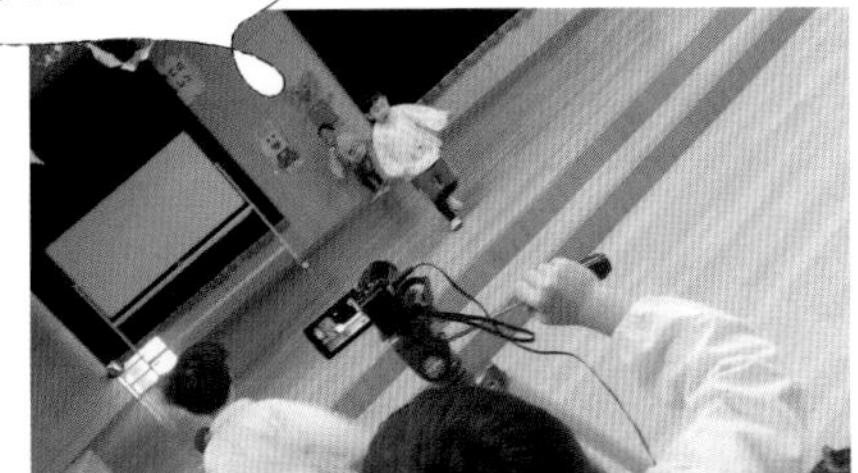

写真⑦

写真⑧

観客もあそびの共有者

「私も発表会に出たい」という子どものつぶやきがクラス全体のあそびへと発展したのは、子どもの思いを受け止めたり、可視化するために紙を貼り出したり、クラス全員で話し合える場を設けたり、場面ごとに保育者の援助があったからこそです。その時どきにどんな援助が必要なのか、それとも今は子どもに任せておいて良いのか、素早い判断力が保育者には求められます。

こうした保育者の適切な対応に支えられて、子どもの力は引き出され、豊かな学びへとつながっていくのです。

もっと環境の工夫を⑫

園内研修

園内研修を
多様な保育につなげよう

文／田中健介（綾南幼稚園副園長・神奈川県）

園内研修は保育者の専門性を高めるためにとても重要な役割を果たしています。しかし、園内研修で学んだことが、実際の保育に生かされなくては意味がありません。園内研修の在り方と、実際に研修の内容を保育に生かした事例をご紹介します。

年間を通じたテーマ設定

年度初め、4月の園内研修は職員配置が変わり、一緒に学年を担当する保育者との顔合わせも兼ねた研修です。今年度、重点的に取り組もうと掲げたのは「"環境を通した保育"を見つめ直す」というテーマです。園内研修に年間を通じたテーマがあると、日々の保育に課題意識をもって取り組むことができ、自らの保育を振り返るきっかけにもなります。園全体で取り組んでも良いですし、それが難しければ「今年は○○に取り組もう」と自分なりに目標を立てるのもおすすめです。

付箋を有効活用

「"環境を通した保育"を見つめ直す」ことのスタートとして、入園・進級したばかりの子どもを想定し「安心して過ごせる保育室」と聞いて思い浮かぶキーワードを個々が付箋に書き出し、その後同じ学年の保育者と共有しました。

ポイントは付箋を使うことです（写真①）。付箋を使うことで考えを整理でき、保育者同士で共有する場合も付箋に書いたことを読むだけなので簡単です。経験年数の浅い保育者も、積極的に自分の書いた付箋を出してみましょう。そもそも正解が求められているのではなく、様々な角度からの意見が欲しいのです。若手の意見はベテランの保育者にとって斬新で、初心に返るきっかけになることもあります。

ぼんやりとしたイメージを具体的なアイデアへ

その後、共通項でまとめた付箋を眺めながら、抽象的なイメージをより具体的なアイデアへと、別の色の付箋に書いていきます。例えば「子どもが落ち着けるスペース」⇒「マットやカーペットを敷く」といった具合です（写真②）。研修後すぐに環境構成に取り組む手がかりにしやすいというメリットがあります。この時、予算やスペースの考慮も大切ですが、制限をかける

写真①

思いついたことを個々に付箋に書き、学年で共有

抽象的なイメージを
より具体的に

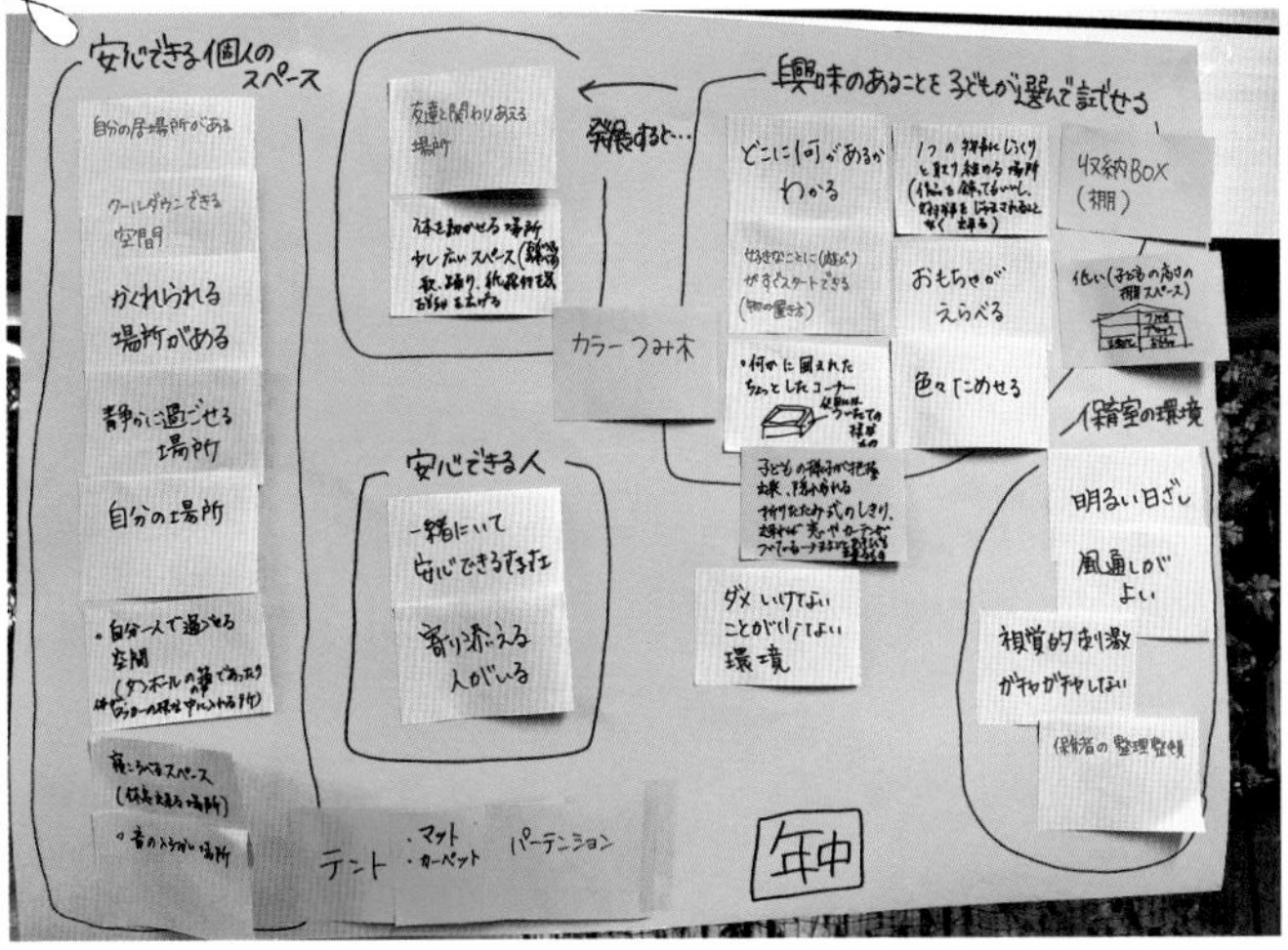

写真②

ことで柔軟な発想や創造力が失われる恐れがあります。まずはワクワクしながら必要なものや試してみたいアイデアを挙げていき、実現の方法はその後考えると良いでしょう。

園内研修から広がったあそび

　〝保育環境の見直し〟という年間テーマから、絵本を身近に感じられるように100円ショップのワイヤーネットを組み合わせて「表紙の見える絵本棚」を作ったり（写真③）、いつでも製作ができるように「素材や道具を整理して置いておくスペース」を作ったり（写真④）など、子どもの興味・関心が広がりやすい環境が生まれました。

　すると、虫の図鑑に興味を持ち、園庭のどこにどんな虫がいるかを調べた「虫マップ作り」（写真⑤）や、ままごとコーナーの延長で「お寿司やさんごっこ」（写真⑥）が始まるなど、多様なあそびへとつながっていきました。

表紙の見える絵本棚
（環境の見直し①）

写真③

素材や道具を整理して置く
（環境の見直し②）

写真④

虫マップ作り
（環境の見直しからあそびが広がる①）

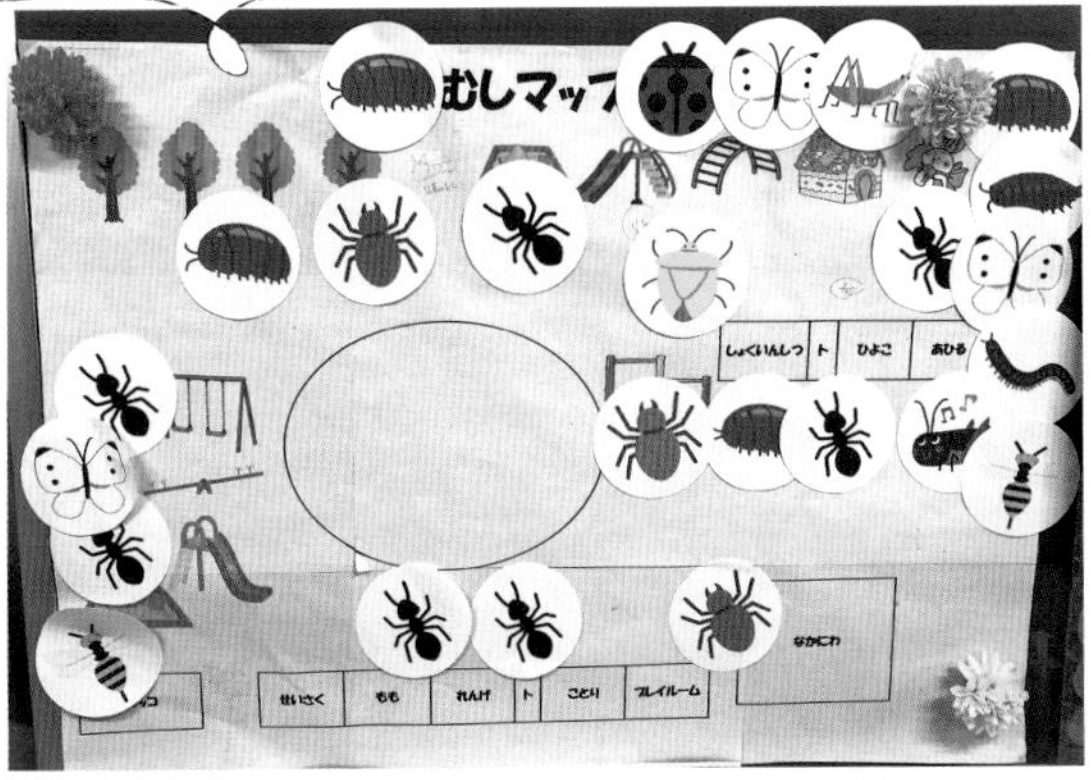

写真⑤

お寿司やさんごっこ
（環境の見直しからあそびが広がる②）
写真⑥

保育の在り方にも多様性を

　今年度の〝保育環境の見直し〟という園内研修のテーマは、子どもの興味・関心を尊重し、あそびを広げ深めていくことへとつながりました。その結果、クラスごとに異なるあそびが生まれ、子ども達はこれまで以上に他クラスの保育室へ足を運ぶようになり、豊かなあそびの輪が広がりました。

　子どもの多様なあそびを支えるためには、保育者のやり方にも多様性が必要です。園内研修は保育に多様さを生み出すチャンスでもあります。

　また、園内研修のない園であっても、外部の研修に参加したり、本を読んだりすることで得られるものがたくさんあります。さらに言えば、同僚や先輩の保育者からも多くの刺激をもらえます。園内をぐるりと回ってみるだけでも様々な発見があるはずです。そして、もし心が動くアイデアに出会ったら、まず試してみることをおすすめします。良い例を真似ることは悪いことではありませんし、子ども達と試してあそんでみることが、より良い保育をめざす一番の近道だからです。

座談会

よりよい保育環境を作るために

司会　田澤里喜（玉川大学教育学部教育学科教授、東一の江こども園園長）

亀ヶ谷元譲（宮前幼稚園・宮前おひさまこども園副園長・洗足こども短期大学非常勤講師他）
田中健介（綾南幼稚園園長）
箕輪潤子（武蔵野大学教育学部幼児教育学科教授）

保育者の思い

【田澤】幼稚園の園長で担任経験もある田中健介先生、大学で学生達の指導にあたっている箕輪潤子先生においでいただきました。保育環境について話し合っていきたいと思いますが、まず、この本を読んだ感想を聞かせていただけますか？

【田中】環境構成で一番大事なことは何かを改めて考える機会になりました。子ども達が楽しんでいることは何か？　何を求めているのかを探っていくこと、そして失敗を恐れないことがすごく重要なのではないかと感じました。どんなにすごい保育者でも、子どもの思いを100％受けとめられるわけではありません。この本の中でも保育者と子どもとの感覚のずれはたくさん見られました。でも、そのずれを保育者が探っていくことが、結果的に子どもとともにより豊かな環境を作っていくことにつながるんですよね。面白い事例が多かったです。

【田澤】「ずれがあるから探っていく」というのは1つのキーワードかもしれないですね。

【箕輪】私はこの本を読んで、環境構成って物とか空間に命を吹き込んでいくことなんだというイメージが浮かびました。保育者が思いをもって構成した環境に子どもが関わることであそびが生まれる。そしてあそびが積み重なっていく中で、各園独特の園文化ができていくのだなと思いました。

【田澤】ありがとうございます。何かすごくうれしい話ですね。

【亀ヶ谷】お二人と同じように、私も保育者の思いが大事だなと感じました。改めて読んでいて、途中で涙が出そうになったんです。それは、いろいろな園の保育者たちが、本当に子どものことを思って環境構成をしていることがすごく伝わってきたからです。ハウツーのための本だったら、もっと事例の出し方は違ったと思いますが、この本は、子どもの姿を受け止めて保育者がどう関わったかということが丁寧に紹介されています。そんな保育者たちの思いを汲み取っていただけるとうれしいですね。

失敗を恐れない

【田澤】田中先生は、この本の中のどの事例が一番印象に残りましたか？

【田中】いろいろありますが68ページの電車

亀ヶ谷元譲

田澤里喜

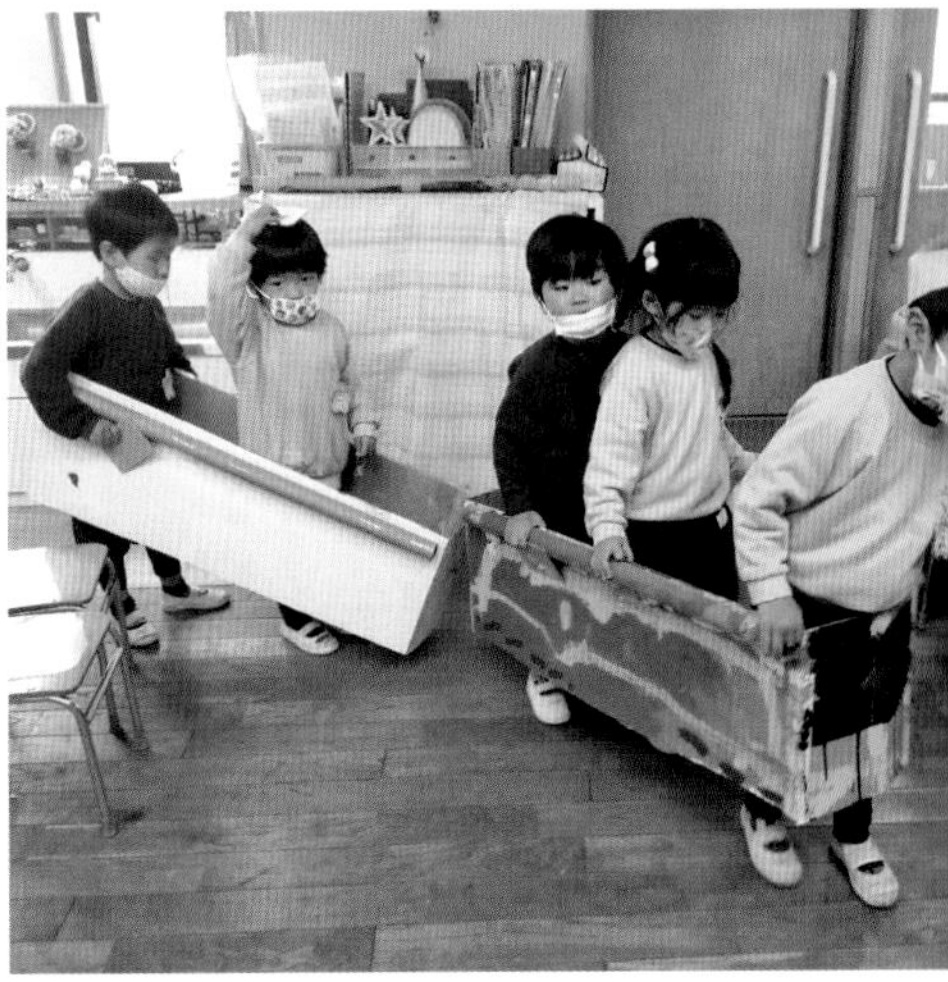

ごっこの事例ですね。私の園の3歳児クラスの子ども達も電車ごっこが好きで、担任は、立派な運転席を作ったんです。ところが子ども達の反応はいまいちでした。そこまでは求めていなかったんですね。保育者は子どもと一緒に環境を作っていく大切さを痛感していました。でも、このことがわかったのですから、貴重な経験だったと思います。

【箕輪】私も、失敗を恐れないこと、子どもの姿を見て再構成することが大事だと思います。子ども達のためにと意気込んで作ったのに、うまくいかないこともあるでしょう。この本の中でずっと語られているのは、環境って子どもと一緒に作るものだよ、ということですよね。

【田澤】そうですね。電車が好きだから電車を作ろう、だけでは浅くなってしまいます。電車の何がこの子は好きなんだろうと探っていくのが、まわりまわって、幼児理解にもつながっていくのでしょう。

【亀ヶ谷】私の園でも、保育者が先回りして準備し過ぎてしまうことはよくあります。電車ごっこの事例は、子どもが長い芯を踏切の遮断機にして楽しんでいるのを担任がキャッチして、3歳児と保育者が対話しながら進めていったからこそ、面白くなったのだと思います。

【田澤】保育者が準備し過ぎてしまうのが必ずしも悪いとも言えないと思うんです。子どもの思いとはずれているかもしれないけれど、保育者が楽しそうにしていると、その楽しさは子ども達にも伝わります。10ページの種の事例は、田中先生が私の園に勤務していた当時の事例なんです。植物好きの田中先生の楽しそうな姿に子ども達も刺激を受けて、広がっていったあそびです。

【田中】最初は、子どもがドングリを集めたところからスタートして、図鑑などで調べているうちに、たまたま園庭に落ちていたオシロイバナの種を見つけて、これも種なんだというところから、種っていろいろあるんだね、集めてみようということになったんです。かなり数が集まったので壁に貼ってみたところで、子ども達も集めるのが楽しくなってきて、とにかく数を集めよう、集めたら貼ってみようと盛り上がっていました。

【箕輪】集めた種を貼るときのテープが普通の

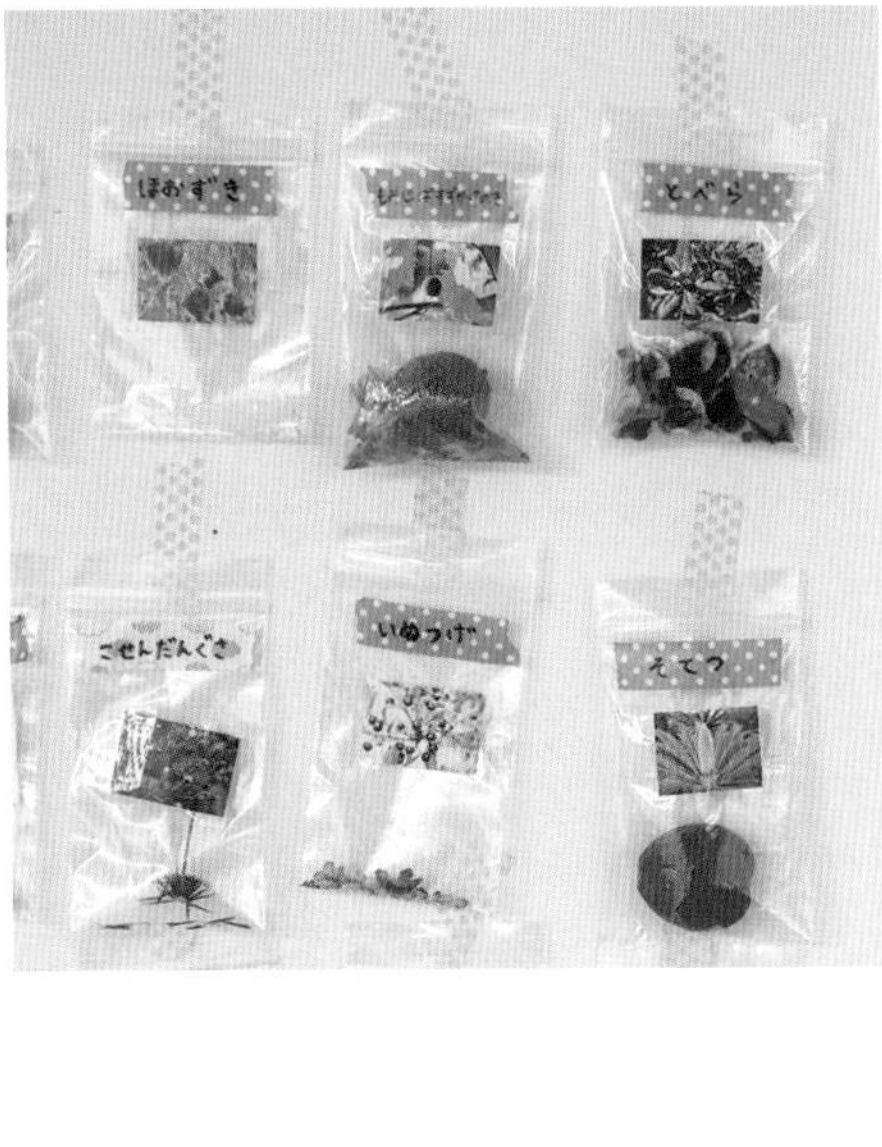

テープではなくて、素敵な色柄のテープで。こんなことも、子どもが種を集めたくなる小さな仕掛けなんだなと感心しました。種研究所のコーナーも面白いですね。図鑑や虫眼鏡が置か

れていますが、いつ置いたのかがとても気になっているんです。早過ぎても遅過ぎても、子どもの思いにフィットしません。きっといつ出そうか迷いながらタイミングを計っていたのではないかと……。

【田中】私の中では、もう少し種の面白さってほかにもあることに目を向けて欲しくて、種研究所のコーナーを作ったんです。種のあそびが、集めることと観察すること、2つのルートに分かれていったらと仕掛けてみました。でもこの時は、形が面白いとか、中身はどうなっているんだろうということにはなりませんでした。

【箕輪】この種集めを参考に亀ヶ谷先生の園でも種集めをするんですが、同じような種集めでも、宮前おひさまこども園では種で実験をする過程を大事にしています（p35）。種を展示す

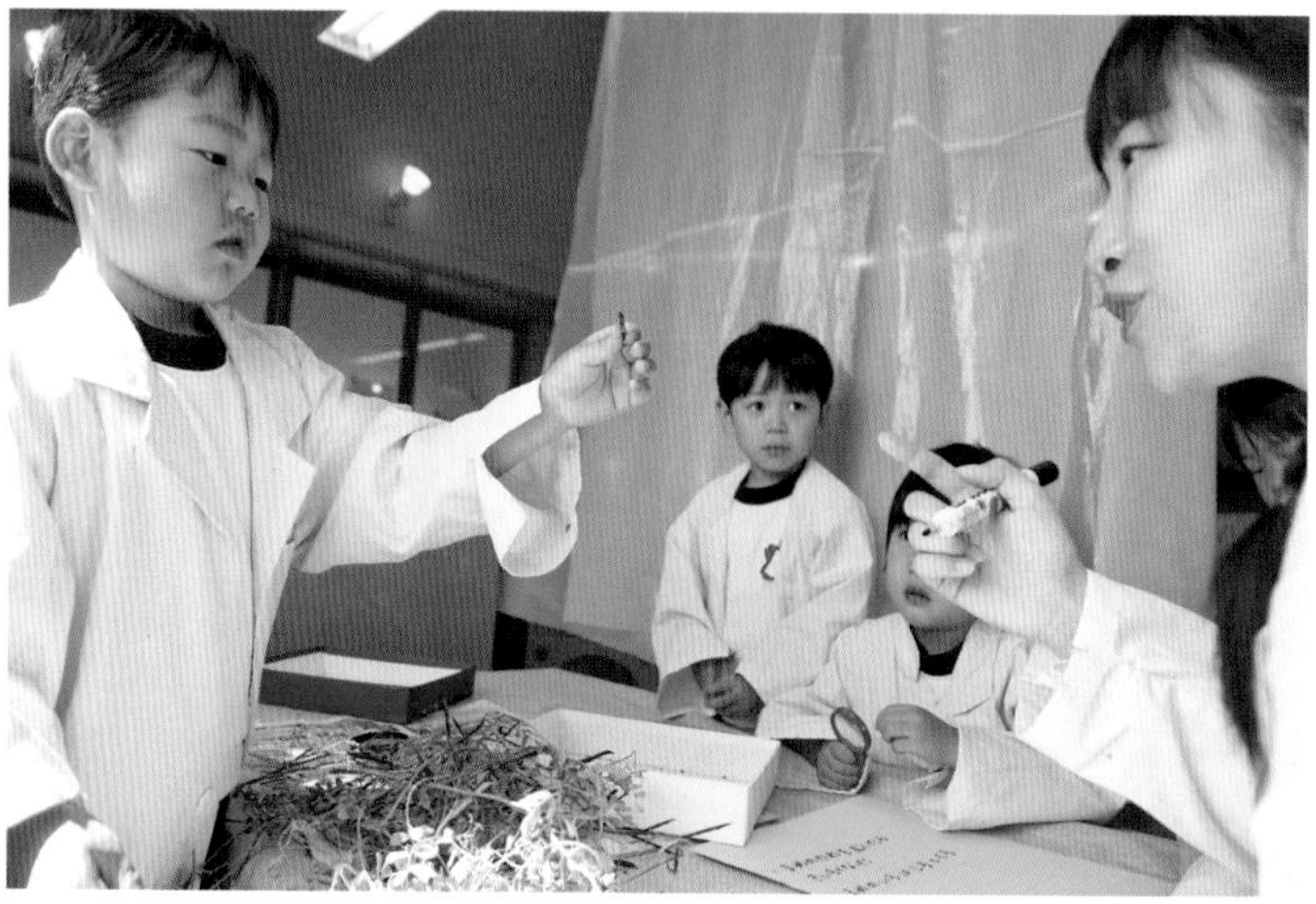

る時は、チャック付きのポリ袋を使っていますが、園による違いが面白いと思いました。どちらもとても豊かな事例ですね。

【田澤】これ面白そうだから私もやってみようかなという出発点、いいですよね。この本にはうまくいった事例ばかり載っていますが、その後ろには失敗したり、子どもの思いがつかみ切れなかった事例が実は山ほどあります。保育者の思いどおりにいかないことなんて当然ですから、失敗を恐れないでほしいですね。

子ども理解と環境の理解

【田澤】この本の2章では、実践を振り返る中で、保育者の思いを話してもらっていますが、そこから何か見えてきたものはありますか？

【田中】48ページの色水あそびですが、始業式

の日にやっているんですね。始業式の日は他にもやらなければいけないことがたくさんあるのに、この担任は「明日ね」と言っていたら、翌日には子どもの熱は冷めていたかもしれないと語っていて、そんなに子ども達がやりたいならとあそぶことを決断します。子どもの思いに寄り添っていく姿勢と実行力がすごいと思いました。

【箕輪】私は、保育者たちの会話の中に出てくる言葉がとても印象的でした。「子どもの姿を見て嬉しい」「この子達はこういうことが好きで」「子ども達、優しいですよね」とか。あそびの中の子ども達の姿を温かい目で振り返っています。「うれしい」ということばが、数えたくなるほど何度も出てきます。

【田澤】先生達、あれも話したい、これも伝えたいって、止まらなかったですよ。うれしさ、楽しさを感じながら保育をしていることがわかり、園長としてもうれしい時間でした。

【亀ヶ谷】84ページの「Rくんのためにコマ大会」という事例の保育者は、退職したんです。そこで対談のために園に来てもらったのですが、数年前のことなのに子ども達の姿を鮮明に記憶していました。子ども達のために、という思いが強かったからですね。

【田澤】思いを込めて作っても、うまくいかなかったり、ずれたりすることもあります。そんな時のアドバイスって、何かありますか？

【田中】担任は、クラスのみんなが楽しめるようにと考えがちですよね。でも、一人の好きなことに付き合ってみると、それが周りに広がっていくことが結構あります。一人の子の面白いなとか、これは何だろうとか、好きだなという思いを、環境構成を通して全体へとつなげていくのが保育者の役割なのではないかと思います。

【田澤】それ、とてもよくわかります。全体ばかり考えていると、薄まってしまうんですよね。今、私の園では年長児が猫ロボット、ファミリーレストランで料理を運んでくるロボットですが、あれを作るんだって盛り上がっています。みんなで近くのファミリーレストランに実物を見に行ったりして。これだって最初は一人の子が作りたいって言ったことを担任がすくい上げて、全体に広がっていったんです。

【亀ヶ谷】一人の子の好きとか楽しいとかを「見える化」することも大切ですね。例えば80ページの紙飛行機の事例は、テープを貼ることで飛距離が比べられます。すると、それまでは見ていただけの子も、僕も参加してみたいって広がっていきやすいですよね。

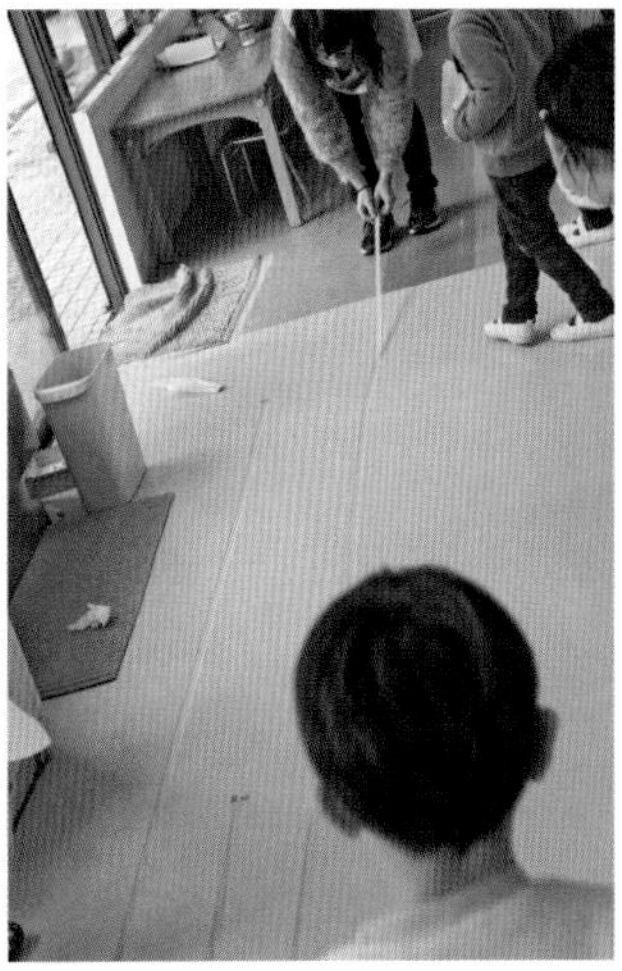

【田澤】テープを貼って比べるのは、私たちの園ではよくやります。

【箕輪】それって東一の江こども園の園文化ですね。

【田澤】先輩がやっていたことを、あれは面白そうだと同僚や後輩がまねをする。遊具を積んだ高さを比べたり（ｐ24）、砂場の山の高さを比べたり（ｐ89）。

くり返されるうちに園の文化になっていくのかな。お店やさんごっこをやるときは、まず牛乳パックで枠を作ります。

【亀ヶ谷】私の園でもそうですよ。30ページでは、すしやさんに使っています。

【田澤】環境作りは時間との勝負みたいなところもあるので最初でつまずかないように、お店やさんといったら、まず牛乳パックでお店の枠組みを作ってしまいます。

【亀ヶ谷】土台があれば、そこからは子どもと作っていきやすくなりますからね。

【田中】園独自の文化が出来上がっていくのはいいことですね。でも、その文化が固定化すると、このあそびにはこれってワンパターンになってしまうおそれもあります。だから、先輩達が築いてきた園文化にもう一工夫できないかと、あそび心を発揮してほしいです。

【箕輪】一人の子どもの思いを大事にすることであそびが広がっていくこともあるでしょうし、せっかく環境を用意したのに使われないこともあるでしょう。でも、種まきをしないと植物が育たないのと同じで、まず先生達がやってみることが先かなって。あれっ、うまくいかないぞと思ったときに、子どもがあそびを創り出せる余白はあるかなとか、考えてみるといいのかなと思いました。

9ページの廃材利用についての田澤先生、亀ヶ谷先生のそれぞれのコメントの「廃材」という言葉を「環境」に変えると、環境構成全体につながっていく話になっていると思いました。子ども理解と環境の理解、そこが環境構成の両輪なのだと感じました。

これから保育者になろうとする人たちのために

【亀ヶ谷】箕輪先生は大学で学生達を指導されていますが、この本はこれから保育者になろうという人たちにとってはどう活用できるでしょう？

【箕輪】学生達とやってみたいことがいくつかあるんです。そのひとつがウェッブです。2章の対談の次のページに載っていますね。学生達は実習に行ってくると、実習中の印象的なエピソードを書いてくれるんですが、それをウェッブにしてみたら、そこで子どものどんな育ちがみられたのかを、もっと多角的にとらえられると思いました。8ページの廃材利用のポイントの管理の工夫や整理の工夫も大事ですね。学生達に「使えそうな廃材を集めて」っていうと、面白いものをいっぱい持って来ます。でもいっぱいあ

箕輪潤子

田中健介

るだけでは、ただそこに雑然とあるだけ。子ども達がやってみたくなったり、使いやすくするにはどうしたらいいか、学生達に管理法や整理法を考えてもらうのも、いいかなと……。

【亀ヶ谷】なるほど。面白そうですね。整理整頓については104ページに、「『整理』は保育者が、『整頓』は子どもと一緒に」と書いてありますが、いい言葉ですね。子どもが片づけてくれないという発言が研修会などではよくありますが、片付けがしやすい環境になっているのかを見直すことから始めてみるといいと思います。

【田中】整理整頓、痛いところを突かれました。保育室が雑然としているのはそれだけ子どもがよくあそんでいる証拠で、自分としては勲章みたいな感覚があって。でも、確かに、多様なものを保育者の意図で整理することは大事ですね。

【箕輪】だからといってがちがちにし過ぎると、あそび心や余白もなくなってしまうので、子どもの姿を見ながら無理のないように、ということなのでしょうね。

【田澤】廃材や遊具の分類の仕方だって、当然、子どもの姿によって変わってくるので、1年間ずっと同じということはありえないですね。

【箕輪】あそびによって、子ども達が片付ける場所を変えたり、引き出しに貼ってあったラベルをはがして、子ども達自らが必要なものごとに分けていくとか。あそびの中で必要なものを選び取ることにもつながっていきますね。

【田澤】そういう細部への配慮があってこそ、子どものあそびはダイナミックに展開し、子どもは育っていく。あまり語られてきませんでしたが、ぜひ実践してほしいです。

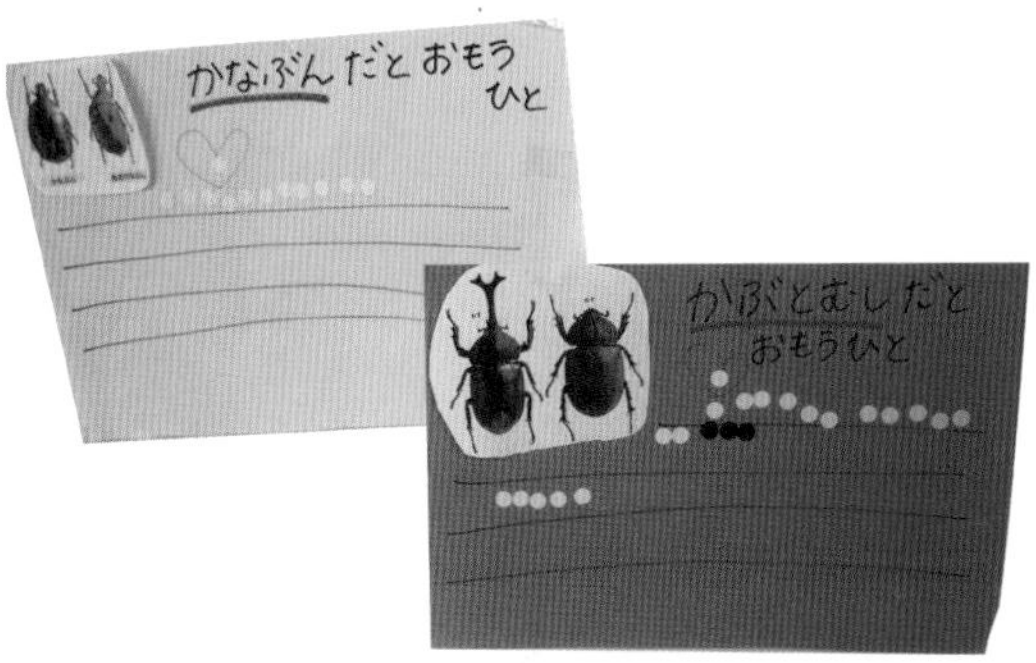

手に取りやすいところに置いて

【亀ヶ谷】田中先生は今、園長という立場ですが、この本は現場の保育者たちが、どう生かせると思いますか?

【田中】写真が豊富なのでわかりやすいし、まねしやすいですね。13ページのシールで可視化するのはとてもわかりやすくて、私たちの園でも秋冬野菜は何を育てたい?とか、新しく来たウサギの名前は?……とか、さっそく取り入れさせてもらいました。102ページの、砂場に本物の調理器具を導入した事例も、保護者に協力をお願いしたら、フライパンとか調理器具がたくさん集まって、子どもたちは大喜びであそんでいます。日常的に保育者が手に取りやすいところに置いておきたい本ですね。

【田澤】園でも学校でも、保育者や学生達が手に取りやすいところに置いてあって、困った時に読んでみるとヒントにしてもらえる。そうやってこの本を多くの人に役立てていただき、より豊かな保育環境を作っていってほしいですね。

田澤里喜（たざわさとき）

玉川大学教育学部教育学科教授。東一の江こども園園長。保育実践現場における保育方法や実践、特に遊びについての研究。また、幼稚園、保育園などの園長の仕事のあり方などについての研究も併せて進める。おもな著書に『子ども主体の保育と保育者の役割』（単著）、『幼児教育から小学校教育への接続』（共著・いずれも世界文化社）など。

亀ヶ谷元譲（かめがやもとのり）

宮前幼稚園・宮前おひさまこども園副園長、洗足こども短期大学非常勤講師他。関東・関西の私立幼稚園勤務を経て宮前幼稚園に入職。子どもたち一人ひとりが輝く園生活を目指して、職員との対話を大切にしながら保育を紡いでいる。共著に『あそびの中で子どもは育つ』（世界文化社）、『ヴィジブルな保育記録のススメ』（すずき出版）など。

表紙・本文デザイン　嶋岡誠一郎
編集企画　塩坂北斗　飯田　俊
校　正　株式会社円水社

子どもの育つ力をひきだす
保育環境の実践アイデア

発行日　2024年6月20日

著　者　田澤里喜　亀ヶ谷元譲
発行者　駒田浩一
発　行　株式会社世界文化ワンダーグループ
発行・発売　株式会社世界文化社
〒102-8187　東京都千代田区九段北４－２－２９
電　話　03－3262-5474（内容についてのお問い合わせ：編集部）
03－3262-5115（在庫についてのお問い合わせ：販売部）
DTP作成　株式会社明昌堂
印刷・製本　株式会社リーブルテック

ISBN978-4-418-24705-9